El abuelo

Benito Pérez Galdós

PERSONAJES

D. RODRIGO DE ARISTA-POTESTAD, Conde de Albrit, señor de Jerusa y de Polan, etc., abuelo de

LEONOR (Nell), y

DOROTEA (Dolly).

LUCRECIA, condesa de Laín, madre de Nell y Dolly, y nuera del Conde. *daughter-in-law*

SENÉN, criado que fue de la casa de Laín; después, empleado.

VENANCIO, antiguo colono de la Pardina; actualmente propietario.

GREGORIA, su mujer.

EL CURA DE JERUSA (D. Carmelo).

EL MÉDICO (D. Salvador Angulo).

EL ALCALDE (D. José M. Monedero).

LA ALCALDESA (Vicenta).

D. PÍO CORONADO, preceptor de las niñas Nell y Dolly.

CONSUELO, viuda rica, chismosa.

LA MARQUEZA, viuda campesina, pobre.

EL PRIOR DE LOS JERÓNIMOS (Padre Maroto).

3

La acción se supone en la villa de Jerusa y sus alrededores; las principales escenas en la Pardina, granja que perteneció a los Estados de Laín. Careciendo esta obra de colorido local, no tienen determinación geográfica el país ni el mar que lo baña. Todos los nombres de pueblos y lugares son imaginarios. Época contemporánea.

Jornada I

Escena I

Terraza en la Pardina. A la derecha, la casa; al fondo, frondosa arboleda de frutales; a lo lejos, el mar.

GREGORIA, junto a la mesa de piedra, desgranando judías en la falda; VENANCIO, que viene por la huerta y se entretiene con un criado, observando los frutales. En la mesa una cesta de hortalizas.

GREGORIA.- ¡Eh... Venancio!... Que estoy aquí.

VENANCIO.- Voy... Más de cincuenta duquesas se han caído con el ventoleo de anoche.

GREGORIA.- ¡Anda con Dios!... Deja las peras y ven a contarme... ¿Es verdad que...?

(Entra VENANCIO, respirando fuerte y limpiándose el sudor de la cabeza, trasquilada al rape. GREGORIA espera impaciente la respuesta.

Son marido y mujer, de más de cincuenta años, ambos regordetes y de talla corta, de cariz saludable, coloración [4] sanguínea y mirar

5

inexpresivo. Pertenecen a la clase ordinaria, que ha sabido ganar con paciencia, sordidez y astucia una holgada posición, y descansa en la indiferencia pasional y en la santa ignorancia de los grandes problemas de la vida. El rostro de ella es como una manzana, y el de él como pera de las de piel empañada y pecosa. No tienen hijos, y cansados de desearlos principian a alegrarse de que no hayan querido nacer. Se aman por rutina, y apenas se dan cuenta de su felicidad, que es un bienestar amasado en la sosería metódica y sin accidentes. Gruñen a veces, y rezongan por contrariedades menudas que alteran la normalidad del reloj de sus plácidas existencias. En edad madura viven donde han nacido, y son propietarios donde fueron colonos. Su única ambición es vivir, seguir viviendo, sin que ninguna piedrecilla estorbe el manso correr de la onda vital. El hoy es para ellos la serie de actos que tiene por objeto producir un mañana enteramente igual al de ayer. Visten el traje corriente y general, así en pueblos como en ciudades, muy empañadito, limpias, modestas.

GREGORIA es hacendosa, guisandera excelente, tocada del fanatismo económico, lo mismo que su marido. Este entiende de labranza horticultura, de caza y pesca, de algunas industrias agrícolas y no es lerdo en jurisprudencia hipotecaria, ni en todo lo tocante a propiedad, arrendamientos, servidumbres, etc. Para entrambos la Naturaleza es una contratista puntual, y una despensera honrada, como ellos, prosaica, avarienta, guardadora.)

VENANCIO.- ¡Brrr...!

GREGORIA.- Pero, hombre, sácame de dudas. ¿Es cierto lo que han dicho?

¿Tendremos tarasca? [5]

VENANCIO.- Sí. ¿Has visto tú alguna vez que falle una mala noticia?

GREGORIA.- (Suspensa.) ¿Y cuándo llega la señora Condesa?

VENANCIO.- Hoy... Pero no te apures; se alojará en casa del señor Alcalde.

GREGORIA.- Menos mal. (Volviendo a desgranar.) Pues otra... Si llega también el señor Conde, se juntarán aquí el agua y el fuego.

VENANCIO.- Se pelearán hoy como ayer... Suegro y nuera rabian de verse juntos. Si no quedaran de uno y otro más que los rabos, ¡qué alegría!... Por supuesto, al señor Conde habremos de alojarle.

GREGORIA.- ¿Qué duda tiene? No faltaba más... Yo digo: ¿vienen y se topan aquí por

7

casualidad... o es que se dan cita para tratar de asuntos de la casa?... porque de resultas de la muerte del Condesito habrá enredos...

VENANCIO.- ¿Yo qué sé? La Condesa Lucrecia vendrá, como siempre, a dar un vistazo a sus hijas. [6]

GREGORIA.- Y a pagarnos la anualidad vencida por el cuidado, manutención y servicio de las dos señoritas que puso a nuestro cargo... ¡Ah, ruin pécora...! Las tiene en este destierro para poder zancajear y divertirse sola por esos Parises y esas Ingalaterras

(1) de Dios... o del diablo... ¡Tunanta! Lo que yo digo, Venancio: comprendo que su suegro, el señor Conde de Albrit, que es el primer caballero de España, ¡y que lo digan! le tenga tan mala voluntad a esa condenada extranjera, de quien se enamoró como un tontaina su hijo (que esté en gloria)... Lo que no me cabe en la cabeza es que parezca por aquí, si sabe que ha de hocicar con ella... O será que lo ignora... ¿Qué piensas, hombre?

VENANCIO.- (Revolviendo en la cesta de hortalizas.) Pronto hemos de ver si vienen a posta los dos, o si la casualidad les hace empalmar en Jerusa... ¡Y que no traerán ella y él las uñas bien afiladas!... Créetelo... hemos de ver por tierra mechones de barbas blancas o de pelos rubios, y tiras de pellejo... porque si el Conde D. Rodrigo quiere a su hija política como a un dolor de muelas, ella en la misma moneda le paga.

GREGORIA.- Yo digo lo que tú: el pobre D. Rodrigo viene a que le demos de comer.

VENANCIO.- Así lo pensé cuando supe su viaje. [7]

GREGORIA.- Es cosa averiguada que no ha traído de América el polvo amarillo que fue a buscar.

VENANCIO.- Ha traído el día y la noche. Cuando embarcó para allá, había desperdigado toda su fortuna... Esperaba recoger otra, que le ofreció el Gobierno del Perú por las minas de oro que allá tuvo su abuelo, el que fue Virrey... Pero no le dieron más que sofoquinas, y ha vuelto pobre como las ratas, enfermo y casi ciego, sin más cargamento que el de los años, que ya pasan de setenta. Luego, se le muere el hijo, en quien adoraba...

GREGORIA.- ¡Infeliz señor!... Venancio, tenemos que ampararle.

VENANCIO.- Sí, sí, no salgan diciendo que no es uno cristiano, ¡Quién lo había de pensar!... ¡Nosotros, Gregoria, dando de comer al conde de Albrit, el grande, el poderoso, con su cáfila de reyes y príncipes en su parentela, el que no hace veinte años todavía era dueño de los términos de Laín, Jerusa y Polan!... Díganme luego que no da vueltas el mundo...

GREGORIA.- (Acentuando con un manojo de judías.) ¿Oyes lo que te digo? Que tenemos que ampararle. Es nuestro deber. [8]

VENANCIO.- (Filosofando con un tomate que coge de la cesta.) ¡Qué caídas y tropezones, Gregoria; qué caer los de arriba, y qué empinarse los de abajo!... Claro, le ampararemos, le socorreremos. Ha sido nuestro señor, nuestro amo; en su casa hemos comido, hemos trabajado... Con las migajas de su mesa hemos ido amasando nuestro pasar. (Levántase con aire de protección.) Pues, sí: hay aquí cristianismo, delicadeza... (Coge otro tomate y admira su belleza y tamaño.) Estos son tomates, Gregoria... Que venga el Cura refregándonos los suyos por las narices... Pues, sí, mujer: me da lástima del buen D. Rodrigo.

GREGORIA.- (Contestando a la apología del tomate.) Pero las judías no granaron bien. (Mostrándolas.) Mira esto... También a mí me aflige ver tan caidito al señor Conde... Parece castigo... y si no castigo, enseñanza.

VENANCIO.- Castigo, has dicho bien. Todo ello por no ser económico, y no pensar más que en darse la gran vida, sin mirar al día de mañana. Ahí tienes el caso, Gregoria, y pónselo delante a los que le critican a uno por la economía. En fiestas y viajes, en caballos y trenes, en convitazos y otras mil vanidades, se le escurrieron al señor los bienes de la casa de Albrit, y parte de los de Laín, que eran de su madre. La casa venía empeñada de atrás, pues dicen las historias que ningún Conde de Albrit supo arreglarse. Mira por dónde las culpas de todos las paga [9] este desdichado. Ya ves, después que le dejan en cueros los acreedores, le falla el negocio de América; luego le quita Dios el hijo, y se encuentra mi hombre al fin de la vida, miserable, enfermo, sin ningún cariño... Es triste, ¿verdad?

GREGORIA.- Ahora caigo en que viene a ver a sus nietas: sí, Venancio, anda en busca de un querer que dé consuelo a su alma solitaria...

VENANCIO.- (Cogiendo de la cesta una berenjena.) Puede ser... ¿Y qué tienes que decir de estas berenjenas?

GREGORIA.- No son malas... Lo que digo es que al señor Conde le atrae el calorcillo de la familia.

VENANCIO.- Pero ya verás: mi D. Rodrigo, buscando el agazajo (2), mete la mano en el nidal, y toca una cosa fría que resbala... ¡Ay! Es el culebrón dc la madre, es la extranjera, la mala sombra de la familia, pues desde que el Conde D. Rafael casó con esa berganta, la casa empezó a hundirse... (Poniendo en el cesto la berenjena con que acciona.) En fin, que en tomates y berenjenas no hay quien nos tosa... pero no sabemos qué vientos echan para acá al señor Conde de Albrit.

GREGORIA.- Él nos lo dirá. Y si se lo calla, no callarán sus hechos. (Dando por terminada su tarea, y pasando [10] de la falda a un cesto las judías.) No te descuides, Gregoria; que venga por lo que venga, tienes que prepararle una buena mesa... Ya es un respiro que la extranjera no se meta en casa.

VENANCIO.- Y aunque viniera... Nunca está más de dos días o tres. Jerusa es muy chica, y esa necesita tierra ancha para zancajear a gusto.

GREGORIA.- (Asaltada de una idea.) ¡Ay, Venancio de mi alma, lo que se me ocurre! ¡No haber caído en ello ni tú ni yo! ¿Apostamos a que Doña Lucrecia viene a llevarse sus niñas?

VENANCIO.- (Permaneciendo largo rato con la boca abierta.) Puede que aciertes... Ya son grandecitas... mujercitas ya. Pues, mira, nos fastidia...

GREGORIA.- ¡Hijo de mi alma, cuándo nos caerá otra breva como esta!

VENANCIO.- (Paseándose meditabundo.) No es mucho lo que nos pasa cada trimestre por cuidarlas y mantenerlas; pero algo es algo: rentita puntual, saneada... No, no: verás cómo no se las lleva.

GREGORIA.- Ea, no nos devanemos los sesos por adivinar hoy lo que sabremos mañana. (Dispónese a pasar a la casa.) [11]

VENANCIO.- ¿Sabes tú quién nos lo va a decir? Pues Senén. Desde ayer está aquí.

GREGORIA.- ¿Senén?... ¿El de la Coscoja?... Sí: las niñas me dijeron que le habían visto, y que está hecho un caballero.

VENANCIO.- Empleado público, funcionario, como quien dice, nada menos que en las oficinas de Hacienda de Durante (3). Fue criado de la Condesa, que en premio de sus buenos servicios le ha dado credenciales, ascensos; en fin, que de un gaznápiro ha hecho un hombre.

GREGORIA.- Le protege, según dicen, porque le servía de correveidile y de tapa- enredos en sus...

VENANCIO.- Chist... Cuidado... puede llegar... Le espero. IIa quedado en traerme noticias.

GREGORIA.- (Bajando la voz.) De tapadera en sus trapisondas amorosas... Ello es que siempre que nos visita la señora, recala Senén, y no la deja vivir con su pordioseo [12] impertinente: que si la recomendación; que si la tarjeta al Jefe, que si la carta al Ministro, o al demonio coronado... Y como la tal Condesa es persona de grandes influencias, y trae a los personajes de allá cogidos por el morro...

VENANCIO.- Senén es listo, se cuela por el ojo de una aguja. Pues me ha contado que doña Lucrecia salió de Madrid el 12, y que de aquí irá a visitar a los señores de Donesteve en sus posesiones de Verola. Todo lo sabe el indino. Él es quien ha dicho al Alcalde que la señora llega hoy, y... ¡Ah, pues se me olvidaba lo mejor! Le harán un gran recibimiento, por los grandes beneficios y mejoras que Jerusa le debe.

GREGORIA.- ¡Festejos! ¡Y aquí no sabíamos nada!... Y de esta visita del Conde, ¿tenía Senén conocimiento?

VENANCIO.- ¡Pues no! Como que se le han respingado las narices de tanto olfatear, de tanto meterlas en todos los secreticos de la casa en que sirvió antes de andar en oficinas. Se cartea con marmitones y cocheros de la casa de Laín, y allí no vuela una mosca sin que él lo sepa.

GREGORIA.- (Alegre.) Pues ese, ese pachón de vidas ajenas nos ha de sacar de dudas. [13]

VENANCIO.- Ya tarda... Me dijo que a las diez. Ha ido a telegrafiar al jefe de la estación de Laín, y al Alcalde de Polan...

GREGORIA.- (Mirando a la huerta.) Me parece que está ahí... Alguien anda por la huerta llamándote.

VENANCIO.- Él es... (Llama.) ¡Senén, Senén, chicooo...!

Escena II

GREGORIA, VENANCIO; SENÉN, de veintiocho años, más bien más que menos, vestido a la moda, con afectada elegancia de plebeyo que ha querido cambiar rápidamente y sin estudio la grosería por las buenas formas. Su estatura es corta; sus facciones aniñadas, bonitas en detalle, pero formando un conjunto ferozmente antipático. Pelito rizado; chapas carminosas en las mejillas; bigote rubio retorcido en sortijilla. Lucha por su existencia en el terreno de la intriga, olfateando las ocasiones ventajosas y utilizando la protección y gratitud de las personas a quienes ha prestado servicios de ínfima calidad, sobre los cuales guarda cuidadoso secreto. Ya no se acuerda de cuando andaba descalzo y harapiento por las mal empedradas calles de Jerusa. Nacido de la Coscoja, viuda pobre que adormecía sus penas emborrachándose, Senén vivió de la caridad pública hasta que fue recogido por los Condes de Laín, que lo pusieron en la escuela y después le tomaron a su servicio. Fue pinche de cocina, escribiente, [14] ayuda de cámara, hasta que su agudeza, reforzada por ardiente ambición de dinero, le emancipó de la servidumbre. En diversos trabajos y granjerías, hubo de probar fortuna: viajante de comercio, corredor de vinos,

16

administrador de periódicos, y por fin la Condesa le abrió los espacios de la Administración pública con un destinillo de Hacienda, al que siguieron ascensos, comisiones y otras gangas. Compensa la cortedad de su inteligencia con su constancia y sagacidad en la adulación, su olfato de las oportunidades, y su arte para el pordioseo de recomendaciones. Su egoísmo toma más bien formas solapadas que brutales, y para disimularlo, el instinto, más que la voluntad, le sugiere la economía, y todo el ahorro compatible con el lucimiento y afeite de su persona. Guarda su dinero, y se apropia todo lo que sin peligro puede apropiarse. En lo que no es ostensible, o sea en el comer, gasta lo indispensable, reservando casi todo su peculio para el coram vobis. Su vicio es la buena ropa, y su pasión las alhajas; lleva constantemente tres sortijas de piedras finas en el meñique de la mano izquierda, y al llegar a Jerusa ha sacado a relucir un alfiler de corbata, que es ¡ay!, la desazón de sus compatriotas de ambos sexos.

SENÉN.- Allá voy. Estaba mirando las peras... (Entra en la terraza.) Hola, Gregoria; usted siempre tan famosa.

GREGORIA.- ¡Y tú qué guapo... y qué bien hueles, condenado! Estás hecho un príncipe.

SENÉN.- Hay que pintarla un poquillo, Gregoria. Es uno esclavo de la posición. [15]

VENANCIO.- (Impaciente.) Vengan pronto esas noticias.

SENÉN.- La Condesa llegará a Laín en el tren de las doce y cinco. He tenido un parte. (Mostrándolo.) Se lo he llevado al Alcalde, que no estaba seguro de la hora de llegada.

GREGORIA.- Y D. José irá a esperarla en su coche.

VENANCIO.- Claro.

SENÉN.- (Sentándose con indolencia. Se cuida mucho de emplear un lenguaje muy fino.) Y el Municipio ¡oh!, le prepara un gran recibimiento, una ovación entusiasta.

GREGORIA.- ¡A tu ama!

SENÉN.- A la que fue mi ama. ¡Estaría bueno que no se hicieran los honores debidos a la ilustre señora; por cuya influencia ha obtenido Jerusa la estación telegráfica, la carretera de Jorbes, amén de las dos condonaciones!

GREGORIA.- Puede que, si hay festejos, tengamos aquí a Doña Lucrecia más tiempo del que acostumbra. [16]

SENÉN.- Creo que no; está invitada a pasar unos días en Verola con los señores de Donesteve.

VENANCIO.- ¿Y del Conde qué me dices?

SENÉN.- Que Su Excelencia debió llegar a Laín anoche, o esta mañana en el primer tren. De modo que no me explico... digo que no me explico, mi querido Venancio, que no le tengas ya en tu casa.

GREGORIA.- De fijo habrá ido a Polan a visitar el sepulcro de su esposa, la Condesa Adelaida.

VENANCIO.- Bueno, Senén. Tú que todo lo sabes... naturalmente, has vivido en la intimidad de la familia, conoces sus costumbres, la manera de pensar de cada uno, sus discordias y zaragatas, dinos... ¿D. Rodrigo y su nuera se encontrarán aquí por casualidad, o es que...?

SENÉN.- (Seguro, dándose importancia.) No: se han dado cita en Jerusa.

GREGORIA.- ¿Cómo es eso? ¿Y para qué se citan los que se aborrecen? ¿Qué hacen? [17]

SENÉN.- Lo contrario de lo que hacen los que se aman. Los amantes se acarician; éstos se muerden.

VENANCIO.- Vamos, es al modo de un desafío... Dicen: «en tal parte, a tal hora, nos juntamos para rompernos el bautismo.»

GREGORIA.- Será que el señor Conde, que no ha visto a su nuera desde que él embarcó para el Perú, querrá ajustar con ella alguna cuenta...

VENANCIO.- De interés, o de cosas tocantes al honor de la familia, pues para nadie es un secreto... no te enfades, Senenillo... que tu protectora la señora Condesa... En fin, no está bien que yo repita...

SENÉN.- Sí, que el repetir es cosa fea. ¿Qué les importa a ustedes, ni qué me importa a mí, que el señor conde de Albrit y su nuera la Condesa viuda de Laín se peleen, se arañen y se tiren de los pelos por un pedacito así de honra, o por un pedazo grande...? Pongamos que es pedazo de honra tan grande como esta casa.

VENANCIO.- Tiene razón Senén. Haiga virtud o no la haiga, nada nos dan ni nada nos quitan. [18]

SENÉN.- Yo no sé sino que el viejo Albrit, que hasta ahora, desde la muerte de su hijo, no se ha movido de Valencia, escribió a la Condesa...

VENANCIO.- (Riendo.) Pidiéndole dinero.

SENÉN.- Hombre, no: le proponía una entrevista para tratar de asuntos graves...

20

GREGORIA.- De asuntos de familia. Y como la Condesa no quiere altercados en Madrid, porque allí puede haber escándalo, y se entera todo el mundo, y hasta lo sacan los papeles, le ha citado en este rincón de Jerusa, donde sólo vivimos cuatro papanatas, y si hay zipizape aquí se queda, y la ropa sucia en casita se lava. ¿Qué tal, señor cortesano, entiendo yo a mi gente?

VENANCIO.- Di que no es lista mi mujer.

SENÉN.- (Risueño y galante.) Sabe griego y latín. ¡Vaya un talento! Y para acabar de granjearse mi estimación me va a traer un vasito de cerveza. Estoy abrasado.

GREGORIA.- Ahora mismo: habéroslo dicho antes. (Entra a la casa, llevándose las hortalizas.) [19]

VENANCIO.- Y tú, rey de las hormigas, ¿qué pretendes ahora de tu ama? ¿Otro ascenso, una plaza mejor?

SENÉN.- Quiero adelantar, salir de esta miseria de la nómina, del triste jornal que el Gobierno nos da por aburrirnos, y aburrir al país que paga.

VENANCIO.- Picas alto. Digan lo que quieran, chico, tú tienes mucho mérito. Yo te vi salir del lodo.

SENÉN.- Y me verás subir, subir... El lodo, créeme, es un gran trampolín para dar el salto.

GREGORIA.- (Que vuelve con la cerveza y copas, y les sirve.) Dime, Senenillo, ¿y para tus medros, no te agarras también a los faldones del señor Conde?

SENÉN.- Albrit no tiene una peseta, y nadie le hace caso ya.

VENANCIO.- Ese roble ya no da sombra, y sólo sirve para leña.

GREGORIA.- (Que sentándose entre los dos bebedores de cerveza, acaricia a SENÉN.) Vamos a ver, hijo, ¿por qué no nos cuentas el por qué y el cómo de que tan mal se quieran la Condesa viuda y el abuelo? Tú lo sabes todo. [20]

VENANCIO.- Vaya si lo sabe; pero no muerde el gozque (4) a quien le da de comer. (SENÉN paladea la cerveza, dándose aires de madrileño, y calla.)

GREGORIA.- Ya lo ves: callado como un besugo. Dinos otra cosa. Será cuento todo eso que se dice de tu señora... Es cuento, ¿verdad?

SENÉN.- (Enfático.) Me permitiréis, queridos amigos, que no hable mal de mi bienhechora. Os diré tan sólo que es un corazón tierno y una voluntad generosa y franca hasta dejárselo de sobra. No le pidáis gazmoñerías, eso no. Es mujer de muchísimo desahogo... Compadece a los desgraciados y consuela a los afligidos. Y como persona de instrucción, no hay otra: habla cuatro lenguas, y en todas ellas sabe decir cosas que encantan y enamoran.

VENANCIO.- Todas esas lenguas, y más que supiera, no bastan para contar los horrores que acerca de ella corren en castellano neto.

SENÉN.- (Endilgando sabidurías que aprendió en los cafés.) ¡Horrores!... No hagáis caso. La honradez y la no honradez, señores míos, son cosas tan elásticas, que cada país y cada civilización... cada civilización, digo, las aprecia de distinto modo. Pretendéis que la moralidad sea la misma [21] en los pueblos patriarcales, digamos primitivos; como esta pobre Jerusa, y los grandes centros... ¿Habéis vivido vosotros en los grandes centros?

VENANCIO.- Ni falta.

SENÉN.- Pues en los grandes centros veríais otro mundo, otras ideas, otra moralidad. La Condesa Lucrecia no es una mujer: es una dama, una gran señora. ¿Qué? ¿Qué le gusta divertirse? Cierto que sí; se divierte por la noche, por la mañana y por la tarde... No, no me saquéis el Cristo de la moralidad. Yo os digo, y lo pruebo, que es cosa esencial en las sociedades que las damas se diviertan; porque del divertirse damas y galanes viene el lujo, que es cosa muy buena... (Riendo del asombro de sus interlocutores.) Ya... papanatas; creéis que es malo el lujo... Vivís en Babia. Pues os digo, y lo pruebo, que el lujo es lo que sostiene la industria... la industria de los grandes centros, por la cual y con la cual, lo pruebo, come todo el mundo. Reasumiendo: que si hubiera moralidad, tal y como vosotros la entendéis, la gente no se divertiría, y sin diversiones, no tendríamos lujo, y por ende, no habría industrias: la mitad de los que hoy comen se morirían de hambre, y la otra mitad mascarían tronchos de berzas.

VENANCIO.- Vaya que eres parlanchín, y entiendes la aguja de marear. [22]

GREGORIA.- (Imitando, sin saberlo, a las brujas de Macbeth.) ¡Senén, tú serás ministro!

SENÉN.- ¿Ministro yo? No, no: mi ambición, como nacida del lodo, no quiere viento, sino barro, barro substancioso que amasar. Mis tendencias son a lo positivo; tiendo a ganar dinero, mucho dinero. No me conformo con un sueldo más o menos cuantioso; ambiciono más; ambiciono el trabajo libre...

GREGORIA.- Manos libres, quieres decir.

VENANCIO.- (Da un cigarro a SENÉN, y fuman los dos.) Lo que tú buscas, tunante, es una dote; andas a la husma de una rica heredera.

GREGORIA.- Por eso vistes tan elegantito, y te quitas el pan de la boca para comprarte trapos... Por eso gastas anillos, y te echas esencia en el pañuelo. Vaya, que hueles bien. (Oliéndole.) ¿Qué es eso? ¿Heliotropo?

SENÉN.- (Reventando de fatuidad.) Es mi perfume favorito... Pues no he pensado en casarme, y lo pruebo. Claro, si se me presentase una buena ganga matrimonial, no la desperdiciaría. Estamos a la que salta. [23]

GREGORIA.- Por un camino o por otro, has de ser rico.

VENANCIO.- A trabajar, se ha dicho. En la corte hay mil maneras de afanar el garbanzo.

GREGORIA.- Allí donde hay bambolla, derroche, y donde los ricos por su casa gastan, según dicen, más de lo que tienen, el pobre allegador, económico y despabilado como tú, sabe encontrar piltrafa. Ahí tienes el caso del señor Conde. Toda su riqueza se ha repartido entre muchos que andaban quizás con los codos al aire.

VENANCIO.- Prestamistas, curiales, cuervos y buitres, y todos los golosos de carne muerta.

SENÉN.- (Desdeñoso.) Mal fin ha tenido el prócer. Vaya usted preparando, Gregoria, las buenas calderadas de patatas, las sopitas de leche, para que se acostumbre a la frugalidad, y olvide sus hábitos gastronómicos.

GREGORIA.- No, no: lo que es hoy, al menos, si viene, tengo que prepararle una buena comida. [24]

VENANCIO.- Como se entretenga en Polan y no coja el coche que ha salido de allí a las diez, no vendrá hasta mañana.

SENÉN.- Me inclino a creer que le veremos venir en carreta, porque el buen señor padece tal tronitis, que no tendrá para el coche.

GREGORIA.- No exageres... Esos nobles arrumbados siempre guardan algo para sus últimas, y también te digo que suelen encontrar algún tonto que les alimente los vicios.

SENÉN.- Albrit no tiene más vicios que la rabia de verse pobre, y el orgullo de casta, que se le ha recrudecido con la pobreza.

GREGORIA.- (Intranquila.) Dime, Senén, ¿y al señor Conde no le dará la ventolera de quitarnos las niñas?

SENÉN.- ¿Para qué?... ¿Y a dónde las lleva?

VENANCIO.- A un colegio de Francia. [25]

SENÉN.- No temáis perder esta ganga. El Conde no tiene con qué pagarles un buen colegio, y la mamá no está por esos gastos, que dejarían indotado su presupuesto. Todo es poco para ella. Además, la presencia de las niñas en sociedad junto a ella, la envejece. Su obsesión es ser joven, o parecerlo.

VENANCIO.- Su... ¿qué has dicho? ¡Vaya unas palabras finas que te traes!

GREGORIA.- (Incomodándose.) Pero ya son creciditas, jinojo... Algún día tiene que presentarlas en la corte, casarlas...

SENÉN.- ¿Casarlas? Dificilillo es... y lo pruebo.

GREGORIA.- ¿Cómo no, si son tan monas?

SENÉN.- Les concedo el buen palmito. Pero cualquiera carga con ellas, educadas en la ñoñería, con hábitos y maneras de pueblo, y, por añadidura, pobres..., porque la Condesa está dando aire a la fortuna, y cuando toquen a liquidar no habrá más que pagarés vencidos, cuentas no liquidadas, y el diluvio... Ya lo dijo Luis XV (estropeando el francés): Apremia, le diluch. [26]

GREGORIA.- (Incomodándose más.) La madre será lo que quieran: una feróstica, una púa extranjera; pero Dorotea y Leonor a ella no salen, digo que no salen... y lo pruebo también.

VENANCIO.- Son buenísimas, aunque algo traviesas; almas puras, ángeles de Dios, como dice D. Carmelo.

GREGORIA.- Créelo, Senén; las quiero como si fueran mis hijas, y el día que se las lleven me ha de costar algunas lágrimas.

SENÉN.- (Con impertinencia.) ¿Y de instrucción, qué tal?

VENANCIO.- Poca cosa les enseña D. Pío, el maestro jubilado del pueblo. Sobre que él sabe poco, no tiene carácter, y las chicas le han tomado por monigote para divertirse.

GREGORIA.- Todo el día se lo pasan enredando. Ya se ve: no están en su esfera, como dice Angulo, nuestro médico.

VENANCIO.- (Repitiendo una frase del Doctor.) Su institutriz es la Naturaleza, su elegancia, la libertad, su salón el bosque. Bailan al compás de la mar con la orquesta del viento. [27]

SENÉN.- (Que se levanta, recordando con inquietud algo que había olvidado.)

¡Buena la hemos hecho!

VENANCIO.- ¿Qué te pasa?

SENÉN.- Que con tanto charlar se me olvidó el encargo del señor Alcalde.

GREGORIA.- ¿Para nosotros?

SENÉN.- Sí... ¡qué cabeza! Pues que inmediatamente le llevéis las niñas, para que la Condesa las vea en cuanto llegue.

VENANCIO.- Es natural. Y comerán allí.

SENÉN.- ¿Están en casa?

GREGORIA.- De paseo andan por el bosque. (Mirando hacia la izquierda.) No las veo.

VENANCIO.- Correteando, y de juego en juego, se habrán ido a media legua de Jerusa. [28]

SENÉN.- ¿Y las dejáis andar solas por el bosque?

GREGORIA.- Solitas van. Todo el mundo las respeta.

VENANCIO.- Hay que ir corriendo a buscarlas.

SENÉN.- Si queréis, iré yo... ¿No saben todavía que hoy viene su mamá?

GREGORIA.- No lo saben... ¡pobres hijas!

SENÉN.- Pues yo se lo diré, y las traeré por delante, como un pavero de Navidad.

VENANCIO.- Las encontrarás, de fijo, bosque arriba, en el sendero de Polan... Pero mira, chico, no les hagas la corte. Verdad que sería inútil...

SENÉN.- (Con ganas de irse pronto.) ¿La corte yo?... ¿Yo, este cura? ¡Señoritas que no viven en su elemento y reúnen todo lo malo, orgullo y pobreza...!

GREGORIA.- Están verdes. [29]

SENÉN.- Que las madure quien quiera. ¿Decís que bosque adentro?...

VENANCIO.- Vete, y tráelas pronto.

GREGORIA.- Vivo... (Viéndole partir.) ¡Vaya un pájaro!

VENANCIO.- ¡Vaya un peje!

Escena III

Bosque en las inmediaciones de Jerusa, formado de corpulentos robles, hayas y encinas. Lo atraviesa un tortuoso sendero, donde se ven los surcos trazados por los carros del país. Por el Norte, formidable cantil de roca y conglomerado, en cuyos cimientos baten las olas del mar; al Sur cierra el paisaje la espesura de la vegetación; hacia el Oeste serpentea y se subdivide el sendero, atravesando algunas calvas y espesos matorrales.

LEONOR y DOROTEA, niñas de quince y catorce años respectivamente, lindas, graciosas, de tipo aristocrático, la tez bronceada por el aire marino y el sol. Son negros sus ojos, rasgados, melancólicos; negro también su cabello, peinado al descuido en moño alto. Se lo adornan con flores silvestres, que van clavando en él como se clavan los alfileres en un acerico. La diferencia de edad, un año y meses, apenas en ellas se distingue, y por gemelas las tienen muchos, viendo la semejanza de sus rostros, [30] y la igualdad del talle y estatura. Son ágiles, corretonas, traviesas; dos diablillos encantadores. Visten, con sencillez graciosa y elegancia no aprendida, trajecitos claros, cortados y cosidos en Jerusa. La modestia da

31

más realce a su gentileza vivaracha, y les imprime cierta gravedad dulce cuando están quietas. Desde la niñez, su madre, irlandesa, las nombraba con los diminutivos ingleses NELL y DOLLY, y estos nombres exóticos prevalecieron en Madrid como en Jerusa. Las acompaña y juega y brinca con ellas un perrito canelo, de pelo largo y fino, hocico muy inteligente, rabo que parece un abanico. Atiende por Capitán.

DOLLY.- Estoy cansada; yo me siento. (Se recuesta en el tronco de un roble.)

NELL.- Estoy entumecida; yo quiero correr. (Disparándose en carrera circular, vuelve al punto de partida.)

DOLLY.- (Mirando a la copa del árbol.) ¡Qué gusto poder subir y posarse en una rama!... ¡Nell!

NELL.- ¿Qué quieres?

DOLLY.- Decirte una cosa. ¿Qué te apuestas a que me subo a este árbol?

NELL.- Te desgarrarás el vestido... [31]

DOLLY.- Lo coseré... sé coser tan bien como tú... ¿A qué me subo?

NELL.- No está bien. Nos tomarían por chiquillas de pueblo.

DOLLY.- (Que suspendiéndose de una rama, se balancea.) Pues ser chiquilla de pueblo o parecerlo, ¿crees tú que me importa algo? Dime, Nell, ¿andarías tú descalza?

NELL.- Yo no.

DOLLY.- Yo sí. Y me reiría de los zapateros. (Viendo que

NELL se sienta y saca un librito.) ¿Qué haces?

NELL.- Quiero repasar mi lección de Historia. Ya hemos corrido bastante; estudiemos ahora un poquito. Acuérdate, Dolly: ayer, D. Pío te dijo que no sabes jota de Historia antigua ni moderna, y en buenas formas te llamó burra.

DOLLY.- Burro él... Yo sé una cosa mejor que él: sé que no sé nada, y D. Pío no sabe que no sabe ni pizca.

NELL.- Eso es verdad... Pero debemos estudiar algo, aunque no sea más que por ver la cara que pone [32] el maestrillo cuando le respondamos bien. Es un alma de Dios.

DOLLY.- Mejor la pone cuando le damos alguna golosina, de las que guardamos para Capitán.

NELL.- Anda, ven; estudiemos un poquito. ¿Sabes que es un lío tremendo esto de los Reyes godos?

33

DOLLY.- El demonio cargue con ellos. Son ciento y la madre... y con unos nombres que pican como las zarzas, cuando una quiere metérselos en la memoria.

NELL.- Ninguno tan antipático y majadero como este señor de Maure gato.

DOLLY.- ¡Valiente bruto!

NELL.- Nada: que tenían que echarle cien doncellas por año para desenfadarle.

DOLLY.- Para desengrasar, como dice D. Carmelo.

NELL.- La verdad es que la Historia nos trae acá mil chismes y enredos que no nos importan nada. [33]

DOLLY.- (Siéntase junto a su hermana. El perro se echa entre las dos.) Figúrate qué tendremos que ver nosotras con que hubiera un señor que se llamaba Julio César, muy vivo de genio... Ni qué nos va ni nos viene con que le matara otro caballero, cuyo nombre de pila era Bruto... ¿A mí qué me cuenta usted, señora Historia?

NELL.- Pero, hija, la ilustración... ¿A ti no te gustaría ser ilustrada?

DOLLY.- (Acariciando al perrito.) Ilústrate tú también, Capitán. La verdad: me carga la ilustración desde que he visto que también se ha hecho ilustrado Senén. ¿Te acuerdas de cuando estuvo aquí hace dos meses, creyendo que venía mamá?

NELL.- Sí: a cada instante sacaba la Edad Media, y qué sé yo qué.

DOLLY.- ¡Qué tendremos nosotras que ver con las edades medias o partidas!... Y el mejor día nos salen con que a Cleopatra le dolían las muelas.

NELL.- O que a Doña Urraca le salieron sabañones. [34]

DOLLY.- Pero, en fin, nos ilustraremos algo, puesto que mamá, en todas sus cartas, nos manda que aprendamos, que seamos aplicaditas.

NELL.- Mamá nos idolatra; pero no nos lleva consigo. (Con tristeza.) ¿Por qué será esto?

DOLLY.- Porque, porque... Ya nos lo ha dicho. Como nos criamos tan raquíticas, quiere que engordemos con los aires del campo. Ya sabe mamá lo que hace.

NELL.- Mamá es muy buena. Pero que venga al campo con nosotras a robustecerse también.

DOLLY.- Tonta, ¿no le oíste que se espanta de engordar, y que lo que quiere ahora es enflaquecer?

NELL.- Gorda o flaca, mamá es guapísima.

DOLLY.- Sí que lo es... Ya nos llevará consigo cuando seamos mayores. Yo no tengo prisa.

NELL.- (Rayando la tierra con un dedito.) Como prisa, yo tampoco. [35]

DOLLY.- Me gusta el campo.

NELL.- Y la soledad, ¡qué me gusta!

DOLLY.- En la soledad piensa una mejor que entre personas.

NELL.- ¡Y esta libertad...!

DOLLY.- (Poniendo en dos patas al perrito.) Yo te digo una cosa: creo que cuanto más salvajes, más felices somos.

NELL.- Eso no: la civilización, Dolly...

DOLLY.- Me carga la civilización desde que oigo hablar tanto de ella a nuestro amigo el Alcalde, que se ha hecho rico y personaje fabricando fideos.

NELL.- (Mordiendo el palo de una florecita.) Salvaje no quiero yo ser... ni civilizada a estilo de D. José Monedero. También te digo que dentro de la civilización puede existir la soledad que tanto me agrada. ¿A ti no se te ha ocurrido alguna vez ser monjita? [36]

DOLLY.- ¡Ay, no! Nunca he pensado en eso.

NELL.- Yo sí, sobre todo cuando nos llevan a misa a las Dominicas. ¡Qué iglesita más mona y más sosegada! Me figuro yo que de aquellas rejas para dentro hay una paz, una tranquilidad...

DOLLY.- (Recogiendo piedrecitas.) La religión es cosa bonita... lo mejor entre lo bueno. El rezar consuela... Pero eso de estar siempre rezando, siempre, siempre... francamente, hija... Y metida entre rejas, como están las monjas, ni ves árboles, ni ves flores...

NELL.- Tonta, si tienen huertas y jardines...

DOLLY.- Pero no ves el mar.

NELL.- ¡Bah!... Veo a Dios, que es más grande.

DOLLY.- ¡Si Dios está en todas partes! ¿Crees que no está también aquí, oyendo todo lo que decimos?

NELL.- Pero no le vemos ni le oímos nosotras. [37]

DOLLY.- Hay que mirar bien, Nell, y escuchar calladito. (Pausa. Las dos, silenciosas y un tanto sobrecogidas, exploran con lento mirar el horizonte, mar y cielo, y la sombría espesura del bosque.)

NELL.- ¿Qué oyes?

DOLLY.- Como un aliento muy grande. ¿Y tú, qué ves?

NELL.- Como una mirada grandísima. (Otra pausa larga. Bruscamente, como quien vuelve sobre sí, se incorpora.) Pero se nos va el tiempo charlando, y no hemos estudiado ni una letra.

DOLLY.- ¡Está el día tan hermoso!

NELL.- Salimos con ganas de leer. Tú dijiste que estudiaríamos en el campo mejor que en casa.

DOLLY.- Porque allí nos molestaban los berridos de Venancio.

NELL.- (Repitiendo una frase de su maestro.) ¡Sus, valientes, y a los libros! (Dando a su hermana el manualito de Historia.) Mira, lees en alta voz, y así nos enteramos las dos a un tiempo. [38]

DOLLY.- (Toma el libro y levantase de un brinco.) Dame acá. ¿Sabes lo que se me ocurre? Que conviene que se instruyan también los pájaros... Toda la ciencia no ha de ser para nosotras. (Lanzando el libro a los aires con fuerte impulso.)

NELL.- ¿Qué haces, tonta? (El libro, abierto en el aire y dando al viento sus hojas, describe una curva, y se detiene al fin en una rama de encina, como pájaro que se posa.)

DOLLY.- Ya lo ves. (El perro se entrega al trajín inocente de cazar moscas.)

NELL.- ¡Buena la has hecho! ¿Y cómo lo cogemos ahora?

DOLLY.- De ninguna manera. Los pájaros se enterarán ahora de lo que hicieron D. Alejandro Magno, el señor de Atila y el moro Muza.

NELL.- (Riendo.) ¡Si a los pajaritos todo eso les tiene sin cuidado!

DOLLY.- Como a mí.

NELL.- ¡Vaya un compromiso! ¡Si pasara por ahí un chiquillo que se subiera a cogerlo! [39]

DOLLY.- Me subiré yo. (Disponiéndose a encaramarse en la encina.)

NELL.- (Tirándola de la falda.) No, no, que te desnucas.

DOLLY.- Espérate; le tiraré piedras a ver si se atonta y cae. (Hace lo que dice.)

NELL.- Hay viento... Puede que vuele el libro.

DOLLY.- ¡Ay, no, que es muy pesado! (Tirando piedras.) A mí, bribón; baja, ven acá. (El perro cree de su obligación ladrar fuertemente al libro para que baje.)

NELL.- (Sintiendo pasos.) Basta, Dolly. Viene gente... ¡Qué vergüenza! Te tomarán por una desarrapada del pueblo.

DOLLY.- ¿Y qué me importa?

NELL.- Que te estés quieta. (Mirando a lo largo del sendero.) Aquí viene un señor, un hombre... por el camino que baja de Polan, ¿ves?... Mira. (Aparece por entre los robles el CONDE DE ALBRIT, con lento paso.)

DOLLY.- No le veo. [40]

NELL.- Mírale... Se ha parado al vernos, y allí le tienes como una estatua. No nos quita los ojos...

Escena IV

NELL y DOLLY, DON RODRIGO DE ARISTA-POTESTAD, CONDE DE ALBRIT, MARQUÉS DE LOS BAZTANES, SEÑOR DE JERUSA Y DE POLAN,

GRANDE DE ESPAÑA, etc. Es un hermoso y noble anciano de luenga barba blanca y corpulenta figura, ligeramente encorvado. Viste buena ropa de viaje, muy usada; calza gruesos zapatones y se apoya en garrote nudoso. Revela en su empaque la desdichada ruina y acabamiento de una personalidad ilustre.

NELL.- (Observándole medrosa.) Es un pobre viejo... ¿Por qué nos mira así? ¿Nos hará daño?

DOLLY.- Parece el Santa Closs de los cuentos ingleses. Pero no trae saco a la espalda.

NELL.- ¿Sabes que tengo miedo, Dolly?

DOLLY.- Yo también. ¿Será un mendigo?

NELL.- Si tuviéramos cuartos, se los daríamos... ¡Ay, no se mueve!... [41]

DOLLY.- Y ahora, en nosotras clava los ojos...

NELL.- (Palideciendo.) Parece que habla solo... ¡Qué miedo!

41

DOLLY.- (Trémula.) Y no pasa un alma. Si llamamos nadie nos oirá.

NELL.- No nos hará nada, creo yo.

DOLLY.- Lo mejor es hablarle.

NELL.- Háblale tú... Dile: «Señor mendigo...»

DOLLY.- Mendigo no es. Parece más bien una persona decente mal trajeada. (Lánzase el perrillo con furiosos ladridos hacia el CONDE.)

NELL.- Capitán, ven acá...

DOLLY.- ¡Ay, Nell, yo conozco esa cara!...

NELL.- Y yo también. Yo le he visto en alguna parte... ¡Ay, ay! (Se juntan las dos, como para protegerse [42] mutuamente.) Ahora se adelanta...Nos hace señas...

DOLLY.- Parece que llora. ¡Pobre señor!...

EL CONDE.- (Con voz grave, avanzando.) Preciosas niñas, no me tengáis miedo.

¿Sois Leonor y Dorotea?

NELL.- Sí, señor: así nos llamamos.

EL CONDE.- (Llegándose a ellas.) Pues abrazadme. Soy vuestro abuelo. ¿No me conocéis? ¡Ay! Han pasado algunos años desde que me visteis por última vez. Erais entonces chiquitinas, y tan monas... Me volvíais loco con vuestra gracia, con vuestra donosura angelical... (Las abraza, las besa en la frente.)

DOLLY.- ¡Abuelito!

NELL.- Yo decía: le conozco.

DOLLY.- Por el retrato te conocemos.

EL CONDE.- Y yo a vosotras por la voz. No sé qué hay en el timbre de vuestras vocecitas que me remueve toda el alma. ¿Y cómo es que los dos sonidos me parecen uno solo? Dejadme que os mire bien: ¿serán iguales vuestras caritas como lo son [43] vuestras voces?... No, no puedo veros bien, hijas de mi alma. Estoy casi ciego. Vamos, sigamos hacia Jerusa. (Capitán abre la marcha.)

NELL.- ¡Qué sorpresa tan agradable, abuelito! Pues, mira, te tuvimos miedo.

EL CONDE.- ¿Miedo a mí, que os adoro?

DOLLY.- Senén nos dijo anoche que venías; pero no creíamos que llegases tan pronto.

NELL.- ¿Y cómo no has venido en el coche?

EL CONDE.- Me molesta horriblemente el traqueteo de ese armatoste... y el venir prensado entre otras personas groseras y estúpidas... No, no... He preferido venirme a pie, sin más compañía que la de este palo, que me ha regalado un pastor de mis tiempos, a quien

43

encontré en Polan. ¡Figuraos si será viejo el hombre! Era yo un niño, y él un mocetón como un castillo que me llevaba a la pela por estos montes...

NELL.- ¿Pero vienes de Polan?

EL CONDE.- Allí pasé la noche, en la cabaña de Martín Paz... Luego me he venido pasito a paso por el [44] filo del cantil, recordando mis tiempos. ¡Ah!, todos los caminos y veredas de este país me conocen; conócenme las breñas, las rocas, los árboles... Hasta los pájaros creo que son los mismos de mi niñez... Esta hermosa Naturaleza fue mi nodriza. No podréis comprender, niñas inocentes que empezáis a vivir, cuán grato, y cuán triste al mismo tiempo es para mí recorrer estos sitios, ni cuánto padezco y gozo haciendo revivir a mi paso cosas y personas! Todo lo que me rodea paréceme a mí que me ve y me reconoce... y que desde el mar grande al insecto casi invisible, todo cuanto aquí vive, se queda en suspenso... no sé cómo decirlo... se para y mira... para ver pasar al desdichado Conde de Albrit. (Las dos niñas suspiran.)

DOLLY.- Apóyate en mi brazo, abuelito.

NELL.- En el mío.

EL CONDE.- En los dos... Una por cada lado. Así... Me lleváis como en volandas.

Escena V

NELL, DOLLY; el CONDE; SENÉN, que ha presenciado de lejos, oculto tras un árbol, el encuentro del abuelo y sus nietas.

SENÉN.- ¡Qué estropeado y qué caído está el viejo león de Albrit!... Hoy por hoy, no me conviene malquistarme [45] con él. Nunca se sabe de qué cuadrante sopla la suerte. (Viendo avanzar el grupo, se adelanta sombrero en mano.) Señor Conde, bien venido sea, mil veces bien venido, a la tierra de sus mayores. ¡Qué hermosa figura hace Vuecencia en medio de estos dos ángeles!

EL CONDE.- (Parándose.) ¿Quién me habla?

NELL.- Es Senén, papá.

DOLLY.- ¿No te acuerdas?

SENÉN.- Senén Corchado, señor, el que fue... no me avergüenzo de decirlo.... criado del señor Conde de Laín.

EL CONDE.- ¡Ah, lacayo! (Con súbita cólera, requiriendo el garrote.) ¿Vienes a que te dé dos palos?

SENÉN.- (Retirándose.) ¡Señor...!

NELL.- Abuelito, ¿qué haces?

46

DOLLY.- ¡Si es de casa, si es nuestro amigo! [46]

EL CONDE.- (Reportándose.) Perdonadme, niñas queridas... he confundido sin duda... Y tú, Séneca, Cenón, o como quiera que te llames, perdóname también... te he tomado por otro. Pensé que eras tú el infame que se permitió decirme... Ven acá, dame la mano. Tengo el genio poco sufrido...

SENÉN.- (Dándole la mano.) Siempre fue lo mismo Vuecencia.

EL CONDE.- Luego, esta continua disminución de mi vista no me permite distinguir a los bribones de las personas honradas. La ceguera me hace irascible... ¿Y qué tal? Ya recuerdo que me hablaron de ti: sé que estás hecho un hombre.

SENÉN.- (Con falsa humildad.) Aunque me iba muy bien en casa del señor Conde de Laín, me dio por abandonar la servidumbre y trabajar en cualquiera industria o negocio...

EL CONDE.- Muy bien pensado. Así se hacen los hombres. ¿Y qué eres ahora?

¿Zapatero?

SENÉN.- Señor, no.

NELL.- Papá, si es empleado. [47]

DOLLY.- Empleado de Hacienda con tantos miles de sueldo.

EL CONDE.- Vamos, que tú querías ganar dinero a todo trance... El dinero lo ganan, Senén, todos aquellos que con paciencia y fina observación van detrás de los que lo pierden: fíjate en esto.

SENÉN.- (Inflándose.) La señora Condesa me consiguió un destinito...

NELL.- Mamá le ha protegido y le protege, porque es buen muchacho...

EL CONDE.- La Condesa es una gran potencia. Nadie le niega nada. Ya sabes tú, picaruelo, a qué aldabones te agarras.

DOLLY.- Aquí donde le ves, papá, es la economía andando, y mira por su ropa como una mujer.

EL CONDE.- Séneca, digo Senén, tú pitarás. Y ahora, ¿estás aquí con licencia?

SENÉN.- He venido de Durante para tener el honor de saludar al señor Conde de Albrit y a la señora Condesa de Laín, que también debe de llegar hoy. [48]

NELL.- ¡Que viene mamá! (Despréndanse las dos de los brazos de su abuelo, y saltan gozosas.)

DOLLY.- ¡Jesús, qué alegría!

NELL.- Pues no sabíamos nada. ¿Lo sabías tú, abuelito?

EL CONDE.- (Pensativo.) Sí.

DOLLY.- (Volviendo a coger el brazo de ALBRIT.) Vamos aprisita.

NELL.- (Inquieta.) Tenemos que arreglarnos.

SENÉN.- Las señoritas han de ir al hotel del señor Alcalde, a esperar a su mamá.

NELL.- ¿Pero va mamá a casa del Alcalde?

DOLLY.- ¿Por qué no viene a la Pardina con nosotros, con abuelito? (SENÉN se encoge de hombros.)

EL CONDE.- La Pardina no le parecerá a tu mamá bastante cómoda... En fin, no quiero que os detengáis por mí... Vamos, hijas mías. [49]

NELL.- ¡Ah! Se me olvidaba... Amigo Senén, ¿querrías hacernos un favor?

SENÉN.- Todo lo que las señoritas quieran. ¿Qué es?

NELL.- Subirse a aquel árbol a coger la Historia.

EL CONDE.- ¡A coger la Historia!

DOLLY.- El pícaro libro, que se echó a volar.

NELL.- Jugando, lo tiramos al aire.

EL CONDE.- (Gozoso.) Comprendo, sí... Estudiáis mirando al cielo... Senén, intrépido Senén, sube pronto, hijo... Anda, que cuando eras muchacho ya treparías más de una vez para coger nidos.

SENÉN.- (Disimulando su disgusto, se quita la americana.) Allá voy.

NELL.- Ten cuidado no se te rompa el traje.

SENÉN.- Que es nuevo... ya lo ven. [50]

DOLLY.- ¡Vaya un alfiler de corbata que te traes!... Por Dios, no te caigas.

EL CONDE.- No temáis: éste sabe subir y agarrarse bien. Si cae, será porque le tiene cuenta.

SENÉN.- Por ahora, señor Conde, me tiene más cuenta apoyarme bien en las ramas fuertes... Ajajá... Ya te cojo, Historia maldita.

DOLLY.- Bájate pronto... (Desciende SENÉN a las ramas bajas, y se tira de un salto.)

NELL.- (Cogiendo el libro.) Dios te lo pague. Vaya, sigamos.

DOLLY.- ¿No quiere el abuelito entrar por el pueblo?

EL CONDE.- No, no: vamos por el atajo, que nos lleva directamente a la Pardina sin pasar las calles de Jerusa. No quiero ver gente, y menos jerusanos.

SENÉN.- (Poniéndose la americana.) ¡Lástima no haber sabido antes que venía el señor Conde! El pueblo le habría preparado un buen recibimiento. [51]

EL CONDE.- (Con desdén.) ¿A mí?... ¿A mí Jerusa?... Brrr...

SENÉN.- Habría salido la música, el orfeón... No faltaría el arquito de ramaje, y luego lunch en la Casa Consistorial.

EL CONDE.- Veo que eres un cursi tremendo. Conozco esos homenajes, que en otro tiempo, cuando los merecía y estaba en disposición de recibirlos, me halagaban, sí. Hoy me harían el efecto de una burla cruel. Antes de verme tan viejo y tan pobre como ahora, tuve ocasión de apreciar la villana ingratitud de mis compatriotas los habitantes del señorío de Jerusa. (Se detiene y suspira.) Veinte años ha, la última vez que aquí estuve, los colonos que habían llegado a ser ¡Dios sabe cómo! propietarios de mis tierras, los señoritingos nacidos de mis cocineras, o engendrados por mis mozos de cuadra, me recibieron con frío desdén, que me llenó de tristeza y amargura.

Dijéronme que la villa se había civilizado. Era una civilización improvisada y postiza, como la levita que compra el patán en un bazar de ropas hechas.

NELL.- Papaíto, no olvida tu pueblo los beneficios que de ti ha recibido.

DOLLY.- No los olvida, no. La calle principal de Jerusa se llama de Potestad. [52]

NELL.- La fuente de los cinco caños, junto a la iglesia, se llama del Buen Conde.

EL CONDE.- Sí, Sí, mi abuelo paterno. Historia, cosas pasadas, que sólo dejan tras sí un letrero, una inscripción... Todo se borra, ¡ay! aun las piedras escritas. Cuando la roña y el musgo las empuercan, y se han criado en ellas cien generaciones de arañas y lagartijas, viene el progreso, y las manda picar para escribir otra cosa... o aprovecharlas en una alcantarilla. No me quejo, no. Ese es el mundo. Rodamos todos hacia lo infinito.

SENÉN.- (Enfáticamente.) Jerusa, por más que digan, no puede olvidar que debe su existencia a los Albrit de la Edad Media.

EL CONDE.- (Meditabundo.) Y a mis abuelos y a mí todo lo que en ella es de algún valor. La casa Ayuntamiento, que era el primitivo palacio de los Condes de Laín, fue donada por D. Martín de Potestad, capitán de las galeras de Nápoles. La calzada de Verola y el puente sobre el río Caudo, obra fue de mi madre. Mi abuelo materno hizo el hospital y la casa-cuna; y yo traje las aguas riquísimas de Santaorra; levanté el muro de contención que defiende al pueblo de las avenidas del Caudo; fundé y doté la Hermandad de Pescadores, haciéndoles además una dársena para abrigo de sus [53] lanchas; repoblé el monte comunal... sin contar otras mejoras de que ya no me acuerdo.

¿Y cómo pagaron mis paisanos tantos beneficios? Pues cuando me vieron mal de intereses, recargaban horrorosamente mis propiedades en todos los repartos de contribución para obligarme a vendérselas... Y lo conseguían... En sus manos rapaces está todo.

NELL.- Abuelito, no pienses cosas tristes.

DOLLY.- ¿No estás alegre de vernos y de tenernos a tu lado?

EL CONDE.- (Deteniéndose para abrazarlas y besarlas con efusión.) Sí, sí, ángeles inocentes. Soy feliz con vosotras, y lo demás nada me importa.

SENÉN.- (Con malicia indiscreta, que resulta más antipática por lo pedantesco de la expresión.) Y de que no seríamos justos achacando a Jerusa el pecado de la ingratitud, tenemos hoy una prueba elocuente, señor Conde, porque, sabida con antelación la llegada de la señora Condesa de Laín, se le prepara un recibimiento entusiasta, cual corresponde a quien tan grande fomento ha dado a los intereses materiales y morales de esta villa. Saldrá el Alcalde a la estación...

EL CONDE.- Y se dispararán cohetes. Todo eso está muy en carácter. [54]

NELL.- (Impaciente.) ¡Cohetes, música...! Vamos, vamos pronto.

DOLLY.- Abuelito, por aquí, si quieres que vayamos derechos a la Pardina.

EL CONDE.- ¿Estamos ya en la loma que llaman la Asomada?

SENÉN.- Sí, señor: de aquí se ve toda la villa; y si Vuecencia quiere dar un vistazo a la población, en dos minutos estamos en la plaza.

EL CONDE.- No, no. Gracias. Por esta otra calleja bajamos a la Pardina. (Deteniéndose y mirando al pueblo, que en aquel punto se ve totalmente, rodeado de arboledas y verdes lomas.) Sí, sí... te conozco, Jerusa; distingo un montón de tejados rojos y de ventanales blancos... más allá manchas de verde lozano.

Eres Jerusa; te siento bajo mis pies, te huelo al pisarte... Tu ingratitud me da en el olfato. Hiciste escarnio del que fue tu señor, aplicándole un mote burlesco... Pues ahora, el león flaco de Albrit, que nada te pide, que para nada te necesita, te manifiesta su desprecio con toda la efusión de su alma, no queriendo de ti ni un pedazo de tierra para sepultar sus pobres huesos. (Volviéndose hacia las niñas.) Si me muero aquí, que me lleven a enterrar a Polan, o que me tiren al mar. [55]

DOLLY.- Papaíto, no es hoy día de cosas tristes.

NELL.- ¡Si estamos muy contentas!

EL CONDE.- (Limpiándose una lágrima.) Sí, sí... Vamos, para que lleguéis a tiempo de presenciar los homenajes a vuestra mamá.

SENÉN.- Por esta calleja llegamos en un instante a la Pardina.

EL CONDE.- Conozco bien el camino... En este sitio, torciendo a la izquierda, dejamos de ver el mar. (Parándose a contemplar el Océano.) ¡Oh, qué hermosura! Es el amigo de mi infancia.

NELL.- ¡Y qué espléndido, qué azul! Hoy se viste de gala para recibirte.

EL CONDE.- ¿Sabéis por qué gozo tanto en mirarle? Porque le veo... es lo único que distingo bien, por razón de su magnitud. Desde que voy perdiendo la vista, hijas mías, mis pobres ojos no aprecian bien más que las cosas grandes... ¡Cuanto mayores son, mejor las veo! Quisiera que en el mundo fuera todo colosal, inmenso... Lo pequeño, creedlo, me entristece, me enfada... (Se internan en la calleja.) [56]

Escena VI

Sala baja en la Pardina. En paredes, techo y muebles, aspecto de venerable antigüedad, bien conservada.

GREGORIA y VENANCIO

GREGORIA.- (Asomándose a una ventana.) Ya está aquí Capitán... ¡Oh!... allí vienen. (Asustada.) ¡Jesús, lo que veo!

VENANCIO.- ¿Qué?

GREGORIA.- ¡El Conde con ellas, el señor Conde!

VENANCIO.- Sin duda ha venido a pie por el atajo del bosque. Es gran andarín. GREGORIA.- ¡Pero qué viejo está! Mira, mira.

VENANCIO.- (Mirando.)¡Y qué mal trajeado! Da pena verle... ¡Quien fue siempre la misma elegancia...!

GREGORIA.- ¿Sales a recibirle?

VENANCIO.- (Con prisa.) A escape... Prepárale café, que de fijo lo pide al entrar... GREGORIA.- Sí, sí...

VENANCIO.- (Desde la puerta.) Y manda un recado al señor Cura, que nos dijo que le avisáramos en cuanto el Conde llegase...

GREGORIA.- (Aturdida, sin saber a qué atender primero.) El café... recado al Cura... ¿Y la comida? Voy. ¡Pero si ya están aquí! ¡Jesús me valga!...

Escena VII

GREGORIA, el CONDE, las dos niñas, SENÉN y VENANCIO.

GREGORIA.- (Besando la mano al CONDE.) Bien venido sea mi señor... VENANCIO.- Y que entre en su casa con bendición.

EL CONDE.- (Con señorial bondad.) Gracias, gracias, mis buenos amigos Venancio y Gregoria. Me alegro de veros contentos y saludables... digo, como veros... (Mirándoles fijamente.) No, no veo bien más que las cosas grandes. [58]

VENANCIO.- ¿Se sienta el señor aquí? (Conduciéndole a un sillón de vaqueta, junto a la mesa de nogal.)

EL CONDE.- Donde quieras.

NELL.- Y ahora nosotras, abuelito, hemos de vestirnos a escape...

EL CONDE.- Sí, sí; no os detengáis.

DOLLY.- Pronto volveremos, papaíto... Vendrá mamá con nosotras... supongo.

EL CONDE.- Sí, sí... (Las besa.) Hasta luego...

GREGORIA.- (Dándoles prisa.) Vivo, vivo... Vais a llegar tarde. (Vase

GREGORIA con las niñas.)

SENÉN.- Yo también, con permiso del señor Conde, me retiro.

EL CONDE.- Sí, sí... Ve a disparar cohetes...

SENÉN.- Si el señor me necesita... [59]

EL CONDE.- No... Muchas gracias... Y me alegro de que te ausentes... No, no es por nada ofensivo para ti, Séneca... o Senén. ¿Te lo digo?

SENÉN.- Nada que usía me diga puede ofenderme.

EL CONDE.- Pues deseo que te marches, porque... Hijo, gastas un perfume, que marea. Los aromas demasiado fuertes me dan vahídos... Dispénsame... (Dándole la mano, y acariciando la de SENÉN.) Perdóname que te despida con una impertinencia.

SENÉN.- (Desconcertado.) Señor... una gotitas de heliotropo...

EL CONDE.- No he dicho nada... Abur.

SENÉN.- (Aparte, retirándose.) Malas pulgas trae el león flaco de Albrit.

Escena VIII

El CONDE y VENANCIO. Larga pausa. El CONDE inclina la cabeza sobre el pecho y se cubre los ojos con la mano. VENANCIO permanece en pie, a bastante distancia, contemplándole.

EL CONDE.- (Alzando la cabeza y llevándose la mano al pecho, en que siente opresión.) ¡Ay, Venancio! La emoción que he sentido al entrar aquí, no me deja respirar... (VENANCIO suspira [60] y calla.) No creí volver a verte, casa mía, casa bendita de mis mayores, de mi madre... No esperaba recibir en mi alma esta ola de vida, formada por los recuerdos, embate de calor y de salud, que al pronto reanima al ser caduco; pero después... mata, sí, mata. La memoria me abruma, el sentimiento me ahoga... (Vuelve a pasarse la mano por los ojos.) No debí venir, no, no.

VENANCIO.- Señor, los recuerdos de la Pardina serán gratos para Vuecencia.

EL CONDE.- (Señalando a la derecha.) En esa alcoba nací yo... En ella nació también mi madre, y en la de arriba murió... No sé si es que me engaña mi poca vista; paréceme que nada

61

ha variado, que los muebles son los mismos... ¡Qué ilusión!

VENANCIO.- Poco hemos cambiado. Se conserva todo a fuerza de cuidado y aseo. EL CONDE.- (Con profunda tristeza.) Aquí pasé mi infancia, al lado de mi madre, que enviudó a los pocos días de mi nacimiento... Heredero de los Condados de Albrit y de Laín, ¡cuántas veces, joven, en la plenitud de la vida, y con todo el verdor de las ilusiones fomentadas por la grandeza de mi linaje; cuántas veces, solo, con mi esposa, o con mis amigos, vine a pasar alegres temporadas en la Pardina! En aquel tiempo tú eras un niño. Tus padres, y otros padres de gentes ingratas que andan [61] por esos mundos en diferentes oficios, eran entonces mis servidores. En mí veíais al señor, al rey de la Pardina, y hasta cierto punto, al amo de toda Jerusa... Pasó tiempo; creció mi hijo Rafael. Correspondérosle por muerte de su madre, y según el fuero de Laín, este Condado y esta casa... Yo volví a la Pardina: ya no era el señor; mas era el padre del señor, y tú, ya grandecito, y los demás servidores de esta antigua casa, me mirabais con respeto, con cariño, con veneración. El Conde de Albrit, poderoso todavía, os remuneraba vuestros servicios con la noble largueza que era en él habitual.

VENANCIO.- Siempre fue Vuecencia el primer caballero de España.

EL CONDE.- (Con melancólica dignidad, levantándose.) Pues hoy, el primer caballero de España, el generoso y grande, viene a pedirte hospitalidad. Vicisitudes y trastornos que no quisiera recordar, esta revolución crónica que hace y deshace los Estados y las familias, y todo lo trueca y baraja, te han dado a ti la propiedad de la Pardina. En ella entro yo a pedirte albergue, no como señor, sino como desvalido sin hogar, abandonado de todo el mundo. Si me la das, ya sabes que has de hacerlo por pura caridad, no por remuneración ni recompensa. Soy pobre; todo lo he perdido.

VENANCIO.- El señor Conde viene siempre a su casa, y nosotros, hoy como ayer, somos sus criados. [62]

EL CONDE.- (Se sienta.) Gracias... Te lo digo tranquilo y sin ninguna afectación, pues con la realidad no caben juegos de retórica. He llegado a los escalones más bajos de la pobreza; pero por mucho que descienda, no he llegado ni llegaré nunca al deshonor. Fuera de la decadencia material, soy y seré hasta el último día lo que fui.

VENANCIO.- Y yo igualmente, hoy como ayer, servidor humilde del señor D. Rodrigo.

EL CONDE.- Te lo agradezco, créeme que te lo agradezco en el alma... Pero... bien mirado, es tu obligación, y cumples como cristiano. Todo lo que eres y todo lo que tienes, me lo debes a mí.

VENANCIO.- Sin duda.

EL CONDE.- No haces nada de más en ampararme... en ver en mí a tu señor, y en respetar, no sólo mi nombre y mi historia, sino mi ancianidad, mis achaques... Las desgracias, hijo mío, me han hecho algo quejumbroso, algo impertinente. Mi genio altivo se exacerba cada día más con la pérdida de la vista... No puedo sofocar mis ímpetus de absolutismo, de persona acostumbrada a mandar.

VENANCIO.- Bien, señor. [63] EL CONDE.- Y a ser obedecida.

VENANCIO.- También tengo el hábito de la obediencia... Y ante todo, señor, ¿en qué aposento quiere vuecencia dormir?

EL CONDE.- Arriba, en la alcoba que fue de mi madre.

VENANCIO.- (Contrariado.) ¿La que da al pasillo grande? La tenemos llena de trastos.

EL CONDE.- Pues sacas los trastos y me metes a mí.

VENANCIO.- Señor, es un trastorno...

EL CONDE.- (Sulfurándose ligeramente.) ¿Ya empezamos?

VENANCIO.- La hemos convertido en secadero: allí colgamos las judías...

EL CONDE.- (Sulfurándose más.) Pon las judías en otra parte. ¿Vale tan poco mi persona que no merece... una molestia insignificante de las señoras hortalizas? [64]

VENANCIO.- (Sin acabar de resignarse.) Bien, señor... Ello es que...

EL CONDE.- ¿Todavía refunfuñas? Debiste, desde que te lo dije, asentir con delicadeza obsequiosa. ¿Será preciso que te lo mande?... Por poco me apuras (golpeando el brazo del sillón.) ¡Oh, triste cosa es para mí ser huésped de mis inferiores! Venancio, quiero someterme al destino, quiero olvidarme de mí mismo, y no puedo, no puedo. La autoridad es esencial en mí. Por Cristo, súfreme o arrójame de mi casa, quiero decir, de la tuya.

VENANCIO.- Eso no... (Viendo venir al CURA.) Ya tiene aquí a su amigo D. Carmelo.

Escena IX

El CONDE, VENANCIO y el CURA, hombracho de buen año; de aventajadas dimensiones, enormemente barrigudo, sin carecer por eso de cierta agilidad y soltura de miembros. Su cara es arrebolada, su boca risueña, su nariz como pico de garbanzo, sus ojos pillines. Usa gafas de un azul muy claro, que se le corren sobre el caballete. Viene a palo seco, es decir, sin balandrán, por ser buen tiempo. Es limpio, y la sarga de su sotana, pulcra y reluciente, ciñe y modela sin arrugas la redondez del abdomen, bien atacados todos los botoncitos que corren desde el cuello hasta la panza. Un gorro negro alto, con caída de fleco, y paraguas de reglamento, que así le sirve [65] para el sol como para la lluvia. Entra en la casa y en la habitación presuroso metiendo bulla, y se dirige al CONDE con los brazos abiertos.

EL CURA.- ¡Carísimo amigo y dueño, D. Rodrigo de mi alma!...

EL CONDE.- (Abrazándole.) ¡Pastor Curiambro, ven a mis brazos!... Pero, hijo, ¡qué gordísimo estás!... No me cabes... ¿ves?, no me cabes... Me cuesta trabajo poner en tu espalda las palmas de mis manos.

EL CURA.- ¡Qué sorpresa tan grata, qué alegría!

EL CONDE.- (Tocándole.) Pero, chico, ¿es tuyo todo esto? ¿Es ésta tu barriga, o te has traído por delante el púlpito de tu iglesia?

EL CURA.- (Riendo.) Es que en esta tierra, Sr. D. Rodrigo, de nada le sirve a uno hacer penitencia.

EL CONDE.- ¿Penitencia tú? ¡Hombre, qué cosa tan rara!... En fin, siempre que des gusto a tus feligreses...

VENANCIO.- (Lisonjero.) Tenernos un párroco que vale más que pesa. [66]

EL CONDE.- ¿Y de salud, bravamente? Tu cara... (Observándole.) Pues, mira, te veo, te veo bien. ¡Cómo eres tan grandón! ¡Ah!... Me permitirás que te tutee, a pesar del tiempo transcurrido.

EL CURA.- (Con modestia suma.) ¡Señor Conde, por amor de Dios!...

EL CONDE.- (Muy cariñoso.) Bien, Carmelo; bien, Pastor Curiambro. Siéntate a mi lado. ¡Cómo corren, ¡ay!, cómo se escabullen los pícaros años! Tú... a ver si acierto... andarás en los cincuenta.

EL CURA.- Andaba en ellos... dos años ha.

VENANCIO.- Como yo. Somos del mismo tiempo.

EL CONDE.- No podía ser menos. Tenías veintiséis cuando...

EL CURA.- Cuando murió mi padre. A la generosidad del señor Conde debí el poder terminar mi carrera de Teología y Derecho.

EL CONDE.- (Con natural delicadeza.) Pues, mira tú, de eso no me acordaba.

EL CURA.- ¡Ah, yo sí! [67]

EL CONDE.- ¿Te acuerdas de aquellas merendonas del Soto de Aguillón? Desde entonces, te profeticé que serías la première fourchette de l'Espagne.

EL CURA.- (Riendo.) Era un tenedor tremendo, sí, sí...

EL CONDE.- ¿Y sigues con la higiénica costumbre de comer copiosamente, y de digerir clavos?

EL CURA.- Ya no soy ni sombra de lo que fui; pero todavía...

VENANCIO.- Todavía... si el caso llega, no deja mal puesto el pabellón.

EL CONDE.- ¿Te acuerdas de cuando apostabas con Valentín, el escribano de Verola, a quién comía más?

EL CURA.- (Riendo a carcajadas.) Y siempre le gané, siempre.

EL CONDE.- Un día de vigilia..., Venancio, no lo creerás, pero es verdad... le vi comerse una langosta de este tamaño, entera y verdadera, detrás de un arroz con pescado y marisco... y delante de docena y media de torrijas. [68]

EL CURA.- Esos tiempos pasaron.

VENANCIO.- Pero hasta hace poco... yo recuerdo el día de la jira en Novoa... su postre era un queso de bola, enterito.

EL CONDE.- ¡Lo que yo gozaba viéndole comer!

EL CURA.- Me tranquiliza sobre ese punto la opinión de San Francisco de Sales, que dice: «Lo que entra por la boca no daña al alma.»

EL CONDE.- Y tenía razón.

Escena X

Dichos; GREGORIA, vestida para salir. Trae servicio de café.

GREGORIA.- Aunque el señor no lo ha pedido, como sé que le gusta tanto el café...

(Lo pone en la mesa.)

EL CONDE.- ¡Oh, qué bien!... Tu previsión, hija mía, es muy de alabar. Carmelo, te sirvo... [69]

GREGORIA.- Las señoritas están concluyendo de arreglarse. En seguida nos iremos. EL CONDE.- Que no se entretengan; ya será hora. (Al CURA, sirviéndole azúcar.)

A ti te gusta dulzón, si no recuerdo mal.

EL CURA.- ¡Qué memoria tiene usted!

EL CONDE.- No siendo para los favores que me hacen, también la pierdo, como la vista.

GREGORIA.- ¿Se le ofrece algo más al señor?

EL CONDE.- No... Gracias. (Vase GREGORIA.)

EL CURA.- (Paladeando el café.) ¿Y qué?... Señor Conde, ¿qué le parecen a usted sus nietecitas? ¿No las había visto después de su regreso de América?

EL CONDE.- No.

EL CURA.- Son angelicales... ¡Y qué lindas, qué graciosas! Se le meten a uno en el corazón... Verlas, tratarlas y no quererlas, es imposible. (El CONDE, ensimismado, calla. Durante la pausa, D. CARMELO le observa.) [70] Dios ha hecho en ellas una parejita encantadora, para regocijo y orgullo de su madre... y de usted.

EL CONDE.- (Como volviendo en sí.) ¿Decías?... ¡Ah! Sí, son hechiceras las chiquillas.

EL CURA.- (Queriendo sonsacarle el motivo de su estancia en Jerusa.) Comprendo la impaciencia de usted por verlas. Al santo anhelo de conocer a sus nietas y abrazarlas, debemos el honor de tenerle en Jerusa...

EL CONDE.- Yo he venido a Jerusa, principalmente, por... (A VENANCIO, con autoridad, pero sin altanería.) Tú...

VENANCIO.- ¿Señor?...

EL CONDE.- Haz el favor de dejarnos solos. (Vase VENANCIO.)

Escena XI

El CONDE y el CURA.

EL CURA.- Ya me dijo Senén que la Condesa y usted se había citado aquí... (Su solapada curiosidad quiere apoderarse del pensamiento del CONDE, tomándole las vueltas.) Aquí pueden ventilar con toda calma [71] las cuestiones de intereses... (Pausa. El CONDE no dice nada.) O las cuestiones de otra índole, cualesquiera que sean.

EL CONDE.- Volviendo a las niñas, te diré, querido Carmelo, que han producido en mi alma una impresión hondísima.

EL CURA.- ¿De alegría?...

EL CONDE.- Sí... Estas alegrías pronto las convierto yo en intensísima tristeza, agobiado como me veo por crueles desgracias, perseguido de pensamientos revoltosos, obra de esta fiebre de análisis que traen consigo la experiencia del mal, el excesivo tesón de mi carácter, los años, la ceguera misma... Figúrome que no me entiendes, mi buen Carmelo, y has de permitirme que por ahora no te diga más.

EL CURA.- Francamente, me he quedado en ayunas.

EL CONDE.- (Con humorismo.) ¿En ayunas tú?... No lo creo.

EL CURA.- ¿Tienen algo que ver esas tristezas, que sin duda son nerviosas, con el porvenir de las señoritas? [72]

EL CONDE.- (Rehuyendo entrar en el asunto.) No sé... Déjame que te diga otra cosa. Mi primera impresión al verlas y oírlas, fue... claro que fue excelente, de gran regocijo y orgullo, como has dicho. Creí notar una perfecta consonancia, igualdad más bien, en el timbre de sus voces. Como no veo bien, sus rostros me han parecido como dos reproducciones exactas de un mismo tipo. ¿Serán, por ventura, iguales también sus caracteres, sus almas?

EL CURA.- (Después de un ratito de perplejidad.) ¡Oh, no, Sr. D. Rodrigo! Ni son iguales sus voces, ni sus caras, ni menos sus caracteres.

EL CONDE.- (Con gran interés.) Pues siendo distintas, la una será forzosamente mejor que la otra. Dime, tú que las has tratado y visto bien, ¿cuál de las dos es la más inteligente; cuál la de corazón más puro, recto y generoso?...

EL CURA.- Difícil es, a fe mía, la respuesta. Ambas son buenas, dóciles, inteligentes, de corazón hermoso y nobilísimo... algo traviesas, eso sí; pero observantes de la ley del pudor, muy firmes en los principios elementales, temerosos de Dios.

EL CONDE.- Todo eso es lo que hay en ellas de común: comprendido. ¿Y qué las diferencia? [73]

EL CURA.- Pues discrepa... Verá usted... Dolly toma la iniciativa en las travesuras; Nell parece más inclinadita a las cosas graves, más previsora... Dolly es una imaginación viva, una voluntad impetuosa; Nell, una naturaleza reflexiva, más fija y constante que la otra en sus aficiones; Dolly, divagando, muestra pasmosas aptitudes para la vida práctica; Nell, haciendo diabluras, nos deslumbra con destellos de asombrosa inteligencia... ¿Pero qué he de decirle yo al señor D. Rodrigo, si en cuanto las trate familiar y diariamente, usted ha de conocerlas y diferenciarlas mejor que nadie?

EL CONDE.- (Dejándose llevar de su sinceridad.) De eso trato; a eso he venido.

EL CURA.- ¿Ha venido a...?

EL CONDE.- A estudiarlas, a intentar un análisis detenido de sus caracteres... Las

74

razones de esto no está bien que las sepas por ahora... (Variando de tono.) Oye, Carmelo, ¿por qué no te quedas hoy a comer conmigo? Gregoria no te tratará mal.

EL CURA.- La conozco... y sé lo que vale. Pero sin perjuicio de tributar a Gregoria en otra ocasión los honores debidos, hoy, lo que es hoy, señor Conde de Albrit, se viene usted a mi casa, a hacer penitencia con este cura. [74]

EL CONDE.- Acepto; sí, señor, acepto... ¿A qué hora?

EL CURA.- A la una y media en punto.

Escena XII

El CONDE, el CURA; el MÉDICO, joven, pequeñito, de conjunto simpático y mirar inteligente. Viene de levita y sombrero de copa, el cual revela en su forma de ser prenda de respeto, usada tan sólo de año en año, en ocasiones muy solemnes.

EL CURA.- ¡Oh, mediquillo, ven!... (Presentándole.) Salvador Angulo, nuestro médico titular.

EL CONDE.- (Estrechándole la mano.) Muy señor mío.

EL MÉDICO.- Vengo a ofrecer mis respetos al Señor de Jerusa y de Polan...

EL CONDE.- (Recordando.) Angulo, Angulo... espérese usted...

EL CURA.- Es hijo de Bonifacio Angulo, aquél que llamaban aquí por mal nombre

Cachorro, guarda de los montes de Laín. [75]

EL CONDE.- ¡Oh, sí!... Cachorro, hombre sencillo y un tanto rudo... servidor fiel...

Le recuerdo perfectamente. (Le da otra vez la mano, que el MÉDICO le besa.)

EL CURA.- Y no habrá olvidado el Sr. D. Rodrigo que a este chico le costeó la carrera en Valladolid.

EL MÉDICO.- Por lo cual, debo al señor Conde lo poco que soy y lo poco que valgo.

EL CONDE.- De eso no me acordaba... mi palabra que no me acordaba.

EL CURA.- Pues ha de saber usted... no es porque esté delante... que este chico es una notabilidad... pero una notabilidad, en la ciencia médica.

EL MÉDICO.- Por Dios, D. Carmelo.

EL CONDE.- (Muy cariñoso.) Bien, hijo mío; dame un abrazo. (Le abraza.) Me permitirás que te tutee. No puedo corregir este hábito de familiaridad desde que entro en Jerusa. (El MÉDICO asiente con mudas demostraciones de respeto.)

EL CURA.- Y ya, ya sé por qué vienes tan pitre, cañamoncito de Jerusa. [76]

EL MÉDICO.- Me ha nombrado de la comisión que ha de recibir a la señora

Condesa de Laín... Dispénseme, señor Conde, si después de saludarle con el debido respeto, me retiro...

EL CURA.- Hijo, no hay prisa todavía.

EL CONDE.- Sí, sí: ve, anda.

EL CURA.- Oye, Salvador. En cuanto se acabe la función, una vez que el pueblo desfogue su entusiasmo con un poco de pólvora y cuatro berridos, y suene en los aires la última simpleza del discurso que ha de pronunciar D. José Monedero, te vienes corriendito a casa, y tendrás el honor de comer con el señor Conde y conmigo.

EL MÉDICO.- Bien, bien. ¡Qué honra tan grande!

EL CONDE.- (Con alegría.) ¡Qué feliz coyuntura para consultarle con toda calma! EL MÉDICO.- ¿Un padecimiento?

EL CONDE.- No es eso. Tú conoces a mis nietecitas; las habrás asistido en alguna dolencia. [77]

EL MÉDICO.- Nell y Dolly disfrutan de una salud enteramente campesina y plebeya. Las he visitado para indisposiciones sin importancia.

EL CONDE.- Pero que a ti, como perspicaz observador, te habrán bastado para conocer sus temperamentos, qué afecciones prevalecen en cada una, qué predisposiciones patológicas se marcan en una y otra naturaleza... porque de seguro habrá diferencia grande en la complexión, en la constitución anatómica y fisiológica de las dos chiquillas. No sé si me explico.

EL MÉDICO.- Perfectamente. Pero hasta hoy no he tenido ocasión de determinar entre una y otra notorias diferencias.

EL CURA.- En fin, ya tendrán ustedes ocasión de hablar largo y tendido. (Suena un cohete.)

EL CONDE.- (Estremeciéndose.) Ya está aquí.

EL MÉDICO.- (Con mucha prisa.) Ya llega...

EL CONDE.- Anda, hijo, anda. [78]

EL MÉDICO.- Con su permiso... No necesito decirle... Humildísimo, incondicional servidor... (Suenan más cohetes.)

EL CONDE.- (Al CURA.) ¿Y tú, no vas, Carmelo?

EL CURA.- Indefectiblemente tengo que asomar las narices por allí. No diga la Condesa que soy descortés...

EL CONDE.- No eche de menos la población figura tan culminante en esta clase de ceremonias.

EL CURA.- Sí, sí... Me voy. Cuidado, señor Conde. A la una y media en punto.

EL CONDE.- No faltaré. De las pocas cosas que me quedan, una es el respeto, la religión de la puntualidad. (Óyese música lejana.)

EL MÉDICO.- Hasta luego.

EL CONDE.- Divertirse... (Vanse el CURA y el MÉDICO.)

EL CONDE.- (Solo, meditabundo.) ¿Me ayudarán éstos en mis investigaciones?...

¿Se penetrarán del espíritu de rectitud, del sentimiento [79] de justicia con que procedo?... (Con desaliento.) Lo dudo... Viven en ambiente formado por las conveniencias, el egoísmo y la hipocresía, y cuando se les habla de la suprema ley del honor, ponen cara de asombro estúpido, como si oyeran referir cuentos de brujas. Si no me auxilian, trabajaré yo solo. El viejo Albrit se basta y se sobra. (Suenan más cerca la música y el rumor popular.) ¡Ah! Ya llega, ya entra en Jerusa Lucrecia Richmond...

¡Ya estás aquí, bestia engalanada, estatua viva, deshonesta! ¡Cuánto deseaba yo esta ocasión!... ¡Tú y yo solos, frente a frente! (Se asoma a una ventana.) No sé quién es peor: si tú que paseas impune por el mundo tu desvergüenza, o un pueblo servil y degradado que te festeja y te adula. (Óyense campanas.) Repican por ti... y luego tocarán a la oración. (Furioso, gritando en la ventana, hacia afuera.) ¡Pueblo imbécil, esa que a ti llega es un monstruo de liviandad, una infame falsaria! No la vitorees, no la agasajes.

Apedréala, escúpela.

FIN DE LA JORNADA PRIMERA

Jornada II

Escena I

Sala baja en la casa del SEÑOR ALCALDE DE JERUSA, D. JOSÉ MARÍA MONEDERO, decorada con lujo barato, en toda la plenitud de la cursilería con dinero. Cubren las paredes paisajes al óleo, de los que en parejas, con marco y todo, se venden al aire libre en las calles céntricas de Madrid, obra de artistas desdichados. Hacen juego con estos mamarrachos, cromos de cacerías o de revistas navales, figuras de bazar, fruslerías bordadas, mil laborcillas fáciles de mujer, de esas cuya explicación y dibujo traen en su sección de recreos útiles los periódicos de modas. Flores de trapo, en tiestos de cartón, exhalan en los ángulos su fragancia de cola y tintes descompuestos. Piano desafinado, musiquero, retratos prendidos en esterillas japonesas, redoma con peces.

NELL y DOLLY; LUCRECIA, CONDESA VIUDA DE LAÍN. Es mujer hermosa, de treinta y cuatro años, del tipo que comúnmente llamamos interesante, mezcla feliz de belleza, dulzura y melancolía; castaño el cabello, el rostro alabastrino, de un perfil elegante, precioso modelo de raza anglo-sajona, recriada en América. Sus ojos son grandes, obscuros, con ráfagas de oro, y el mirar sereno y triste, como de tigre enjaulado que dormita sin acordarse de que es fiera. En su talle esbelto se inicia la gordura, fácil de [82] corregir todavía con la ortopedia escultórica del corsé. Viste con elegancia traje de luto. En su habla, apenas se percibe el acento extranjero.

LUCRECIA.- (Abrazando y besando a las niñas.) Hijas mías, no me harto de besaros. ¿Teníais ganitas de verme?

NELL.- Figúrate...

DOLLY.- Hemos venido a la carrera... ¡Cuánta gente! Creí que no podíamos entrar, y que nos atropellaban los coches.

LUCRECIA.- ¡Qué fastidio! Vengo a Jerusa sólo por ver a mis niñas, y me encuentro con este horrible entorpecimiento del entusiasmo público.

NELL.- Mamá, la gratitud del pueblo...

LUCRECIA.- Creed que he pasado un sofoco y una vergüenza...

DOLLY.- Te quieren.

LUCRECIA.- Demostraciones tan molestas como ridículas. ¿Y a mí, por qué me aclaman?... En fin, ya hemos pasado el mal rato de la entrada triunfal... (Mirándolas cariñosamente.) Estáis muy bien... las caras tostaditas. Eso quiero: que se os ponga la tez como de manzanas pardas, señal de salud y de buena sangre...

NELL.- Mamá, tú sí que estás guapísima.

LUCRECIA.- (Besándolas otra vez.) Vosotras, mis ángeles salvajitos, sí que sois bellas y buenas, y... (La interrumpe la ALCALDESA entrando de improviso.)

Escena II

Dichas; la ALCALDESA, señora enjuta y menudita, que no tiene en aquel momento más preocupación que aparecer fina, y este singular estado de su espíritu, con la tirantez consiguiente, se revela en todos sus actos, en sus palabras melosas, y hasta en los mohines estudiados de su boca y nariz. Viste bata azul, elegante, que le han enviado de Madrid. Poco después de ella entra el ALCALDE, señorón macizo, sanote y jovial que, al contrario de su mujer, pone todo su esmero en parecer muy bruto, dejando al descubierto, desnudo de toda gala retórica, su natural llano y la tosca armazón de su ser moral. Entiende que los hombres deben ser claros, cada cual mostrándose como Dios le ha hecho. De origen humildísimo, empezó a sacar el pie del lodo con la carretería; trabajó honradamente después en distintas industrias, hasta que halló su suerte en la fabricación de pastas para sopa. Su laboriosidad le hizo rico, y la herencia de un tío de América le ascendió a millonario. Viste levita, y su chistera, que usa con frecuencia por razón de su cargo, [84] es sin disputa la mejor del pueblo. Su esposa cuida de renovar esta prenda con la precisa oportunidad para que no sea ridícula.

LA ALCALDESA.- (Finísima.) Dispense usted, Condesa. Mi esposo y yo hemos tenido que convencer a los notables del pueblo de que usted, por razón de su luto y del cansancio del viaje, no puede recibir a nadie...

NELL.- (Asomándose a la ventana.) Mamá, mamá, si está la plaza llena de gente.

DOLLY.- Quieren que te asomes para darte vivas.

LUCRECIA.- Por Dios, Vicenta, líbreme usted de este compromiso... ¡Vivas a mí! Yo no salgo; no sirvo para eso... Por Dios, que se vayan, que me dejen. Y lo agradezco en el alma...

LA ALCALDESA.- Las ovaciones populares, por más que sean merecidas, molestan y fastidian... Jerusa no puede mostrarse ingrata, ni olvidar los beneficios que usted le prodigó...

LUCRECIA.- (Aterrada del rumor popular.) ¿Qué beneficios ni qué niño muerto?

Yo no he hecho nada, absolutamente nada. ¿Pero están locos aquí? Créalo usted, Vicenta, me da miedo la voz pública. [85]

NELL.- Mamá, que te asomes... Quieren despedirse de ti.

DOLLY.- Hay pueblo y señores... y hasta curas... Mamita, ¿qué te importa que te vitoreen? Mira que si no sales, nos darán las vivas a nosotras.

LUCRECIA.- Que no salgo, vamos. Vicenta, por Dios, que su marido de usted me haga el favor de echarles una arenga, diciéndoles... que estoy enferma, y que les agradezco infinito sus manifestaciones... que no las merezco... En fin, él sabrá.

EL ALCALDE.- (Limpiándose el sudor de la frente, la levita desabrochada, el chaleco abotonado a medias.) Ya, ya se van... ¿Pero qué le costaba a usted, Condesa, asomarse un poquito? Con una inclinación de cabeza cumplía usted. Pero, en fin, respeto su repugnancia de la apoteosis. Lo mismo me pasa a mí. Siempre que me ovacionan me echo a llorar, y se me descompone el vientre.

LUCRECIA.- ¿Pero qué he hecho yo, señor D. José de mi alma, para estos obsequios, este entusiasmo?

LA ALCALDESA.- Hija, la carretera de Forbes, la estación telegráfica... la condonación... [86]

LUCRECIA.- Me bastó pedírselo al Ministro...

EL ALCALDE.- Más que todo eso vale el Instituto de segunda enseñanza, que nos disputaban los de Durante. Nada agradecen tanto los pueblos, señora mía, como el que les den algo que se le quita al vecino. Cuestión de amor propio: la entidad pueblo es lo mismo que la entidad persona. Fastidiar al vecino, y caiga el que caiga. Jerusa verá siempre en la ilustre Condesa de Laín una individualidad digna de todos nuestros respetos. Y yo, que llevo el corazón en la mano, que digo siempre la verdad llana y monda... soy así, muy bruto, muy francote... le aseguro a usted que la queremos aquí... como sabe querer Jerusa; y si lográramos que nos concedieran la Escuela de Comercio que pretenden los de Durante, no le quiero decir a usted... La apoteosis que le haríamos retumbaría en la China.

LUCRECIA.- (Sonriente.) Yo sí que no vuelvo de mi apoteosis.

DOLLY.- (Desde la ventana.) Ya, ya se retiran.

NELL.- Parece que van descontentos ¡Y cómo nos miran!

LA ALCALDESA.- No extrañe usted, Condesa, las vehemencias de mi Marido. Desde que es edil (marcando bien la [87] palabra), no vive. La fiebre de la cosa pública altera su genio pacífico. Verdad que no hay otro que mejor cumpla, ni que sepa consagrarse tan de lleno a los deberes de un cargo espinoso.

LUCRECIA.- (Por decir algo.) Estos son los hombres, estos son los grandes ciudadanos...

UNA CRIADA.- (Entrando con una bandeja de huevos moles.) Esto mandan a la señora Condesa las monjas Dominicas.

NELL.- (Corriendo a verlo.) ¡Huevos moles! ¡Qué ricos!

DOLLY.- ¡Vaya un regalo, mamá!

EL ALCALDE.- Para que diga usted que no se portan bien las monjitas de mi tierra. LUCRECIA.- ¡Pobrecillas! Tendré que visitarlas.

LA ALCALDESA.- Iremos. Son finísimas.

OTRA CRIADA.- (Entrando con un descomunal ramo de flores.) De parte de los capataces de la Granja modelo... [88]

LUCRECIA.- También tendré que hacerles una visita.

EL ALCALDE.- Iremos; sí, señora. Verá usted los carneros moruecos, que han traído ahora para padres.

LA ALCALDESA.- (Que ha salido un momento, vuelve trayendo una labor de tapicería y mostacilla.) Mire usted, Lucrecia, lo que manda la maestra del colegio de niñas.

NELL.- ¡Ay, qué precioso!

DOLLY.- Mira, mamá. ¿Es un gorro?

LUCRECIA.- No, hija: es un cosy para cubrir las teteras...

LA ALCALDESA.- (Pesarosa de no haber acertado antes el uso de aquel chisme.) Es un adminículo extranjero. Aquí no lo usamos.

EL ALCALDE.- Tiene usted que visitar el colegio.

LA ALCALDESA.- ¡Pobre Condesa! Ya le cayó que hacer.

EL ALCALDE.- Y podrá decir que en ninguna parte del mundo ha visto usted labores tan primorosas como [89] las que hacen las alumnas del colegio de Doña Severiana.

LA ALCALDESA.- Bordan a maravilla... Ya lo ve usted... Y allí tiene usted a las chicuelas todo el santo día sobre los bastidores...

EL ALCALDE.- (Mirando su reloj, descomunal pieza de oro.) Y a todas éstas, Vicenta, son las tantas y no comemos. Mi señora Doña Lucrecia tiene apetito... las niñas están desfallecidas. ¿Verdad, Nelita y Dolita, que deseáis sentaros a la mesa?... y yo...

¿Por qué no he de decirlo?, estoy ladrando de hambre... Con que...

LUCRECIA.- Me arreglaré un momento.

LA ALCALDESA.- Subamos a mi tocador. Mientras usted se arregla, dispondré que nos sirvan la comida.

EL ALCALDE.- Y yo, si la señora Condesa me lo permite, voy a librarla de otra lata horrorosa.

LUCRECIA.- ¿Qué?

EL ALCALDE.- El orfeón del pueblo quiere venir a cantar durante la comida.

LUCRECIA.- ¡No, por Dios! [90]

EL ALCALDE.- Ahí está el director. Voy a quitárselo de la cabeza...

LUCRECIA.- Sí, sí; que lo agradezco, que siento mucho...

LA ALCALDESA.- Que está muy fatigadita. Crea usted que no perdemos nada.

Desafinan como perros.

EL ALCALDE.- Y que, motivado al luto, no está usted para músicas... Ya, ya sabré despacharles... Y sobre todo, que lo mando yo, ea... (Vase presuroso.)

Escena III

Tocador de la ALCALDESA.

LUCRECIA, DOLLY y NELL; una criada extranjera que ayuda a vestir a su ama y no habla; después la ALCALDESA.

LUCRECIA.- ¡Qué descanso! Solas un momento. Prefiero una enfermedad a los entusiasmos de Jerusa.

NELL.- Mamá, es que te quieren.

LUCRECIA.- Sí, sí: cariños que reclaman la fuga inmediata, como quien escapa de una epidemia. Es [91] violentísimo tener que mostrar gratitud ante estas mojigangas.

DOLLY.- Mamá, ten paciencia.

LUCRECIA.- (Bajando la voz.) Lo mismo que soportar las amabilidades de estos pobres cursis... Son muy buenos, lo reconozco... y les aprecio verdaderamente. Pero en Jerusa no quiero ver a nadie más que a vosotras.

NELL.- Mamá, ¿cuándo nos llevas contigo?

LUCRECIA.- (Meditabunda.) No sé... Tal vez muy pronto. Depende de circunstancias eventuales...

DOLLY.- (Vivamente.) Mamá, ¿no sabes? Ha llegado el abuelito.

LUCRECIA.- (Disimulando su disgusto, que sólo se trasluce en rápidos destellos de sus pupilas rasgueadas de oro.) Ya, ya lo sé... Llegó esta mañana. ¿Y qué? Tan gruñón y desabrido como siempre.

NELL.- A nosotras nos quiere mucho.

DOLLY.- Irás a verle... [92]

LUCRECIA.- Sin duda. Ya sé que hoy come con D. Carmelo... ¿Y con vosotras ha estado muy expansivo? ¿Qué hacíais cuando llegó?

NELL.- Le encontramos en el bosque. Primero tuvimos mucho miedo, porque no le conocíamos.

LUCRECIA.- Y después de conocerle, más.

NELL.- No, no: el pobrecito no acababa de hacernos cariños. Nos da mucha lástima de verle tan agobiado, viejecito, casi ciego.

LUCRECIA.- Y en el camino del bosque a la Pardina, ¿no habló con nadie? ¿No le salió al encuentro alguna persona conocida?

DOLLY.- Sí, mamá: SENÉN.

LUCRECIA.- (Disgustada.) Ya me han dicho que está aquí ese tábano. El tal marea... y pica. Os recomiendo el menor trato posible con él.

LA ALCALDESA.- (Entrando.) Cuando usted quiera.

LUCRECIA.- Ya estoy. [93]

LA ALCALDESA.- (Llevándola a la ventana, y mostrándole al Alcalde, que en la calle habla con un joven.) Vea usted, Lucrecia, los apuros que pasa mi esposo por defenderla a usted de impertinencias. Ese con quien habla es Pepito Cea, el periodista de Jerusa, que quiere colarse aquí para celebrar con usted una interview.

LUCRECIA.- ¡Una interview!... ¿Pero está loco ese hombre?

LA ALCALDESA.- Mire usted... mire usted a José María, más colorado que un pavo... Parece que quiere romperle el bastón en la cabeza... Ahora le coge de las solapas... Al fin parece que le convence.

LUCRECIA.- ¿Pero qué quiere preguntarme ese tipo, ni qué tengo yo que decirle?

LA ALCALDESA.- Pues nada: a qué hora entró en el tren; si le gustó el paisaje; si le prueba bien Jerusa; si quedó contenta de la ovación o le ha parecido poca, y, por fin, cuál es su actitud en el asunto de la Cámara de Comercio, es decir, si apoyará a raja- tabla en Madrid las pretensiones de esta villa.

LUCRECIA.- ¡Dios me ampare! [94]

LA ALCALDESA.- (Mirando.) Ya, ya le ha despachado. Allá va el pobre Cea con viento fresco. Pondrá esta noche las paparruchas que le habrá encajado José María...

Que usted adora al pueblo; que ha venido muy cansada y con dolores de reuma, y que se desvivirá por conseguirnos lo de la Cámara de Comercio, apabullando a los de Durante... Ya entra mi marido. Bajemos al comedor.

LUCRECIA.- (Salen las dos señoras, enlazadas del brazo; las niñas delante.) Es delicioso. Pero no me hace ninguna gracia que ponga ese majadero la noticia falsa de mi reumatismo. Es una enfermedad que me desagrada más que otras, porque, no siendo grave, hace engordar.

LA ALCALDESA.- (Bajando la escalera.) Es muchacho fino, y dirá que está usted nerviosa.

LUCRECIA.- ¡Menos mal!

En la puerta del comedor encuentran al señor ALCALDE, que ofrece su brazo a la CONDESA. Sofocado, aunque de buen humor, da cuenta del gracioso quite con que logró evitar la formidable tabarra con que les amenazaba el audaz foliculario. Debe decirse, tributando a la verdad los honores debidos, que fue excelente y copiosa la comida, feliz combinación del estilo de fonda y del arte casero en casa rica; el servicio atropellado y lento, pues [95] las pobrecitas criadas no acertaban a desenvolverse en aquel mete-y-saca y quita-y-pon de platos, fuentes y salseras.

Sentáronse a la mesa, a más de la CONDESA y sus hijas y los dueños de la casa, los dos niños de éstos, escolares escogidos que se hallaban en plena edad del pavo, y eran de lo más desaborido que en tan lastimosa edad comúnmente se ve. De personas extrañas sólo había una, la que toda Jerusa conocía por CONSUELITO, de apodo la Solitaria, prima del ALCALDE, viuda rica sin hijos, que en investigar vidas ajenas se pasaba mansamente la suya, y era, por tanto, un viviente archivo de historias, enredos y chismes. Amenizó el señor ALCALDE la comida con un jaquecoso disertar sobre las mejoras pasadas, presentes y venideras de Jerusa, y a nadie dejaba meter baza. Pugnaba su esposa por intercalar observaciones finas en medio de la gárrula oratoria del buen Monedero; pero rara vez vio coronado por el éxito su laudable propósito. Cuando servían el café (que, entre paréntesis, llegó a la mesa mal hecho, recalentado y frío), entraron a saludar a la CONDESA el señor

CURA, que ya la había visto, y SENÉN, que aún no había tenido el honor de besarle la mano.

Escena IV

Jardín que no necesita descripción, pues ya se comprende que es un afectado y ridículo plagio en pequeño del estilo inglés en grande; trazado en curvas, con praderas, macizos, bosquecillos plantaciones ornamentales de variada coloración.

LUCRECIA, NELL y DOLLY, el ALCALDE, la ALCALDESA, sus dos hijos, que no hablan, y peor sería que hablaran; CONSUELITO, el CURA y SENÉN.

Fórmense grupos distintos que cambian de figuras.

EL CURA.- (Sentándose con la CONDESA y la ALCALDESA en un banco rústico, de los muchos que hay en el jardín, alternando con los civilizados.) Ya comprenderá la señora Condesa que no he venido esta tarde sólo por el gusto de verla, que siempre es grande, sino...

LUCRECIA.- Ya, ya... Ha comido usted con él... y me trae algún mensaje; recadito por lo menos.

EL CURA.- Dispénseme si le digo que se equivoca. El señor Conde no me ha dado ninguna comisión ni recado para la Condesa de Laín.

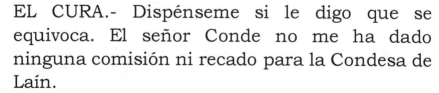

LUCRECIA.- Entonces...

EL CURA.- Lo que yo diga será por cuenta mía, por inspiración propia y consejo de amigo.

LUCRECIA.- (A la ALCALDESA, que se aparta discretamente.) No, no se retire usted, Vicenta. No hablamos nada reservado. Puede usted oírlo. Siga, Don Carmelo. Mi ilustre papá político, como si lo viera, habrá dicho de mí... qué sé yo... horrores espeluznantes.

EL CURA.- No, señora. Ni una sola vez la ha nombrado a usted durante la comida. [97]

LUCRECIA.- Permítame el Sr. D. Carmelo que no le crea, con todo el respeto debido. Es usted un santo, que en este instante no dice la verdad... por exceso de virtud. Se dan casos.

EL CURA.- Habló mucho de su hijo muerto, dignísimo esposo de usted; ponderó sus virtudes, su mérito no común, lloró...

LUCRECIA.- (Que palidece, e intenta desviar la conversación.) También hablaría de su desdichado viaje a América. Lo emprendió atraído por la ilusión, por el espejismo de un caudal que allí dejó su abuelo el Virrey, y después de mil fatigas y trabajos, sufriendo desaires y persecuciones, ha vuelto descorazonado y sin una peseta. Al diantre se le ocurre plantarse en el Perú a reclamar las famosas minas de Holgayos, olvidadas durante un siglo.

EL CURA.- También nos habló de eso... y de otras cosas. Demuestra un cariño ardiente a sus nietas. Oyéndole hablar de ellas hemos observado Angulo y yo cierta exaltación del afecto paternal, y una tenacidad monomaniaca en el propósito de estudiar y desentrañar los caracteres de una y otra... Por la incoherencia con que se expresa, no hemos podido apoderarnos de su pensamiento, si es que alguno tiene. Angulo cree más bien que en aquella cabeza hay un desconcierto [98] lastimoso, ideas de grandeza, ideas de venganza, el orgullo y la miseria, que rabian de verse juntos.

LUCRECIA.- No será extraño que las desdichas, amargando su alma, toda soberbia y altanería, lleven al buen D. Rodrigo a la locura...

EL CURA.- No diré yo tanto. Sólo apunto la idea de que el señor Conde, por su ancianidad, por su pobreza, por el estado de amargura e irritación de su espíritu, merece y reclama exquisitos cuidados, y de esto precisamente quería que hablásemos usted y yo.

LUCRECIA.- Por mí no ha de quedar. Pienso decir a Venancio que si el Conde permanece en la Pardina tenga con él toda clase de miramientos, le cuide, le agazaje (5), atienda con delicadeza a sus necesidades. Pero yo dudo que acepte estos beneficios dispuestos por mí. Usted le conoce...

EL CURA.- Sí, y sé que es atrabiliario, descontentadizo, y que la exaltación de la dignidad le impulsará a rechazar el bien que usted le ofrezca.

LUCRECIA.- (Cruzándose de brazos.) Entonces, ¿qué debo hacer? Vicenta, dé usted su opinión. [99]

LA ALCALDESA.- (Con finura.) Yo... ¿Qué quiere usted que le diga? Paréceme que no será difícil encontrar un medio de darle amparo decoroso, digno de su alcurnia, sin que la vidriosa dignidad de D. Rodrigo se sintiera ofendida.

EL CURA.- (Aprobando enfáticamente.) Mucho, mucho... Vicenta, con su talento admirable, nos indica el mejor camino. Pues bien: yo tengo una idea, que quiero someter al buen criterio de usted...

EL ALCALDE.- (Presuroso, hacia la CONDESA.) Lucrecia, ahí tiene usted una visita. El Prior y dos Padres Jerónimos del convento de Zaratán vienen a ofrecer sus respetos.

LUCRECIA.- ¡Ah!... Zaratán... Ya me acuerdo. Di una cantidad para la restauración... y Rafael consiguió del Gobierno un dineral para que estos benditos pudieran instalarse.

LA ALCALDESA.- ¿Están en la sala? Vamos un momento. No tema usted que la fastidie. Son finísimos.

EL CURA.- Vamos allá... ¡Qué oportunidad, qué feliz coincidencia! (Entran en la casa LUCRECIA, el CURA, el ALCALDE y su señora.) [100]

SENÉN.- (En otro grupo, con NELL y DOLLY, CONSUELITO y los niños del

ALCALDE, que no hablan ni a tiros.) ¿Quieren ver la pajarera?

NELL.- Lo que queremos ver es las sortijas que llevas tú en el dedo meñique.

DOLLY.- Son preciosas. Ya podías regalárnoslas.

SENÉN.- Están a su disposición.

DOLLY.- ¡Truhán! Ya sabes que no las tomaríamos.

SENÉN.- ¿Por qué no? Hagan la prueba.

NELL.- Te morirías de rabia.

CONSUELITO.- Las necesita para deslumbrar a las chicas del pueblo.

DOLLY.- ¿Cuántas novias tienes? Dinos la verdad.

NELL.- Lo menos dos docenas. [101]

CONSUELITO.- Que yo conozca, tres... A mí no me lo negarás, pillo, engañador. Te he visto de telégrafos con Delfina, la del confitero; sé que te carteas con Amalia Ruiz, y es de dominio público que le mandas versitos a ese retaco de Hilaria Sevillano, y que ella te envía, con la mujer del peón caminero, peras de su huerta. Todo se sabe, amiguito.

SENÉN.- Sí, y lo primero que sabemos es que se deja usted tamañita a La Correspondencia. Todo lo averigua y todo lo trabuca. Para que se entere, no han sido peras, sino abridores.

CONSUELITO.- Y ahora te está preparando una calabaza de cabello de ángel. Es rica la niña, aunque cargadita de espaldas; pero los padres, que son plateros y conocen el oro falso, no te pasan... Tienes liga...

(No se oye lo que contesta SENÉN, porque NELL y DOLLY, viendo pasar a un sujeto al través de la verja que da a la calle de Potestad, se abalanzan gozosas a llamarle.)

DOLLY.- ¡D. Pío, Pío, Piito, venga, ven acá!... entra.

CONSUELITO.- (Dejando a SENÉN con la palabra en la boca.) ¿Es Coronado, vuestro maestro?

NELL.- (Gritando.) Maestro, maestrillo, entra. Mamá quiere verte. [102]

DOLLY.- No seas vergonzoso... ven.

SENÉN.- No entrará ni a tiros. Es muy corto de genio. (Se asoman los cuatro, y ven a un anciano que se aleja calle adelante, y risueño saluda con la mano.)

NELL.- ¡Pobrecillo!... ¡Le queremos más!...

(Los dos niños del Alcalde se dedican, con perseverancia digna de mejor causa, a untarse las manos de tierra mojada. La Solitaria, viendo salir a los frailes, y a las señoras, que en la verja de la plaza les despiden, corre a guluzmear (6). Fórmanse nuevos grupos: en un lado están el CURA, la ALCALDESA y CONSUELITO; en otro, el ALCALDE, la CONDESA, SENÉN y las niñas.)

CONSUELITO.- (A la ALCALDESA.) ¿Se puede saber a qué han venido los padrinos de Zaratán?

LA ALCALDESA.- Visita de parabién, y nada más. (Al CURA.) La verdad, D. Carmelo, aquí que nadie nos oye: ¿D. Rodrigo le dijo o no le dijo a usted los horrores que supone Lucrecia?

EL CURA.- (Escurriendo el bulto.) Psch... Exageraciones, monomanías... chocheces. [103]

CONSUELITO.- A esta buena señora no le vendría mal mirar un poquito por su reputación... Ella será buena; pero no puede hacerlo creer a nadie.

LA ALCALDESA.- Chitón, Consuelo. Lucrecia está en mi casa.

EL CURA.- De todas las historias que por ahí corren, descontemos lo que añaden la malicia, la envidia, el afán de los chistes, y...

CONSUELITO.- Quite usted todo el jierro que quiera, y siempre quedará lo que es público y notorio.

LA ALCALDESA.- ¿Y quién te asegura que no sea invención?

CONSUELITO.- No creo en las invenciones, ni siquiera en la de la pólvora... Esta Vicenta, cuando se pone a no querer entender las cosas...

LA ALCALDESA.- Indicábamos que podría ser invención...

CONSUELITO.- ¿He inventado yo que esta buena señora no tenía ni pizca de amor a su marido... y que le dejó morir como un perro en una fonda de Valencia? [104]

LA ALCALDESA.- ¡Consuelo, por Dios...!

CONSUELITO.- Hija, en Madrid lo oí... Los chicos de la calle no sabían otra cosa. Bueno: que es mentira. ¿Queréis que diga y sostenga que miente todo el mundo? Pues lo digo: a benevolencia nadie me gana. Pero también os aseguro una cosa: en mi fuero interno creo que el Conde de Albrit tiene razón en odiar a su nuera, y lo pruebo, como diría Senén.

EL CURA.- (Riendo.) Recomiéndele usted a su fuero interno que no sea tan malicioso.

CONSUELITO.- Pero no puedo recomendar a mis ojos que no vean lo que ven; y han visto que la cara de la Condesa se queda como el mármol cuando le nombran a su suegro.

EL CURA.- De mármol blanco. Es que tiene una tez que ya la quisiera usted para los días de fiesta.

CONSUELITO.- Yo no presumo.

EL CURA.- Podía...

LA ALCALDESA.- (Cortando la cuestión.) Basta. Mientras esta señora esté en mi casa, yo no tolero... [105]

CONSUELITO.- Claro... pero conste que ella viene a honrarse a tu casa... no eres tú quien se honra con recibirla y agasajarla. ¡Pues no le han dado hoy poquita ovación!... Y dice que no le gustan las vivas... A poco más revienta de orgullo.

EL CURA.- Señora Doña Consuelito, no abre usted la boca sin decir algo en ofensa del prójimo. Haga caso de mí, que la quiero bien: ponga mesura en sus palabras, y enfrene un poco su curiosidad de las vidas ajenas.

CONSUELITO.- ¿Qué mal hay en saber lo que pasa, siendo verdad? La curiosidad es hija de Dios, y de la curiosidad nace la historia que usted cultiva, y nace la ciencia que descubre tantas cosas.

EL CURA.- La curiosidad perdió a Eva.

CONSUELITO.- Hay opiniones...

EL CURA.- (Riendo.) Es dogma.

CONSUELITO.- Bueno... lo creo por ser dogma, que si no, no lo creía. Una cosa siento, acordándome de lo del Paraíso... Sí, señor, siento no haberlo visto yo, para que nadie me lo contara. [106]

LA ALCALDESA.- (Viendo llegar a la CONDESA.) Silencio... Aquí viene.

LUCRECIA.- ¡Pobre Senén! Las chiquillas le traen loco.

(La inopinada presencia del periodista en la verja de entrada exige una nueva intervención de la muleta del señor ALCALDE. Preséntase también el director del orfeón. La ALCALDESA se ve precisada a poner coto a los juegos inocentes de sus hijuelos, y acude al estanque, donde se lavan las manos, mojándose la ropita nueva. NELL y DOLLY llaman a CONSUELITO y al CURA. SENÉN y la CONDESA se encuentran un rato solos.)

LUCRECIA.- (Sentada a la sombra de una magnolia frondosísima.) Ya sé que has visto a ese hombre, que le has hablado.

SENÉN.- (En pie, respetuoso.) Viene de malas.

LUCRECIA.- (Disimulando su miedo.) ¿Y qué me importa? Forzoso es darle algo para que viva... Me dejará en paz.

SENÉN.- Lo dudo... Como soberbio que es, no querrá limosna; como quisquilloso y camorrista, querrá escándalo.

LUCRECIA.- (Trémula.) ¡Escándalo!... ¿Qué?... ¿te ha dicho algo? [107]

SENÉN.- (Haciéndose el misterioso.) A mí, no... En Madrid, un amigo mío que vivió en Valencia con el señor Conde, me dijo que éste, desde la

108

muerte de su hijo (Dios le tenga en su gloria), no vive más que para un fin: revolver lo pasado, los desechos del pasado...

LUCRECIA.- Como los traperos en los motones de basura.

SENÉN.- Revolver para sacar... lo que encuentre.

LUCRECIA.- (Muy inquieta.) Y a ti te haría mil preguntas... Sabe que fuiste mi criado... y los criados siempre poseen algún secreto... digo mal, algún dato de las intimidades de sus amos.

SENÉN.- (Enfáticamente.) En mí tuvo y tendrá siempre la señora Condesa un servidor leal...

LUCRECIA.- Lo sé... Confío en ti.

SENÉN.- Y aunque no me obligaran a la lealtad los motivos de agradecimiento que me hacen esclavo de la señora, seré fiel y seguro, porque tengo la honradez metida en las entrañas... [108]

LUCRECIA.- Lo sé... (Apuradísima por librar su olfato del insoportable perfume de heliotropo que SENÉN despide de su ropa, saca el pañuelo, y se acaricia con él la nariz, fingiendo constipación.)

SENÉN.- Sirvo a la Condesa de Laín desinteresadamente en todo aquello que guste

109

mandarme, sea lo que fuere... Pero no olvide la señora que su humilde protegido, el pobre Senén, no merece quedarse a mitad del camino en su carrera.

LUCRECIA.- (Con hastío y desdén.) ¿Pero qué... quieres más? ¿Solicitas otro ascenso? Ahora es imposible.

SENÉN.- (Quejumbroso.) No es eso. Por la administración a secas no se va a ninguna parte.

LUCRECIA.- ¿Pues qué pretendes?... Dilo pronto y acaba de una vez. ¿Quieres el arzobispado de Toledo o la cruz laureada de San Fernando?

SENÉN.- Aspiro a una posición obscura y de mucho trabajo, con lo cual podré asegurar mi subsistencia en lo que me quede de vida.

LUCRECIA.- (Impaciente, deseando que se vaya.) Bueno: la tendrás. ¿Es cosa que puedo hacer yo? [109]

SENÉN.- Facilísimamente, no dejando pasar la ocasión. Es cosa muy sencilla. Que me nombren agente ejecutivo de la cobranza de Derechos Reales.

LUCRECIA.- ¿Y eso da dinero?

SENÉN.- ¡Que si da!...

110

LUCRECIA.- ¿De modo que pidiéndolo al Ministro...?

SENÉN.- Como tenerlo en la mano.

LUCRECIA.- (Levantándose, por huir del perfume y del perfumado.) Si es así, cuenta con ello.

SENÉN.- Permítame la señora un momentito...

LUCRECIA.- ¡Insufrible pedigüeño! ¿Todavía más?

SENÉN.- Se me olvidó decir a la señora que para desempeñar ese cargo necesito fianza.

LUCRECIA.- (Muy displicente.) ¿También eso? [110]

SENÉN.- Una fuerte fianza.

LUCRECIA.- (Sofocando su ira.) Yo no puedo ponértela...

SENÉN.- (Dando un paso hacia ella.) Pero el señor Marqués de Pescara me la facilitará sólo con que la señora se lo diga... o se lo mande.

LUCRECIA.- ¡Oh!... Esto ya es absurdo... Pides cosas difíciles, enfadosas.

SENÉN.- (Dando un paso en seguimiento de la CONDESA, que se aleja.) Si la señora no quiere molestarse para que yo salga de pobre, no he dicho nada... Se me olvidaba manifestarle que el dinero estará seguro, y el señor Marqués cobrará intereses de la Caja de Depósitos.

LUCRECIA.- (Deseando concluir.) Está bien... Pero es dudoso que yo pueda ver a Ricardo...

SENÉN.- (Con seguridad.) Le verá mañana o pasado.

LUCRECIA.- (Con súbito interés, aproximándose a él, sin temor a la fragancia hetiotrópica.) ¿Dónde?... ¿Qué dices?... ¿Dónde? [111]

SENÉN.- En Verola, a donde la señora va desde aquí.

LUCRECIA.- ¿Y cómo lo sabes?

SENÉN.- Cuando lo digo, es porque lo sé... y lo pruebo.

LUCRECIA.- ¡Él también en Verola!... ¡Ah!, lo sabes por su ayuda de cámara, que es tu primo. ¿Estás seguro?

SENÉN.- Prométame la señora que si encuentra allí al señor Marqués le pedirá la fianza. Con eso me basta.

LUCRECIA.- (Rehaciéndose, avergonzada de sostener coloquio familiar con un inferior.) Yo veré... Ignoro en qué disposición encontraré a Ricardo.

SENÉN.- (Muy animado.) Prométame hablarle de mi fianza si le encuentra en buena disposición. Me conformo.

LUCRECIA.- Te prometo no olvidar el asunto, mirarlo con interés... siempre que tú me asegures una lealtad a toda prueba... [112]

SENÉN.- (Con aspavientos de adhesión.) ¡Señora!...

LUCRECIA.- (Tapándose la nariz.) Retírate...

SENÉN.- ¿Qué... está la señora constipada?

LUCRECIA.- (Burlona.) No, hombre... Es que usas unos perfumes tan fuertes, que no se puede estar a tu lado... Vete ya.

SENÉN.- (Turbado.) Pues yo creía... No molesto más... (Saludando a distancia.)

Señora...

LUCRECIA.- (Agitando con su pañuelo el aire, para alejar los miasmas olorosos.) ¡Qué desgraciada soy, Dios mío! ¡Tener que soportar a ese animalejo, y oírle, y olerle... sólo porque le temo!...

LA ALCALDESA.- (Que vuelve a meter en cintura a sus niños.) ¿Qué hace usted, Lucrecia?

LUCRECIA.- Limpiar la atmósfera de los perfumes que usa este imbécil.

LA ALCALDESA.- (Riendo.) Sí, sí: tiene infestada... toda la población. [113]

(Entra en el jardín Capitán, el perrito de la Pardina, y corre hacia las niñas, brincando de alegría, y meneando el plumacho que tiene por cola.)

DOLLY.- (Bajándose para cogerle de las patas delanteras.) Hola, pillo, ¿vienes a ver a tus niñas?

NELL.- ¿Qué trae por aquí el chiquitín de la casa? Tú no has venido solo, Capitán.

DOLLY.- ¿Con quién has venido?

EL ALCALDE.- (A LUCRECIA.) Ahí tiene usted a Venancio, con un recado del

León de Albrit... Cuidado que no le llamo flaco ni gordo, ni hablo de sus pulgas.

LUCRECIA.- (Demudada.) Voy... ¿Qué será? (Entra en la casa, acompañada de la ALCALDESA.)

EL ALCALDE.- (A CONSUELITO, que ávida de noticias se le aproxima.) Esta tarde no podremos librarnos del orfeón. Ya le he dicho a Fandiño que con un par de cantatas nos daremos por bien servidos.

CONSUELITO.- Y echarán, aplicándolo a tu amiga, el coro dedicado a Isabel la Católica, que dice: «Salve, matrona excelsa...» (Cantando.) [114]

EL ALCALDE.- El tábano de Cea debiera celebrar su interbú contigo. Pero como estás sorda, le encargaré que se traiga una trompetilla.

CONSUELITO.- (Amenazándole con su abanico.) ¡Sorda yo!

EL ALCALDE.- Quiero decir que debieras serlo... y muda.

CONSUELITO.- Eso quisieras tú, para hacer mangas y capirotes en el Ayuntamiento.

LUCRECIA.- (Que vuelve de la casa, con la ALCALDESA y el CURA.) Mi noble suegro me pide hora y sitio para nuestra entrevista. He dicho a Venancio que le contestaré esta tarde.

EL CURA.- Me parece bien que no se demore el careo. Sea usted humilde si él es orgulloso. Tiene usted la juventud, la fuerza, no sé si la razón... Él es anciano, infeliz... Merece indulgencia.

LUCRECIA.- (Mirando más al suelo que a los que la rodean.) No sé qué pretenderá... Lo sabremos mañana.

EL ALCALDE.- Citémosle aquí. Verá usted cómo conmigo no se desmanda.

¡Leoncitos a mí! [115]

LUCRECIA.- (Vacilando.) No sé... no sé...

CONSUELITO.- Si quiere usted celebrar la entrevista en mi casa, pongo a su disposición una sala hermosísima... Con franqueza. Estarán ustedes solitos... Se cierran bien las puertas...

LUCRECIA.- No, gracias... Iré a la Pardina.

EL CURA.- Fije usted la hora, y yo le llevaré el recado.

LUCRECIA.- Mañana, a las diez.

LA ALCALDESA.- (Desconsolada.) ¡Mañana que pensaba yo llevármela a visitar a las monjitas!

EL ALCALDE.- Y el colegio, y la fábrica, y el matadero, y los casinos de la masa obrera, y el hospital, y el instituto, y las escuelas... Condesa, que espere el león un día más.

LUCRECIA.- No puede ser, mi querido D. José María, porque me voy mañana. [116]

LA ALCALDESA.- (Con asombro y cierta indignación, de que participa su esposo.) ¿Cómo es eso? ¡Lucrecia, por Dios...!

EL ALCALDE.- (Dando resoplidos.) ¡Trómpolis! Eso no es lo tratado.

LA ALCALDESA.- No, hija mía; no lo consentimos. Dijo usted que cuatro días. EL ALCALDE.- Me opongo. Saco la vara.

EL CURA.- Y yo saco el Cristo.

CONSUELITO.- ¡Ingrata! ¡Dejarnos tan pronto!

LUCRECIA.- (Remilgada, suspirando.) Lo siento en el alma...

EL CURA.- ¿Pero tan mal la tratamos?

CONSUELITO.- (Poniendo morros.) Sin duda la tratan mejor en Verola, en el castillo de sus amigos los Donesteve.

LUCRECIA.- Compromiso ineludible. Me esperan mañana. Pero no hay que apurarse... volveré. [117]

EL ALCALDE.- (Con grosería.) ¿De veras? ¡Cómo nos está tomando el pelo!

LA ALCALDESA.- No, no nos engaña. Volverá.

LUCRECIA.- Como que es muy probable que allí determine llevarme a las chiquillas... Francamente, me inquieta un poco dejarlas en Jerusa.

EL CURA.- (Frunciendo el ceño.) Tal vez...

NELL.- (Corriendo hacia su madre.) ¡Mamá, el orfeón!

DOLLY.- ¡El orfeón! Ahí están.

NELL.- (Batiendo palmas.) ¡Qué gusto!

DOLLY.- ¡Qué alegría!

CONSUELITO.- (Cantando bajito.) «Salve, matrona excelsa...» [118]

Escena V

Sala baja en la Pardina.

LUCRECIA, sentada, melancólica, mirando al suelo; el CONDE, que entra por el foro.

EL CONDE.- Señora Condesa... (Se inclina respetuosamente. Saluda ella con fría reverencia.) Agradezco a usted que haya tenido la bondad de concederme esta entrevista, aunque para merecer yo favor tan grande haya tenido que venir a Jerusa. (Toma una silla, y se sienta cerca de ella.)

LUCRECIA.- Es obligación sagrada para mí acceder a su ruego... aquí o en cualquier parte. Obligación digo: durante algún tiempo me ha llamado usted su hija.

EL CONDE.- Pero ya no... Esos tiempos pasaron... Fue usted, como si dijéramos, una hija eventual... transitoria, una hija de paso...

LUCRECIA.- (Esforzándose en sonreír para engañar su miedo.) Y a las hijas de paso... cañazo.

EL CONDE.- Extranjera por la nacionalidad, y más aún por los sentimientos, jamás se identificó usted con mi familia, ni con el carácter español. Contra [119] mi voluntad mí adorado Rafael eligió por esposa a la hija de un irlandés establecido en los Estados Unidos, el cual vino aquí a negocios de petróleo... (Suspirando.) ¡Funestísima ha sido para mí la América!... Pues bien: como todo el mundo sabe, me opuse al matrimonio del Conde de Laín; luché con su obstinación y ceguera... fui vencido. Me han dado la razón el tiempo y usted; usted, sí, haciendo infeliz a mi hijo, y acelerando su muerte.

LUCRECIA.- (Airada, y todavía medrosa.) Señor Conde... eso no es verdad.

EL CONDE.- (Fríamente autoritario.) Señora Condesa, es verdad lo que digo. Mi pobre hijo ha muerto de tristeza, de dolor, de vergüenza.

LUCRECIA.- (Sacando fuerzas de flaqueza.) No puedo tolerar...

EL CONDE.- Calma, calma. No se acalore usted tan pronto... cuando apenas he comenzado...

LUCRECIA.- Es monstruoso que se me pida una entrevista para mortificarme, para ultrajarme. (Afligida.) Señor Conde, usted nunca me ha querido.

EL CONDE.- Nunca... Ya ve usted si soy sincero. Mi penetración, mi conocimiento del mundo no me [120] engañaban. Desde que vi a Lucrecia

Richmond la tuve por mala, y si en algo han fallado mis augurios ha sido en que... en que salió usted peor de lo que yo pensaba y temía.

LUCRECIA.- (Levantándose altanera.) Si esta conferencia, que yo no he solicitado, es para insultarme, me retiro.

EL CONDE.- (Sin alterarse.) Como usted guste. Si prefiere que lo que tengo que decirle lo diga a todo el mundo, retírese en buena hora. Por la cuenta que le tiene, preferirá sin duda oírlo sola, por mucho que le desagraden mi voz y mis acusaciones.

¿No es eso? El oprobio de que pienso hablarle quedará entre los dos. Nos lo repartiremos por igual, sin dejar nada para los extraños. ¿No es esto mejor que arrojarlo fuera, a puñados, sobre la multitud? (La CONDESA, que vacila entre salir y quedarse, da un paso hacia su asiento.) ¿Ve usted como no le conviene dejarme con la palabra en la boca?... Así es mejor.

LUCRECIA.- (Angustiada, pasándose la mano por los ojos y la frente.) Sí, sí...

Le suplico la brevedad... Lo que se propone decirme, dígalo pronto, pronto...

EL CONDE.- Es un poquito largo... (Le señala el asiento.) ¿A qué tanta prisa?

¡Cuánto mejor está usted aquí conmigo, oyendo las terribles verdades que salen de mi boca, que entre gentes aduladoras y embusteras, que públicamente la festejan, y en [121] privado la denigran! ¿Acaso es usted tan candorosa que se paga de esa estúpida farsa de la ovación callejera, y los vivas y los cohetes? Todos los que se han quedado roncos aclamando a la Condesa de Laín, se aclaran la voz contando aventuras galantes, anécdotas maliciosas. Y también digo que, con ser usted mala, no lo es tanto como creen y afirman los imbéciles que ayer la vitorearon.

LUCRECIA.- (Queriendo serenarse.) ¡Más vale así!... Siempre es un consuelo ser mejor de lo que nos creen los amigos.

EL CONDE.- Siéntese usted. Después de oír tantos embustes y lisonjas, no le viene mal oír la voz de la justicia, de la verdad... y oírla con paciencia cristiana.

LUCRECIA.- ¡Paciencia! Ya ve usted que la tengo, aunque no sea tanta como su malicia. Pero no hay que abusar, señor mío; no vea usted cobardía en lo que es respeto a la ancianidad, a los lazos que nos unen y que usted no puede desconocer, a sus terribles infortunios...

EL CONDE.- (Con gran abatimiento.) Sí, sí: soy muy desgraciado.

LUCRECIA.- (Envalentonándose al ver desmayar a su enemigo.) Pero usted, Sr.

D. Rodrigo, no aprende nunca. Las desgracias, que son lecciones y avisos [122] de la Providencia, doman al más soberbio, y suavizan al más atrabiliario. Esta ley, sin duda, no reza con usted. Francamente, yo creí que la pérdida total de su fortuna y el horrible desengaño de América, amansarían su orgullo... Veo que no. El león, caduco y pobre, vuelve a España más fiero.

EL CONDE.- ¿Qué quiere usted?... Dios me ha hecho fiero, y fiero he de morir.

LUCRECIA.- (Intentando tomar una posición ofensiva.) Es usted, según creo, el hombre de las equivocaciones, y bien puede decirse que todo aquello en que pone la mano le sale mal. Le hacen creer que el Gobierno peruano está dispuesto a reconocerle la propiedad de las minas de Hualgayos, y se embarca, la cabeza llena de viento, discurriendo cómo traerá la enorme carga de millones que allá le tenían muy guardaditos... Pero la realidad le deparó tan sólo desprecios, cansancio inútil, humillaciones... Y no teniendo sobre quién descargar su despecho, se resuelve contra una pobre mujer, y la injuria y la maldice.

EL CONDE.- Si al regresar de aquella excursión que consumó mi ruina hubiera yo encontrado a mi hijo vivo, su cariño me habría hecho olvidar mi triste situación. Pero la muerte de Rafael, acaecida hace cuatro meses, avivó en mí la irascibilidad, despecho si usted quiere, el sabor amargo que en mi alma dejaron las desdichas... y [123] avivó también el odio a la persona que creo responsable de la infelicidad y de la muerte de aquel hombre tan bueno y leal.

LUCRECIA.- (Altanera.) ¡Responsable yo de su muerte! Eso es una infamia, señor Conde.

EL CONDE.- (Con gran entereza.) Mi hijo ha muerto... del abatimiento, del bochorno a que le llevaron los escándalos de su esposa. Eso lo sabe todo el mundo.

LUCRECIA.- (Airada, levantándose.) Mire usted lo que dice. Se hace usted eco de viles calumnias. Tengo enemigos.

EL CONDE.- Más que los enemigos, difama a Lucrecia Richmond... sus amigos.

LUCRECIA.- (Desconcertada.) Repito que es calumnia.

EL CONDE.- (Levantándose también.) Ahora lo veremos... (Con cierta dulzura.) Lucrecia... aún podría suceder que yo me equivocara, que fuese usted mejor de lo que supongo... Este error mío lo confirmaría usted, dándome con ello una dura lección, si tuviera el arranque de confesarme la verdad...

LUCRECIA.- (Aturdida.) ¿La verdad?... [124]

EL CONDE.- Sí... sobre un punto delicadísimo sobre el cual le interrogaré.

LUCRECIA.- (Medrosa.) ¿Cuándo?

EL CONDE.- Ahora mismo... sí, y contestándome sin pérdida de tiempo, me proporcionará el placer inefable de perdonarla. Crea usted que al fin de mi vida, quebrantado, triste, moribundo casi, el perdonar es gran consuelo para mí.

LUCRECIA.- (Con terror.) ¡Interrogarme! ¿Soy acaso criminal?

EL CONDE.- Sí.

LUCRECIA.- (Luchando con su conciencia, que anhela manifestarse.) Todos somos imperfectos... No me tengo por impecable... ¿Pero a usted... quién le ha hecho confesor... y juez?

EL CONDE.- Me hago yo mismo... Quiero y debo serlo, como jefe de la familia de Albrit, y guardador de su decoro.

LUCRECIA.- (Con pánico, queriendo huir.) Esto es insoportable... No puedo más... [125]

EL CONDE.- (Deteniéndola por un brazo.) No, no. No puede usted negarse a responderme... al menos para demostrarme que no tengo razón, si en efecto no la tuviera y usted pudiese probarlo. Lo que voy a preguntar es grave, y el acto de preguntarlo yo, de contestarme usted, ha de revestir cierta solemnidad. Ahora no soy yo quien habla: es el marido de la que me escucha, es mi hijo, que resucita en mí... (Pausa.) Siéntese usted. (La lleva al sillón.)

LUCRECIA.- (Cayendo desfallecida en el sillón.) Por piedad, señor... Me está usted martirizando.

EL CONDE.- Perdóneme usted... Es preciso... Hay que sufrir algo, Lucrecia. No todo ha de ser gozar y divertirse. (Pausa. La Condesa, ansiosa, no se atreve a mirarle.) Al llegar a Cádiz de mi frustrado viaje, entregarme una carta de Rafael, en la cual me manifestaba su dolor, su amargura hondísima. La vida había perdido para él todo interés. Hallábase enfermo, y en su desesperación no anhelaba curarse. Le consumía el desaliento, la pérdida de toda ilusión, la vergüenza de ver ultrajado su nombre...

LUCRECIA.- (Revolviéndose.) ¡Señor Conde, por Dios...!

EL CONDE.- Mi hijo vivía separado de su esposa desde el año anterior. [126]

LUCRECIA.- ¿Y quién asegura que fue culpa mía?

EL CONDE.- Yo lo aseguro: por culpa de usted.

LUCRECIA.- No es cierto.

EL CONDE.- (Colérico.) No me desmienta usted. Calle ahora y escuche. (Recobrando el tono narrativo.) Rafael no me decía nada concreto. Expresaba tan sólo el estado de su espíritu, sin exponer las causas...

LUCRECIA.- (Con viveza.) No decía nada concreto. Luego...

EL CONDE.- Pero, a poco de recibir la carta, me dio cuenta detallada de las aventuras de la Condesa de Laín un amigo mío queridísimo, persona de intachable veracidad, que no sólo refería lo que era público y notorio, sino algo que por circunstancias excepcionales tuvo ocasión de conocer y comprobar; hombre que no ha mentido nunca, tan bueno y noble, que al hacerme la triste historia de aquellos escándalos, casi, casi los atenuaba... No necesito nombrarle. Usted le conoce.

LUCRECIA.- (Aterrada, casi sin voz.) Yo... no. [127]

EL CONDE.- Usted sabe quién es. Y no se atreve, no se atreve a sostener que ha mentido, porque su conciencia, Lucrecia, se sobrepone a su cinismo; y antes dudará usted de la luz que de la veracidad de ese hombre, venerado de todo el mundo, gloria de la magistratura...

LUCRECIA.- (Agarrándose a un clavo ardiendo.) El hombre más recto puede equivocarse.... sobre todo si respira un ambiente malsano de hablillas y embustes...

EL CONDE.- Sigo. Me refirió todo, todo... es decir, todo no. Falta algo, tan secreto, que sólo usted lo sabe... y usted me lo va a decir.

LUCRECIA.- (Con angustia de muerte.) ¡Qué suplicio, Dios mío!

EL CONDE.- ¡Suplicio! No se acuerda usted del de su esposo, fugitivo, solo, muriendo de melancolía, sin que ningún cariño le consolara... porque yo estaba ausente, y usted, que no le amaba, no hacía más que rebuscar pretextos para apartarse de su lado... Claro que al recibir la carta y al oír los informes de mi amigo, me faltó tiempo para correr al lado de Rafael. Tomé el tren, y sin parar en ninguna parte, me fui a Valencia... [128]

LUCRECIA.- ¡Ay de mí!

EL CONDE.- (Con voz lúgubre.) Dos horas antes de llegar yo, mí adorado hijo había muerto. Agravose su enfermedad en aquellos días. Él no hacía caso... Un tremendo acceso de disnea, el espasmo... la muerte. Todo en unas cuantas horas... (Llora. Pausa.) Murió en el cuarto de una fonda... vestido sobre la cama... mal asistido de gente mercenaria... ¡Jesús... qué dolor...!

LUCRECIA.- (Muy conmovida, sollozando.) ¡Oh! Señor Conde, aunque usted no lo crea, yo le amaba...

EL CONDE.- (Iracundo, limpiándose las lágrimas.) ¡Mentira! Si le amaba usted, ¿por qué no corrió a su lado al saber que estaba enfermo?

LUCRECIA.- (Sin saber qué decir.) Porque... no sé... Complicaciones de la vida que no puedo explicar en breves palabras. Yo...

EL CONDE.- Déjeme concluir... Fácilmente comprenderá mi desesperación al encontrarle muerto. ¡No escuchar de sus labios explicaciones que sólo él podría darme! Terrible cosa era perderle; pero más terrible aún verle yerto, frío, mudo para siempre, como le vi yo... y no poder consolarle, no poder decirle: «cuéntame tus martirios, [129] y tu padre te contará los suyos.» (Cruza las manos, sollozando.) ¡Oh, pena inmensa, agonía lenta de mi vejez, más espantosa que cuantos males en todo tiempo sufrí! Verle cadáver, hablarle sin obtener respuesta, sin que a mis caricias respondiese con un gesto, con una mirada, con una voz. ¡Y sabiendo yo el infinito dolor que amargó sus últimos días, ver que todo se lo llevaba, todo, al abismo del silencio, la muerte, sin darme una parte, un poco de dolor suyo, que era su alma!... (La CONDESA, agitada y poseída de profunda emoción, llora, apretándose el pañuelo contra los ojos.) ¡Horrible, pavoroso!... Usted no tiene corazón y no sabe lo que es esto. (La ve llorar. Pausa.)

¡Qué hermoso sería que en este instante pudiéramos llorar usted y yo por aquel ser querido!... (La CONDESA da algunos pasos hacia él; están a punto de abrazarse... vacilan... El CONDE la rechaza secamente.) No... Tú, no...; usted, no.

LUCRECIA.- Sinceras son mis lágrimas.

EL CONDE.- Naturalmente... Viendo mí pena... No es usted de bronce, no es usted una fiera... Pero no, no sostenga que amaba a su esposo; al hombre que se ama no se le engaña solapadamente, pisoteando su honra, y arrojando al escándalo y a la befa del público su nombre sin tacha. (La CONDESA inclina la cabeza, y fija los ojos en el suelo, no dice nada.)

Al fin calla usted. Ahora, ahora veo a la desdichada Lucrecia en el único terreno en que debe ponerse, que es el de la resignación sumisa, esperando un fallo de justicia. (Pausa.) [130] ¿Declara usted que su conducta con mi hijo, al menos en determinadas épocas de su vida, no fue buena?

LUCRECIA.- (Tímidamente.) Lo declaro... Pero algo debo decir en descargo mío...

EL CONDE.- Ya escucho.

LUCRECIA.- Mis desavenencias con Rafael son antiguas.

EL CONDE.- Lo sé... Datan de los primeros años del matrimonio, porque usted, penoso es decirlo, no hubo de esperar mucho tiempo para lanzarse por mal camino. ¿Lo niega usted?

LUCRECIA.- (Cohibida, abrumada, queriendo y no queriendo decirlo.) Acusada con tanta fiereza, no acierto a buscar razones, que algunas hay siempre en estos casos, para disculparme.

EL CONDE.- Búsquelas usted... pero antes, ¿reconoce sus faltas?

LUCRECIA.- (Con gran esfuerzo.) Las reconozco. Sería una hipocresía indigna de mí negarlas en absoluto. Pero...

EL CONDE.- ¿Pero qué...? [131]

LUCRECIA.- Digo que Rafael, llevándome desde el principio, contra mi gusto, a la esfera social más favorable a la relajación del vínculo matrimonial, contribuyó a perderme. Me vi rodeada de gente frívola, de aduladores, de personas sin conciencia...

EL CONDE.- ¡Sin conciencia! Tuviérala usted, ¿y qué le importaban los demás?

LUCRECIA.- (Premiosa.) En aquel ambiente no supe o no pude combatir el mal. A mi lado no tenía un censor severo de mi propia debilidad, un guardián vigilante...

EL CONDE.- Difícil es guardar a la que guardarse no quiere.

LUCRECIA.- (Batiéndose desesperadamente.) ¡Oh, señor Conde: si hubiera usted encontrado vivo a su hijo, si hubiera podido escuchar de sus labios la confidencia o confesión que deseaba... estoy segura de ello, Rafael, que era sincero y justo, habría tenido la generosidad, la rectitud de decirle: «no sólo es ella culpable; yo también...!»

EL CONDE.- No lo habría dicho, no. [132]

LUCRECIA.- (Con firmeza.) Creo, como esta es luz, que Rafael, al juzgarme, no habría sido extremadamente duro.

EL CONDE.- Fue, más que duro, implacable.

LUCRECIA.- ¿En sus últimos momentos?

EL CONDE.- En sus últimos momentos: fíjese usted en lo que afirmo.

LUCRECIA.- (Con estupor.) Pero si acaba usted de decirme...

EL CONDE.- Que le encontré muerto... sí.

LUCRECIA.- Entonces... (Pausa. Ambos se miran.)

EL CONDE.- Los muertos hablan.

LUCRECIA.- (Con terror.) ¡Y Rafael...! (Vacilante entre la incredulidad y un miedo supersticioso.)

EL CONDE.- Desesperado, loco, permanecí... no sé cuántas horas.... ante el cadáver de mi pobre hijo, [133] sin darme cuenta de nada que no fuera él y el misterio inmenso de la muerte. Pasado algún tiempo, empecé a fijar mi atención en lo que me rodeaba, en sus ropas, en los objetos que le pertenecieron, en los muebles que había usado, en la estancia... (Pausa. La CONDESA le escucha con ansiosa expectación.) En la estancia había una mesa con varios libros y papeles, y entre ellos una carta...

LUCRECIA.- (Temblando.) ¡Una carta...!

EL CONDE.- Sí. Rafael estaba escribiéndola a las tres de la madrugada, cuando se sintió mal. Vino bruscamente la muerte, le atacó con furia, ¡ay!... El infeliz llamó; acudieron... Se le prestaron los auxilios más perentorios... Todo inútil... La carta allí quedó medio escrita... Allí estaba, ¡hablando... y viva!, hablando... ¡era él!... La leí sin cogerla, sin tocarla, inclinado sobre la mesa, como me habría inclinado sobre su lecho si le hubiera encontrado vivo... La carta dice...

LUCRECIA.- (Casi sin aliento, la boca seca.) ¿Era para mí?

EL CONDE.- Sí.

LUCRECIA.- Démela usted. (El CONDE deniega con la cabeza.) ¿Pues cómo he de enterarme...? [134]

EL CONDE.- Basta que yo repita su contenido. La sé de memoria.

LUCRECIA.- No basta... Si me acusa, necesito leerla, reconocer su letra...

EL CONDE.- No es preciso. Yo no miento. Bien lo sabe usted... Principia con un párrafo de amargas quejas que pintan la discordia matrimonial, lo inconciliable de los caracteres. Siguen estos gravísimos conceptos (repitiéndolos palabra por palabra):

«Te anuncio que si no me envías pronto a mi hija, la reclamaré. Quiero tenerla a mi lado. La otra... la que, según declaración tuya en la desdichada carta que escribiste a Eraul, y que pusieron en mi mano sus enemigos... no es hija mía... te la dejo, te la entrego, te la arrojo a la cara... (Pausa silenciosa.)

LUCRECIA.- (Con estupor, que casi es embrutecimiento.) ¿Eso decía... eso dice...?

EL CONDE.- Esto dice... (Repitiendo con pausa.) «La otra... la que no es mi hija, te la dejo, te la entrego, te la arrojo a la cara.» Y luego añade: «Ya sabes que lo sé. No puedes negármelo... Tengo pruebas.»

LUCRECIA.- (Buscando una salida.) ¡Pruebas!... ¡Quiero ver la carta! [135]

EL CONDE.- ¿Duda usted de lo que digo...?

LUCRECIA.- No lo dudo... no sé... Pero la carta puede ser falsa. La escribiría algún enemigo mío para vilipendiarme.

EL CONDE.- (Con ademán de sacar la carta.) La escribió mi hijo.

LUCRECIA.- (Espantada.) No, no quiero verla... ¡Qué abominación!

EL CONDE.- Luego, usted niega...

LUCRECIA.- (Maquinalmente.) ¡Lo niego!

EL CONDE.- Y yo ¡necio de mí!, esperaba encontrar en usted la suficiente grandeza de alma para revelarme toda la verdad, sin ocultar nada, única manera de obtener el perdón. Llevado de este noble anhelo, solicité la entrevista, y aspiraba y aspiro a que la infeliz Lucrecia complete su revelación diciéndome...

LUCRECIA.- (En el colmo del terror.) ¿Qué... qué más...? [136]

EL CONDE.- (Con austera frialdad.) Diciéndome... cuál de sus dos hijas es la que usurpa mi nombre, la que simboliza y personifica mi deshonor.

LUCRECIA.- ¡Infame idea!... No, no es verdad.

EL CONDE.- (Repitiendo las graves palabras.) «Ya sabes que lo sé... No puedes negármelo.»

LUCRECIA.- (Decidida a la negativa, y negando con ahínco.) Lo niego... Es falso...

EL CONDE.- ¿Niega usted que hizo... a Carlos Eraul, pintor, muerto hace un año... la grave revelación que ahora le pido?

LUCRECIA.- (Vivamente, sin poder contenerse.) ¿La tiene usted?

EL CONDE.- Luego existe...

LUCRECIA.- (Volviendo sobre sí.) Quiero decir que si la tiene usted, si posee algún papel que me comprometa, será falso... habrán imitado mi letra.

EL CONDE.- Como no puedo mentir, diré que no poseo ese precioso documento. Lo he buscado inútilmente entre los papeles de mi hijo. [137]

LUCRECIA.- (Respirando.) Todo esto es una farsa, una impostura, de la cual no culpo a nadie... sólo acuso a mi destino.

EL CONDE.- Ya que no satisface usted mi anhelo de la verdad, conteste al menos a esta otra pregunta: ¿Ama usted lo mismo a las dos niñas?...

LUCRECIA.- (Rabiosa, paseándose muy agitada.) No, lo mismo no... Digo, sí... a las dos igual... Deseche usted esa torpe idea.

EL CONDE.- Antes hará usted del día noche y de la noche día que conseguir arrancarme de la mente la idea de que lo escrito por mi hijo es la pura verdad. (Con autoridad severa.) Dígame usted pronto, pronto, cuál de esas dos adorables niñas es la falsa... o cuál la verdadera: es lo mismo. Necesito saberlo, tengo derecho a saberlo, como jefe de la casa de Albrit, en la cual jamás hubo hijos espúreos, traídos por el vicio. Esta casa histórica, grande en su pasado, madre de reyes y príncipes en su origen, fecunda después en magnates y guerreros, en santas mujeres, ha mantenido incólume el honor de su nombre. Sin tacha lo he conservado yo en mi esplendor y en mi miseria...

No puedo impedir hoy, ¡triste de mí!, este caso vergonzoso de bastardía legal; no puedo impedir que la ley transmita mi nombre a mis dos herederas, esas niñas inocentes. Pero quiero hacer en favor de la auténtica, [138] de la que es mi sangre, una exclusiva transmisión moral. Esa será la verdadera sucesora, esa será mi honor y mi alcurnia en la posteridad... La otra, no. Falsa rama de Albrit, la repudio, la maldigo... maldigo su extracción villana y su existencia usurpadora.

LUCRECIA.- ¡Por piedad!... No puedo más. (Cae en el sillón consternada, sollozando. Pausa larga.)

EL CONDE.- Lucrecia, ¿reconoce usted al fin la razón que me asiste?... Llora usted... (Creyendo que los procedimientos de suavidad serán más eficaces.) Sin duda expongo mis quejas con demasiada severidad; sin duda interrogo con altanería... No puedo vencer la fiereza de mi carácter. Perdóneme usted. (Con dulzura.)

138

Ahora no mando... no acuso... no soy el juez... soy el amigo... el padre, y como tal suplico a usted que me saque de esta horrible duda. (La CONDESA calla, mordiendo su pañuelo.) Valor... Una palabra me basta... Después de oírla no he de decir nada desagradable. La verdad, Lucrecia, la verdad es lo que salva.

LUCRECIA.- (Que después de horrible lucha se levanta bruscamente, y desesperada y como loca, recorre la estancia.) ¡Oh, no puedo más!... ¡Un balcón abierto para arrojarme!... Huir, volar, esconderme... Este hombre me mata... ¡Favor!

EL CONDE.- Bueno, bueno... Veo que no quiere usted entrar en razón... ¿No me contesta?... [139]

LUCRECIA.- (Con fiereza, con resolución inquebrantable, parándose ante él.)

¡Nunca!

EL CONDE.- ¿De veras?

LUCRECIA.- (Con más energía.) ¡Nunca!... ¡Antes morir!

EL CONDE.- (Se sienta, calmoso.) Pues lo que usted no quiere decirme, yo lo averiguaré.

LUCRECIA.- ¿Cómo?

EL CONDE.- ¡Ah!... yo me entiendo.

LUCRECIA.- Está usted loco... Su demencia me inspira compasión.

EL CONDE.- La de usted, a mí no me inspira lástima. No se compadece a los seres corrompidos, encenagados en el mal.

LUCRECIA.- (Iracunda.) Continúa injuriándome, ¡a mí, a la viuda de su hijo!

EL CONDE.- (Levantándose altanero.) La que me habla no es la viuda de mi hijo, pues aunque la ley, una ley imperfecta, así lo [140] dispone, por encima de esa ley está la autoridad moral del jefe de la familia de Albrit, que la coge a usted, y la arranca, como cosa extraña y pegadiza, y la arroja a la podredumbre en que quiere vivir.

LUCRECIA.- (Furiosa, descompuesta.) ¡Albrit!... raza de locos... caballería burlesca... honor de bambolla para cubrir la mendicidad. ¡Qué sería del viejo león si yo no le amparase! Soy generosa, le perdono sus injurias, y cuidaré de que no muera en un hospital o arrastrando su melena gloriosa por los caminos.

EL CONDE.- (Con supremo desdén.) Lucrecia Richmond, quizás Dios te perdone.

Yo... también te perdonaría... si pudieran ir juntos el perdón y el desprecio.

LUCRECIA.- (Dirigiéndose a la puerta.) Basta ya. (A las niñas, que entreabren la puerta, sin atreverse a entrar.) Podéis pasar.

Escena VI

NELL y DOLLY, que corren a abrazar a su madre; tras ellas GREGORIA y

VENANCIO. Poco después el CURA y el MÉDICO.

LUCRECIA.- Prendas queridas, dadme mil besos. (Se besan.)

NELL.- (Observándole el rostro.) Mamita, tú has llorado. [141]

DOLLY.- Estás sofocadísima...

LUCRECIA.- El abuelo y yo hemos evocado recuerdos tristes.

NELL.- (Mirando al CONDE, que permanece sentado, inmóvil.) También el abuelito ha llorado. (Se acerca.)

EL CONDE.- Venid... abrazadme... ¡Os quiero tanto! (Las dos acuden a él, y le abrazan y besan, cada una por un lado.)

LUCRECIA.- (Hablando aparte con GREGORIA y VENANCIO.) Le atenderéis, le cuidaréis como a mí misma. Pero no dejéis de vigilarle siempre, siempre...

DOLLY.- (Al CONDE.) Esta tarde pasearemos.

EL CONDE.- Sí, sí: no me separaré de vosotras. Charlaremos, estudiaremos.

NELL.- Nos enseñarás la Aritmética, la Historia...

EL CONDE.- La Historia... No, esa vosotras me la enseñaréis a mí. (Entran por el foro el CURA y el MÉDICO; ambos se dirigen a la CONDESA.) [142]

EL CURA.- ¿Qué tal? ¿Tenemos reconciliación?

LUCRECIA.- (En voz baja.) Calle usted... Encargo mucha vigilancia... (Al MÉDICO.) Y a usted, señor Angulo, no me cansaré de recomendarle que le observe bien. (Dando a entender que padece desvarío mental.)

EL CURA.- Señor Conde... (Le saluda y sigue a su lado. A bastante distancia se agrupan la CONDESA, el MÉDICO, GREGORIA y VENANCIO.)

EL MÉDICO.- Descuide usted... Le observaremos...

LUCRECIA.- Y a mí regreso dispondré...

EL MÉDICO.- ¿Pero insiste usted en dejarnos hoy?

LUCRECIA.- Volveré pronto... (El MÉDICO pasa a saludar al CONDE, y el

CURA vuelve al lado de LUCRECIA.)

EL CURA.- (En voz baja a la CONDESA.) No se vaya.usted.

LUCRECIA.- Tengo que estar en Verola hoy mismo. Es para mí... no sé cómo decirlo... cuestión de vida o muerte. Adiós. [143]

NELL.- Mamita, ¿te acompañamos a tu casa, o nos quedamos un rato con el abuelo?
LUCRECIA.- Como queráis.

DOLLY.- No, no: decídelo.

LUCRECIA.- Lo que el abuelo disponga.

EL CONDE.- Me parece natural que si vuestra mamá se va esta tarde, estéis a su lado hasta la hora de partir. (Besa a las niñas.) ¡Oh!, no os veo bien, no os distingo; me parecéis una sola...

EL MÉDICO.- ¿Qué? ¿La vista no anda bien?

EL CONDE.- (Se levanta.) Mal estamos hoy... Toda la mañana he notado una obscuridad, una vaguedad en los objetos... (Mirando en derredor, con ojos que se esfuerzan en ver.) No veo nada... apenas distingo... (Fijándose en la CONDESA que, altanera, le clava la mirada.) No veo bien más que a Lucrecia... a esa, sí... [144] la veo... allí está... Mi ceguera creciente no me permite ver más que las cosas grandes... el mar, la inmensidad... y ella es grande... enorme... la veo... como el mar... Es otro mar, un mar de... de... de... (Su voz se extingue. Queda inmóvil y rígido. Profundo silencio. Todos se miran.)

FIN DE LA SEGUNDA JORNADA

Jornada III

Escena I

NELL, DOLLY, D. PÍO CORONADO, sentados los tres alrededor de una mesa estudio, donde se ven papeles, tintero, libros de texto.

Es el maestro de las niñas de Albrit un anciano de estatura menguada, muy tieso de busto y cuello, y algo dobladito de cintura, las piernas muy cortas. La expresión bonachona de su rostro no lograron borrarla los años con todo su poder, ni los pesares domésticos con toda su gravedad. Guiña los ojuelos, y al mirar de cerca sin anteojos, los entorna, tomando un cariz de agudeza socarrona, puramente superficial, pues hombre más candoroso, puro y sin hiel no ha nacido de madre. Un rastrojo de bigote de varios colores, recortado como un cepillo, cubre su labio superior. Viste con pobreza limpia anticuadas ropas, recompuestas y vueltas del revés, atento siempre al decoro de la presencia en público.

Maestro de escuela jubilado, desempeñó con eficacia su ministerio durante treinta años, distinguiéndose además como profesor privado de materias de la primera y segunda enseñanza.

Su defecto era la flojedad del carácter, y la tolerancia excesiva con la niñez escolar. Sabía el hombre todo lo que saber necesita un maestro, y algo más; pero con la edad y las inauditas adversidades que le agobiaban fue perdiendo los papeles, y hasta la afición. Su cabeza [146] llegó a pertenecer al reino de los pájaros; su memoria era una casa ruinosa y desalojada, en la cual ninguna idea podía encontrar aposento; todo lo que perdía en ciencia lo ganaba en debilidad y relajación del carácter. En esta situación le designó D. CARMELO para maestro de las niñas de Albrit, teniendo en cuenta tres razones: que si no sabía mucho, no había en Jerusa quien le aventajara; que era honrado, honesto, absolutamente incapaz de enseñar a sus discípulas cosa contraria a la moral, y, por último, que al aceptarle para aquel cargo realizaba la CONDESA un acto caritativo. Su bondad, la excesiva blandura de corazón, eran ya en CORONADO un defecto, casi un vicio, por lo cual, lamentándose de sus acerbas desdichas, solía decir, elevando al cielo los ojos y las palmas de las manos; « ¡Señor, qué malo es ser bueno!»

Al comenzar la escena llevaba ya el maestro una hora de inútiles tentativas para introducir en las molleras de sus alumnas los conocimientos históricos, aritméticos y gramaticales.

DOLLY.- (Dando un golpe en la mesa.) ¿Que no sé una palabra? Mejor... Ni falta que me hace.

D. PÍO.- (Apelando a la emulación.) No dirá lo mismo Nell, que desea aprender.

NELL.- Sí, señor, digo lo mismo: ni falta que me hace.

D. PÍO.- (Con severidad fingida, que no convence.) Está bien, muy bien. He aquí dos niñas finas, criadas para la alta sociedad, y que se empeñan en ser unas palurdas. [147]

DOLLY.- Sí, señor: queremos ser palurdas.

NELL.- Salvajes, como quien dice.

D. PÍO.- ¡Anda, salero! ¡Salvajes las herederas de los condados de Albrit y Laín!

DOLLY.- (Tirándole suavemente de una oreja.) Sí, sí, maestrillo salado. ¿No eres tú muy ilustradito?

NELL.- ¿Y de qué te sirve?

DOLLY.- ¡Vaya un pelo que has echado con tu ilustración!

D. PÍO.- (Suspirando.) Puede que estéis en lo cierto, niñas de mi alma... Bueno, sigamos. Dolly, otra miajita de Historia... ¡Vamos allá!

DOLLY.- (Apoyando los codos en la mesa y la cara en las manos, le contempla risueña.) ¡Piito, qué guapo eres!

D. PÍO.- (Tocando las castañuelas con los dedos.) Señorita Dolly, juicio.

NELL.- Tu cara parece una rosa. Si no fueras viejo y no te conociéramos, diríamos que te pintabas. [148]

D. PÍO.- Juicio, Nell... ¡Pintarme yo!

DOLLY.- Dime otra cosa: ¿es verdad que cuando eras pollo hacías muchas conquistas?

D. PÍO.- (Tocando con más rápido movimiento las castañuelas, que es su manera especial de llamar al orden.) Juicio, niñas. Sigamos la lección.

NELL.- Nos han dicho que las matabas callando.

DOLLY.- Y que tenías las novias por docenas.

D. PÍO.- ¿Novias...? Oh, no: quítenme allá eso... Son muy malas las mujeres.

NELL.- (Pegándole suavemente en el cuello.) Peores son los hombres. No hables mal de nosotras.

D. PÍO.- Vaya, que estáis hoy juguetonas y desatinadas. (Queriendo enfadarse.)

¡Por vida de...! Si no dais la lección, os lo digo con toda mi alma, os lo juro...

NELL.- ¿Qué?

D. PÍO.- (Deseando enfadarse.) Que me enfado. [149]

DOLLY.- Ya lo había conocido. Estamos temblando.

NELL.- Toca, toca las castañuelas.

D. PÍO.- (Decidido a tomar la lección.) Orden, juicio. A ver: decidme algo de Temístocles.

DOLLY.- Sí: el que le cortó la cabeza a una mala mujer, que llamaban la Medusa.

D. PÍO.- (Llevándose las manos al cráneo.) ¡Por Dios, por todos los santos de la corte celestial, no me confundáis la Historia con la Mitología!

NELL.- Tan mentira es una como otra.

DOLLY.- Y nos importan lo mismo.

D. PÍO.- ¡Ay, ay, cómo estáis hoy!... ¡Silencio, formalidad! Pronto, referidme los principales hechos de la vida de Temístocles.

DOLLY.- No nos gusta meternos en vidas ajenas.

D. PÍO.- Temístocles, grande hombre de la Grecia, natural de Tebas, vencedor de los

lacedemonios. [150] (Corrigiéndose.) ¡Ah!, no...
Le confundo con Epaminondas...

¡Cómo tengo la cabeza!...

NELL.- ¡Ay, que no lo sabe, que no lo sabe!...

DOLLY.- ¡Vaya con el preceptor de pega!

D. PÍO.- (Afligido.) Es que me volvéis loco con
vuestros juegos, con vuestras tonterías. (Con
gravedad.) Así no podemos seguir.

NELL.- Digo lo mismo.

DOLLY.- Queremos ser burras, y salir a los
prados a comer yerba.

D. PÍO.- Pero mi conciencia no me permite
engañar a la Condesa, que sin duda cree que os
enseño algo, y que vosotras lo aprendéis...

DOLLY.- (Poniéndose las antiparras de
CORONADO que están sobre la mesa.)

Piito, estamos aburridísimas.

D. PÍO.- (Queriendo recobrar sus anteojos.)
¡Que me los rompes, hija!

NELL.- Piito salado ¿no sería mejor que nos
fuéramos los tres a dar un paseo por la playa?
[151]

D. PÍO.- Está bien, muy bien. ¡Magnífico! ¡De
pingo todo el santo día, aun las horas dedicadas

a la educación! Muy bonito; sí, señoras, muy bonito... Y heme aquí de figurón, de monigote irrisorio; yo, que soy la ciencia; yo, yo, que estoy aquí para inculcaros...

DOLLY.- Piito, no nos inculques nada, y vámonos.

NELL.- En la playa seguiremos dando lección. Frente al mar, la del viaje de Colón a América.

DOLLY.- Y el paso del Mar Rojo.

D. PÍO.- (Suspirando desalentado.) ¡Ay, qué niñas! ¡No hay quien pueda con ellas! Bueno, pues transijo... Pero antes pasemos un poco de Gramática.

NELL.- (Tocando las castañuelas.) ¡Viva Coronado!

DOLLY.- (De carretilla.) La Gramática es el arte de hablar correctamente el castellano...

D. PÍO.- Vamos más adelante. Dolly, dígame usted qué es participio. [152]

DOLLY.- (Flemática.) ¡No me da la gana!

NELL.- Participio... Una cosa que se parte por el principio.

D. PÍO.- (Poniendo el paño al púlpito.) ¡Tontas, casquivanas, que no tenéis aquel punto de amor propio que veo yo en otras niñas, ¡Señor!, en otras niñas aplicaditas y formales, que aprenden para lucirse en los exámenes, y para que a sus padres se les caiga la baba oyéndolas!

DOLLY.- No queremos lucirnos, ni a mamá se le cae ninguna baba... ¡Vaya con el maestrillo este!

NELL.- Coronadito, si no tienes juicio te pondremos de rodillas.

D. PÍO.- ¡Anda, salero!... ¿Pero qué trabajo os cuesta retener en la memoria cosas tan fáciles? Luego seréis mujercitas aristocráticas, y cuando vuestra ilustre mamá os lleve a los salones, os vais a lucir, como hay Dios... Figuraos que en los saraos se habla del participio, y vosotras no sabéis lo que es. ¡Bonito papel harán mis niñas! Dirá la gente:

« ¿Pero de qué monte ha traído la Condesa este par de mulas?» Eso dirán, y se reirán de vosotras, y no os querrán vuestros novios. [153]

DOLLY.- Los novios nos querrán aunque no sepamos el participio, ni la conjunción, ni nada.

NELL.- Que seamos bonitas, que seamos elegantes, y verás tú si nos quieren.

D. PÍO.- Sí, sí: lindas borriquitas seréis. Pues yo me planto, señoras mías; ya sabéis que soy atroz cuando me planto; tengo mal genio.

NELL.- ¡Terrible!

DOLLY.- ¡Ay, qué miedo!

NELL.- (Que, apoyada en la mesa con indolencia, le mira burlona.) ¿Sabes, Piillo, que estoy observando una cosa? Tienes los ojos muy bonitos.

DOLLY.- Parecen dos soles... pillines.

D. PÍO.- (Cruzándose de brazos.) Ea, burlaos de mí todo lo que queráis.

NELL.- No es burla, es confianza. [154]

DOLLY.- Es que te queremos, maestrillo, porque eres muy bueno y no tienes malicia.

NELL.- (Acariciándole la barba.) ¡Es un buenazo este

D. Pío! Por eso te hacen rabiar las niñas de Albrit, que son y serán siempre tus amiguitas...

D. PÍO.- (Embobado.) ¡Zalameras, melosas, carantoñeras!

DOLLY.- Di una cosa: ¿es verdad que tienes muchas hijas?

D. PÍO.- (Lanzando un suspiro muy hondo y fuerte. Diríase que lo saca de los talones.) Muchas, sí...

NELL.- ¿Son guapas?

D. PÍO.- No tanto como lo presente.

DOLLY.- ¿Te quieren?

D. PÍO.- (Intentando sacar otro suspiro hondo, que se le queda atravesado en el pecho, cortándole la respiración.) ¡Quererme... ellas! [155]

NELL.- Me han dicho que no. Si es así, no te importe, que bien te queremos nosotras.

DOLLY.- ¿Y tú, nos quieres? (D. PÍO hace signos afirmativos.)

NELL.- Nos idolatra... Estudiamos cuando se nos antoja, y cuando no, jugamos.

DOLLY.- Y eso haremos hoy: jugar, irnos a la playa.

D. PÍO.- (Vencido.) ¡A la playa!

NELL.- Está un día espléndido. (Mira por la ventana.)

DOLLY.- (Tocando las castañuelas.) Y el cielo y la mar nos dicen:

« ¡Venid, volad, y traed a vuestro adorado preceptor!»

D. PÍO.- (Deseando ir, pero no queriendo manifestarlo.) ¿Yo... también yo? ¡Viva la indisciplina!

NELL.- Vendrás con nosotras, porque si no, Venancio no nos dejará salir ahora. Tú tienes que decirle: «hoy han estudiado tanto, que en premio de su aplicación las saco a dar una vuelta.» [156]

D. PÍO.- ¡Anda, morena! ¡Vaya, que si la señora Condesa se enterara de cómo cumplo mis deberes profesionales!...

DOLLY.- Lo que quiere mamá es que estemos siempre a la intemperie, y nos hagamos robustas como unas aldeanitas.

D. PÍO.- ¡Y qué diría vuestro abuelo!

NELL.- El abuelito nos quiere lo mismo en bruto que pulimentadas.

D. PÍO.- Os adora, sí. Como que sois sus nietas. Acompañadle, dadle palique, hacedle mimos: también él es niño. Y cuando le oigáis un disparate muy gordo, se lo contáis al señor Cura y al Médico.

DOLLY.- (Enojada.) No dice disparates el abuelo.

D. PÍO.- Ayer me decía que vosotras dos no sois más que una para él...

NELL.- Y eso, ¿por qué ha de ser disparate, maestrillo? [157]

DOLLY.- Quiere decir...

NELL.- Que el grande amor que nos tiene nos iguala, y hace de las dos una sola.

D. PÍO.- Esta chica es un portento.

DOLLY.- Hola, hola; ¿y para mí no hay piropo?

D. PÍO.- ¿Te enfadas, ángel?

DOLLY.- (Riendo.) Está eso bueno. Mi hermana es un portento... y yo nada.

D. PÍO.- Tú otro portento... ¡Vivan las nenas de Albrit!

NELL.- (Alborotando.) ¡Viva el más sabio profesor y catedrático de la antigüedad pagana, mitológica... y cosmopolita! En fin, ¿nos vamos o qué?

D. PÍO.- (Deteniéndolas.) Esperad. Parece que viene alguien.

DOLLY.- Siento el vocerrón de D. Carmelo. [158]

D. PÍO.- (Tomando el tonillo profesional.) ¡Orden, formalidad!... Pues hemos dado un repasito a la Gramática, venga ahora un buen jabón a la Historia. Niñas, el Papado y el Imperio... A ver...

Escena II

NELL y DOLLY, D. PÍO, EL SEÑOR CURA, VENANCIO

EL CURA.- (Riendo, en la puerta.) Presentes, mi general. Yo soy el Papado, y el Imperio es éste. (Entran.)

VENANCIO.- ¿Cómo vamos de lección?

EL CURA.- ¿Saben, saben mucho estas picaruelas?

D. PÍO.- Regular... Hoy, vamos, hoy, no lo han hecho del todo mal.

EL CURA.- No me fío. Este Coronado es la pura manteca. (Saludando a las niñas y acariciando sus manos.) ¡Qué monada de criaturas!

VENANCIO.- Muy monas, pero desaplicaditas... No quieren más que corretear por el campo. [159]

EL CURA.- Mejor... ¡Aire, aire!

VENANCIO.- Y su abuelito, en vez de reprenderlas para que se apliquen, les dice que la señora Gramática y la señora Aritmética son unas viejas charlatanas, histéricas y mocosas, con las cuales no se debe tener ningún trato.

EL CURA.- ¡Qué bueno!... Si digo que el Conde...

VENANCIO.- (A D. PÍO.) ¿Y anoche, cuál fue la tecla que nos tocó?

D. PÍO.- Que no debo introducir más paja en la cabeza de las señoritas, pues lo que les conviene es educar la voluntad.

EL CURA.- No está mal...

DOLLY.- Por eso a mí no me gusta saber nada de libros, sino de cosas.

EL CURA.- ¡Brava!

VENANCIO.- ¿Y qué son cosas, señorita? [160]

NELL.- Pues cosas.

DOLLY.- Cosas.

EL CURA.- (Comprendiendo.) Ya... Pero el arte de la vida ya lo iréis aprendiendo en la vida misma.

VENANCIO.- Y eso no quita que estudien lo de los libros, ¿verdad, D. Pío? (El MAESTRO hace signos afirmativos.) Tan distraídas están con el corretear continuo, que ya Dolly ni siquiera dibuja.

EL CURA.- ¡Qué lástima!... (A DOLLY.) Y aquellos monigotitos, y aquellas vaquitas, y aquellos... (DOLLY se encoge de hombros.)

NELL.- Ya no dibuja. Le gusta más cocinar.

EL CURA.- ¿De veras?... ¡Oh, serafín de los cielos!

VENANCIO.- A lo mejor se nos mete en la cocina, se pone su delantal de arpillera, y allí la tiene usted entre cacerolas, tiznada, hecha una visión...

EL CURA.- ¡Divino! [161]

VENANCIO.- ¡Miren que una señorita de la aristocracia, con las manos ásperas y llenas de pringue!

EL CURA.- Eso es juego... Pero no está de más saber de todo.... por lo que pueda tronar. ¿Y Nell, no cocina?

DOLLY.- A mi hermana le gusta más lavar cristales... mojarse, fregotear, pegar cosas rotas, limpiar las jaulas de los pájaros, y echarles la comidita.

EL CURA.- También es útil. Bien, bien, niñas saladísimas; seguid estudiando.

NELL.- Es que...

DOLLY.- D. Pío había dicho que... pues hoy hemos trabajado bárbaramente... podíamos pasear.

D. PÍO.- ¡Ah!... permítanme... dije que si acabábamos la Aritmética, saldríamos, y en el bosque les explicaría algo de Geografía.

EL CURA.- Paseen, sí. [162]

VENANCIO.- Pero por el bosque no.

DOLLY.- A la playa. (Las dos se quitan los delantales.)

VENANCIO.- (Aparte a D. PÍO.) El Conde suele pasear por el bosque. Llévelas usted a la playa... No se separe de ellas... ¿Se entera de lo que le digo?...

D. PÍO.- Sí, hombre. A la playa...

NELL.- (A VENANCIO.) ¿Ha salido ya el abuelito?

VENANCIO.- No; ni creo que salga. Vayan las señoritas con el maestro.

NELL.- ¿Y usted se queda, D. Carmelo?

EL CURA.- Sí, hija mía: espero al amigo Angulo, con quien tengo que hablar.

VENANCIO.- (Mirando por la ventana.) Ya está aquí.

EL CURA.- Pues bajemos todos. Las niñas por delante. [163]

DOLLY.- (Que sale la primera, gozosa.) En marcha. (Llamando al perrito.)

¡Capitán!

NELL.- (Detrás de su hermana.) ¡Capitán! (Salen los demás.)

Escena III

Sala baja en la Pardina.

GREGORIA, el MÉDICO; después VENANCIO, el CURA

EL MÉDICO.- ¿Cómo es que no ha salido aún a dar su paseo de la mañana?

GREGORIA.- ¿Yo qué sé?... Todavía le tiene usted en su cuarto. He mirado por el agujero de la llave, y está dando paseos arriba y abajo, con las manos en los bolsillos.

EL MÉDICO.- ¿Come bien? GREGORIA.- Regular.

EL MÉDICO.- ¿Sabe usted si duerme? [164]

GREGORIA.- Esta mañana, cuando le entré el desayuno, le dije... con todo el respeto del mundo, claro: « ¿Qué tal ha pasado la noche el señor Conde?» y me contestó:

«Bien»; pero en seco, y con un tonillo que, a mi parecer, era lo mismo que decir: «Mal».

EL CURA.- ¿Qué? ¿Hay algo de nuevo?

EL MÉDICO.- Nada. Hoy no le he visto aún. En la conversación que anoche tuvimos, pude observar que a la exaltación del orgullo aristocrático, añade nuestro D. Rodrigo otra monomanía: la sutileza del honor y de la moral rígida, en un grado de rigidez casi imposible, y sin casi, en las sociedades modernas.

EL CURA.- Lo mismo observé yo en nuestro paseo de ayer tarde. Por cierto que... me hizo pasar un mal rato.

EL MÉDICO.- ¿Qué ocurrió?

EL CURA.- Nada... Es que por lo visto gusta de pasear solo... Desde que salimos, hube de comprender que le desagradaba mi compañía. Claro que no me despidió de mala manera: su buena educación no se desmiente nunca. Pero con perífrasis [165] ingeniosas, me decía: «Mejor voy solo que mal acompañado». Francamente, creía yo hacerle un favor dándole el brazo, entreteniéndole con una conversación grata...

EL MÉDICO.- Pues mire usted, D. Carmelo: en esto no conviene contrariarle.

¿Quiere andar solo? Pues solo. No, no se cae. En mi opinión, ve bastante más de lo que dice. (A VENANCIO.) Lo que puede usted hacer es mandar un criado que le vigile a distancia...

164

GREGORIA.- (De mal temple.) En esta época, Sr. de Angulo, no tenemos a nuestra gente tan desocupada...

VENANCIO.- (Arrancándose.) D. Carmelo, D. Salvador, yo que ustedes diría a la Condesa que su señor suegro estará mejor en otra parte. Y esto no significa que queramos echarle. Es nuestro deber tenerle aquí; hemos sido... fuimos, como quien dice, sus criados...

GREGORIA.- El cuento es que el Sr. D. Rodrigo, por haber venido tan a menos, no encaja en nuestras costumbres de gente pobre, ni se acomoda al trato modestito que le damos. Y es natural: yo me pongo en su caso.

VENANCIO.- (Rascándose la cabeza.) Hay que mirarlo todo, señores. Con la consignación que nos ha señalado la señora no [166] podemos hacer milagros. A un grande de España, por más que ahora sea chico, no hemos de tenerle aquí como un estudiantón, hartándole de puchero, y... vamos, que con tanto extraordinario y tanta finura de cocina, se nos van nuestros ahorros que es un gusto.

EL CURA.- En efecto...

GREGORIA.- Y, por añadidura, vivimos siempre sobresaltados... Que si sale, que si tarda, que si le habrá pasado algo... Se necesita un regimiento de criados para servirle y atenderle.

VENANCIO.- Tenemos aquí mucho trajines. Vivimos de nuestro trabajo.

GREGORIA.- Atendemos a la tierra, a las plantas, al fruto. Hay que mirar a todo.
VENANCIO.- Al ganado de pelo y de pluma.

GREGORIA.- Ahora me tienen ustedes todo el santo día en la cocina; y que no trabajo menos con la cabeza que con las manos: ¡Señor, qué pondré hoy!... ¡Si le gustarán las manos de ternera!... ¡Si acertaré a freír el filete!... ¡Ay, Jesús!... Y a todas éstas, mis judías sin coger, mis tomates [167] pudriéndose en las ramas... y mis gallinas olvidadas...

VENANCIO.- Olvidadas, no, que aquí estoy yo para retorcerles el pescuezo... A este paso, señores míos, pronto liquidará la Pardina.

EL CURA.- Vamos... siempre habéis de ser lo mismo... aldeanos que se ahogan, aunque naden en la abundancia.

EL MÉDICO.- Siempre llorando... y escondiendo a la espalda las llaves del granero.

EL CURA.- ¡Avarientos, mezquinos!

VENANCIO.- (Achicándose.) Sr. D. Carmelo, no hemos dicho nada.

GREGORIA.- (Suspirando.) Sr. D. Salvador... ustedes manda.

EL CURA.- Por lo demás, yo creo también que el pobre león de Albrit estará mejor en otra leonera.

EL MÉDICO.- A ver si ha pensado usted lo mismo que yo. [168]

EL CURA.- (Enfatuado.) Tengo una idea...

VENANCIO.- (Adivinando.) Yo tengo también una idea...

EL MÉDICO.- Llevarle a Zaratán.

EL CURA.- Al convento de Jerónimos.

VENANCIO.- (Asintiendo con viveza, lo mismo que GREGORIA.) Eso, eso.

EL CURA.- Solución que debe ser la mejor, pues se aprueba por unanimidad.

EL MÉDICO.- Allí estará como un príncipe. Falta que los reverendos quieran.

EL CURA.- Deseándolo, querido Salvador, deseándolo. Locos de contento en cuanto les propuse...

VENANCIO.- ¿Pero habló usted con el Prior?...

EL CURA.- ¡Toma! ¿Creen que soy de los que cuando dan con una feliz idea, la están

167

rumiando siete [169] meses?... Y no sólo he hablado con el Prior, sino que he escrito a la Condesa...

GREGORIA.- (Viendo, llegar al CONDE.) Cuidadito, que aquí viene.

Escena IV

El MÉDICO, el CURA, VENANCIO, GREGORIA y el CONDE, a paso lento, apoyado en su palo. Nótase más deterioro y descuido en su ropa. Avanza muy abstraído, sin parar mientes en las personas que están en la habitación.

EL CURA.- Señor Conde, ¿cómo va ese valor?

EL CONDE.- ¡Ah!, pastor Curiambro, ¿estás aquí? No te había visto...

(Examinando las personas.) ¿Y este bulto...?

EL CURA.- No es bulto, es nuestro gran médico...

EL MÉDICO.- (Saludándole.) Señor Conde...

EL CONDE.- (Muy afectuoso.) Perdona, hijo... ¡Veo tan poco! Y aquél es Venancio... a ese le conozco sin verle. Y Gregoria... Ya está aquí todo el cónclave... Bien, bien... Antes de que me lo preguntes, médico [170] ilustre, te digo que, fuera de este achaque de la vista, me encuentro muy bien... ¡Y qué contento vivo en la Pardina! Venancio, Gregoria, sabed que estoy contentísimo, y que tendréis la satisfacción de alojarme por mucho tiempo...

VENANCIO.- Es lo que deseamos...

EL MÉDICO.- ¿Va el señor Conde a dar su paseo?...

EL CONDE.- Si ustedes no disponen otra cosa... Pero me quedaré un poquito por hacer los honores a las dignas personas que honran mi casa. (Se sienta en el sillón.)

EL CURA.- Mil gracias, señor Conde. Veníamos...

EL CONDE.- Ya me lo figuro: a pasar revista a la huerta y examinar los tomates, y armar las grandes peloteras con Gregoria sobre si son mejores los de allá o los de acá... (Todos ríen.)

EL CURA.- Los míos son así de gordos.

GREGORIA.- Ya quisiera... [171]

EL CONDE.- Basta de polémicas, y si arrojáis en esta placentera reunión el tomate de la discordia, yo, deferente con el bello sexo, adjudico el premio a mi patrona...

Gregoria, Venancio, Dios os colme de prosperidades... a ver si salís de pobres... (Con ironía sutil.) En ello voy ganando, porque de lo que tengáis hijos míos, algo ha de participar siempre este pobre viejo... ¿Verdad que sí?...

VENANCIO.- (Secamente.) Sí, señor.

EL MÉDICO.- (Que, sentado a su lado, le pone la mano en el hombro.) ¿Con que bien...?

EL CONDE.- Pero no de la vista. Cada día se nublan más mis ojos.

GREGORIA.- (En un alarde de osadía.) El señor se pondría bueno de la vista... y de la cabeza... ¿lo digo?, si no tuviera tan mal genio.

EL CONDE.- ¡Mal genio yo! Si con la voluntad siempre en guardia he logrado dominarme, y ya no riño, ya no me oiréis gruñir...

VENANCIO.- Nos dice palabras blandas, pero con intención dura... Entre flores esconde el látigo con que... [172]

EL CONDE.- ¿Yo? No, hijo mío. Precisamente quería aprovechar esta ocasión para decirte que admiro y alabo tus hábitos de arreglo, y tus grandes dotes de administrador.

VENANCIO.- (Sobresaltado.) ¿Qué quiere decir Vuecencia?

EL CONDE.- Que eres un ejemplo digno de ser imitado por cuantos manejan intereses propios o ajenos. Así prosperan las casas. Si no eres ya rico, Venancio, yo te auguro que lo que posees en tomates y berenjenas lo tendrás pronto en peluconas.

Carmelo, Salvador, oigan este golpe: cuando llegué a la Pardina, este buen amigo mío y antiguo servidor puso a mis órdenes a un muchacho llamado Rogelio, inteligente, listo, para que fuese mi ayuda de cámara. Toda mi vida he tenido un servidor de esta clase.

Mentira me parecía que pudiera pasarme sin él... Pero me paso, sí, señor, me paso.... porque ayer me quitaron el criadito, y ya ven... estoy perfectamente.

VENANCIO.- (Mascando las palabras.) Señor, es que... Rogelio...

GREGORIA.- Fue preciso mandarle a traer yerba... (El MÉDICO y el CURA se miran, hablan con los ojos.)

EL CONDE.- (Con ironía finísima.) Pero, tontos, si no os riño; si me parece bien lo que habéis hecho... si os lo agradezco, porque así me vais educando en la pobreza, y enseñándome a ser como vosotros, económico, administrativo... No quiero ser gravoso; quiero que prosperéis; y con medidas como ésta claro es que habéis de llegar a ser riquísimos.

VENANCIO.- Señor, díganos las cosas claras.

EL CONDE.- Digo lo que siento. Y otra: tienes una mujer que no te la mereces. Esta Gregoria vale más que pesa, y con su instinto de gobernante de casa te ayudará, te empujará para que subas pronto a la cima de la opulencia.

GREGORIA.- (Asustada.) Señor, ¿por qué lo dice?

EL CONDE.- Porque es verdad. ¡Cuánto siento no estar ya en edad de tomaros por modelo!

EL CURA.- ¿Pero qué...?

EL CONDE.- Que esta Gregoria, con su arte sublime de mujer casera, me ha suprimido mi bebida favorita: el buen café. [174]

GREGORIA.- Señor, si se lo llevé esta mañana.

EL CONDE.- Me serviste un cocimiento de achicoria, recalentado y frío, que... Pero no te riño, no. Si está muy bien. Siempre me dais mucho más de lo que merece este pobre viejo inútil, enfadoso... Prosperad, prosperad vosotros, y que os vea yo llenos de bienestar, desde el fondo de esta miseria en que he caído.

VENANCIO.- No somos ricos, ni aspiramos a serlo.

EL MÉDICO.- (Con severidad.) Conviene que se sirva al señor Conde un café muy bueno. Yo lo mando.

EL CURA.- Y yo... Y si no se le da como es debido, lo haré yo en casa, y se lo enviaré.

EL CONDE.- Gracias... Pero ya veis que no me enfado... Soy pobre, y como a pobre quiero que me traten. Este Venancio, esta Gregoria, que tanto me quieren y no pueden olvidar los beneficios que de mí han recibido, desean hacerme a su imagen y semejanza, y que como ellos viva, y como ellos coma, para de este modo sujetarme y tenerme siempre a su lado. ¿Verdad que es esto lo que anheláis? Pues me tendréis. De aquí [175] no me muevo. Estad tranquilos, que vuestro huésped seré... tendréis Conde de Albrit para un rato.

EL MÉDICO.- Seguramente. Estos aires le prueban bien.

EL CONDE.- (Con gravedad.) No me cuido yo de los aires, sino de la misión que tengo que cumplir.

EL CURA.- (Receloso.) ¿Aquí precisamente?

EL CONDE.- Aquí... al menos por ahora. (El MÉDICO y el CURA se sientan junto al CONDE, uno por cada lado. VENANCIO y GREGORIA se retiran y vuelven de puntillas, poniéndose tras el sillón a escuchar lo que hablan.)

EL MÉDICO.- Pues si el señor Conde quiere oír un consejo de amigo y de médico... de médico más que de amigo, me permitiré decirle que la misión más adecuada a su edad y a sus achaquillos es darse buena vida.

EL CURA.- Y no cuidarse de nada y de nadie.

EL CONDE.- La ancianidad da derecho al egoísmo; pero a mí, pásmense ustedes, me han rejuvenecido las desgracias, y tras las desgracias han venido las ideas a darme vigor. Por unas y otras, [176] yo tengo aún que hacer algo en el mundo. (El MÉDICO y el CURA se miran, comunicándose con los ojos sus impresiones.)

EL MÉDICO.- ¿Sería tan amable el Sr. D. Rodrigo que nos dijera qué misión es esa?

EL CONDE.- Misión que, en cierto modo, tiene cierto paralelismo con la tuya, Salvador, y con la tuya, Carmelo.

EL CURA.- Tres misiones paralelas.

EL CONDE.- Tú, pastor Curiambro, luchas en el terreno de la moral, disputando almas al pecado; tú, Salvador, te bates con la muerte en el terreno físico, tratando de arrancarle los pobres cuerpos humanos; yo combato en la esfera moral contra el deshonor (Pausa. D. CARMELO y ANGULO se hacen guiños), que es lo mismo que decir: por el derecho, por la justicia... (Pausa. Sonríe benévolamente.) Veo poco, amigos míos; pero lo bastante para hacerme cargo de que os reís de mí.

EL CURA.- ¡Oh!, no, Sr. D. Rodrigo...

EL CONDE.- Si no me enfado, no. ¡Ay! El quijotismo inspira siempre más lástima que respeto. Si compadecéis el mío, yo compadeceré el vuestro: el [177] religioso y el científico... ¡Cómo ha de ser! En la relajación a que hemos llegado, el honor ha venido a ser un sentimiento casi burlesco.

EL CURA.- Reconozcamos, mi señor D. Rodrigo, que lo han desacreditado los duelistas...

EL CONDE.- Sí, sí, y los nobles presumidos. Aparte de eso, ¿no alcanzáis a ver la relación íntima del honor con la justicia, con el derecho público y privado? No, no la veis... Sin duda sois más ciegos que yo... Y decidme ahora, tontainas: ¿también os parecen cosa baladí la pureza de las razas, el lustre y grandeza de los nombres, bienes que no existen, que no pueden existir sin la virtud acrisolada de las personas que...? (Sus interlocutores callan, observándole.) No, no me entendéis. Tú, clérigo, y tú, doctorcillo, vivís envenenados por los miasmas de la despreocupación actual de ese asqueroso lo mismo da, de ese inmundo ¿y qué?

EL CURA.- Comprendemos la idea; pero...

EL MÉDICO.- Es una idea feliz; pero...

EL CONDE.- (Irritándose.) ¡Pero qué!... (Se calma y sonríe con desdén.) Si tuviera tiempo y

176

ganas de entretenerme, os [178] explicaría... (Sintiendo ruido detrás del sillón.) ¿Quién anda ahí? (Descubre a VENANCIO y su mujer.) Venancio, Gregoria, ¿por qué andáis por ahí acechando como espías? Venid a mi lado, que lo que digo, decirlo puedo y quiero también delante de vosotros. Ya todos somos iguales.

Venid. (Se acercan tímidamente.) Pues decía: a ti y a ti (por el CURA y el MÉDICO), según veo, os importa un ardite que las familias honradas... y no me refiero sólo a las aristocráticas, sino a toda familia pundonorosa y decente... conserven la limpieza del nombre de la sangre... (A VENANCIO y GREGORIA.) Y vosotros, ¿qué pensáis, papanatas? También a vosotros os tienen sin cuidado las usurpaciones ignominiosas de estado civil, nombre, riqueza... (Callan los cuatro, observándole compadecidos.) ¡Ah, todos lo mismo: el sabio, el ignorante, igualmente ciegos ante el sol de la moral pura, de la verdad! (Bruscamente, levantándose.) Me voy... no quiero más conversación, no quiero...

EL CURA.- (Queriendo detenerle.) Pero, señor Conde...

EL MÉDICO.- Señor, aguarde...

EL CONDE.- (Nervioso, rechazándoles.) No quiero, no... Me voy... Abur, abur. (Sale.) [179]

Escena V

El CURA, el MÉDICO, VENANCIO, GREGORIA

VENANCIO.- (Viéndole alejarse.) Allá va: habla solo, golpea el suelo con su palo. GREGORIA.- ¿Qué les parece a ustedes?

EL CURA.- A mí, cosa pérdida.

VENANCIO.- A mí... peligroso.

EL MÉDICO.- (Más reflexivo que los otros.) No precipitarse a juzgar. Le tengo por uno de tantos. El hombre piensa; su idea le invade el espíritu; su voluntad aspira a la realización de la idea. Uno de tantos, digo, como usted y como yo, mi querido D. Carmelo.

EL CURA.- ¿No ves la demencia en ese pobre anciano?

EL MÉDICO.- Veo la exaltación de un sentimiento, una inteligencia que trabaja sin desmayar nunca, una voluntad agitándose en el vacío, con fuerza hercúlea que no puede aplicarse... [180]

VENANCIO.- (Desdeñoso.) Estos médicos siempre han de dar a las cosas nombres raros.

GREGORIA.- Para que no entendamos.

178

VENANCIO.- ¿Es eso locura, o qué es?

EL MÉDICO.- ¿Queréis que os hable con toda sinceridad, como médico honrado?

Pues no lo sé.

EL CURA.- (Confuso.) ¿Es o no clara la monomanía?

EL MÉDICO.- En toda monomanía hay una razón.

EL CURA.- (Mirando al techo en busca de una idea que se le escapa.) Bueno: yo veo...

VENANCIO.- Rascándose el cráneo. Sí: yo veo también...

GREGORIA.- (Más sincera que los demás.) Todos vemos que... Lo diré claro: las barrabasadas de la señora Condesa han influido en que nuestro D. Rodrigo esté tan perdido del caletre... [181]

EL CURA.- Exactamente... De ahí le viene la tos al gato.

EL MÉDICO.- Porque... aquí, que nadie nos oye, señores... la Condesa...

EL CURA.- (Limpiándose sus galas.) Todo lo que digas es poco.

VENANCIO.- No siga usted, D. Salvador... La señora...

GREGORIA.- Callamos por respeto; pero ello es que la tal Doña Lucrecia...

EL CURA.- (Sonriente.) Chitón...

VENANCIO.- No chistamos...

EL CURA.- (Poniéndose las gafas.) Nos sale al encuentro un caso delicadísimo de la vida privada, y ante él cerramos nuestros picos, y nos lavamos nuestras manos. La misión de los que ahora estamos aquí reunidos no es enmendar los yerros de la Condesa de Laín, ni tampoco sacarla a la vergüenza pública. Nuestra misión... (Tosiendo, para tomar luego un tonillo oratorio.) Nuestra misión, digo, es tan sólo aliviar, en lo que de nosotros dependa, la triste situación física y moral de ese anciano desvalido, de ese [182] prócer ilustre, verdadero mártir de la sociedad, amigos míos. Y recordando que en la época de su poderío y grandeza él nos tendió la mano y fue nuestro sostén, correspondámosle ahora con nuestra filial solicitud y cariñoso amparo.

(Demostraciones de asentimiento. Sigue a ellas amplísima y a ratos calurosa discusión. Aceptada en principio por los cuatro vocales la conveniencia de alojar al anciano ALBRIT en los Jerónimos de Zaratán, surgen criterios distintos acerca de la forma y manera de realizar lo que creen benéfica y santa obra.

Mientras VENANCIO opina que debe conducírsele al monasterio con toda la derechura y sencillez con que se traslada un buey de éste al otro prado, GREGORIA, más delicada y benigna, propone que los propios monjes vengan por él, y le conviden a una fiesta, y le hagan muchas carantoñas hasta llevársele; y una vez allí, que le trinquen bien y le pongan ronzal de seda.

El MÉDICO, por el contrario, niégase a autorizar nada que trascienda a forzado encierro, y sostiene que D. RODRIGO debe entrar en Zaratán voluntaria y libremente, y quedarse allí sin ninguna violencia, única manera de precaver un desorden mental verdaderamente grave. Y el CURA, hombre conciliador, que todo lo pesa y mide, se ofrece a buscar una fórmula que sea como resultante mecánica de las diversas opiniones expuestas, y a proponer un procedimiento que a unos y a otros satisfaga. Nómbranle por unanimidad Comisión ejecutiva, y como él se pirra por todo lo que sea dirección y mangoneo, promete desplegar en el asunto toda su diplomacia, y el hábil manejo con que sabe acometer las empresas más arriesgadas y dificultosas.

Despídese Angulo para continuar sus visitas, y DON CARMELO, con los dueños de la casa, se dirige al espacioso y bien poblado gallinero de la Pardina.

Examinando huevos, [183] pollos y echaduras, se pasa parte de la mañana, y, por último, se convida a comer. GREGORIA le aconseja que prefiera la cena, y propone invitar también al MÉDICO. Aprobación unánime.)

Escena VI

Bosque.

EL CONDE.- (Solo, paseando lentamente.) ¡Qué hcrmoso

día!... aire manso y tibio, cielo claro, las nubes replegadas sobre el horizonte, el mar azul, tendido, adormilado... el bosque en silencio. ¡Qué solemne tranquilidad! El paso del hombre no ensucia este cuadro grandioso y puro... (Mira hacia el sendero que corta el bosque en dirección a Jerusa, y detiénese, creyendo sentir voces.) ¿Vendrán las nenas de paseo? Pareciome oír sus voces lejanas... El corazón me ha saltado en el pecho... No son ellas, no. Es que el bosque tiene ruidos extraños, modulaciones misteriosas que a veces semejan llanto de niños, a veces risotadas de muchachas que anduvieran volando entre el ramaje. (Óyense, en efecto, voces, risas.) ¡Ah! ¿Serán ellas? No... Son insectos o no sé qué animaluchos, que remedan la voz humana. (Aparecen mujeres del campo, charlando y riendo.) Por allí vienen... Pero no son ellas. Esas voces ordinarias no son las de las graciosas niñas de Albrit. (Pasan las aldeanas y le saludan respetuosas; el CONDE contesta con afecto paternal al saludo.) Adiós, hijas; que os divirtáis mucho... (Sigue andando.) Ya estoy solo otra vez... No sé qué voz del alma me [184] dice que no vendrán por aquí mis chiquillas. ¡Cómo han de venir las pobres, si toda la mañana las tienen encerradas con el preceptor, un simple, a quien se paga para embrutecerlas! Pero no conseguirán haceros idiotas, ¿verdad, hijas mías?... (Suspirando.) ¡Nell, Dolly! ¿Cuál de vosotras es mi nieta, heredera de mi sangre y de mi nombre? (Deteniéndose y cruzando las manos, dolorido.) Señor, ¿las amo o las aborrezco? En mi corazón hay plétora de amor a mi descendencia. Pero la certidumbre de que una de las dos, una... no es de ley, me vuelve loco... No, no es esto locura, no puede serlo; esto es razón, derecho, justicia, el sentimiento del honor en toda su grandeza... (Desesperado.) Daría mi vida por ellas... las mataría... no sé. (Continúa andando, agitadísimo.) No puedo, no debo consentir intrusos en mi linaje... Al fuego la hierba mala, traída a mi hogar con engaño, contrabando del vicio... Esa diabólica mujer no ha querido decirme cuál es la falsa; pero no importa... Verás, verás, infame, cómo yo lo averiguo sin ajeno auxilio, sin interrogar a los que seguramente conocen tus secretos... Dios me dé una intensa penetración para desentrañar la verdad; sabré leer la historia de mi deshonra en esas preciosas caras; y si por mi ceguera no acierto a descifrar los rostros, leeré la invisible cifra de los pensamientos, penetraré en la hondura de los caracteres, y no necesito más, pues los caracteres son el temperamento, la sangre, el organismo, la casta... Adelante, Rodrigo de Albrit... Voy a sentarme en aquel altozano del bosque que parece suspendido sobre el mar, y que está siempre seco y bien bañado de sol. (Apresura el paso.) No sé qué tengo hoy, que no me canso nada, pero nada. Andaría mis dos leguas como un hombre...

Otra parte del bosque.

(Terreno quebado, donde escasean los árboles, y abundan los chaparros y arbustería silvestre entre las rocas musgosas. Al Norte, el cantil que desciende con rápido declive hasta la playa, la cual se extiende limpia y arenosa en toda la profundidad del paisaje. En una peña que le ofrece cómodo asiento se recuesta el anciano, meditabundo, y contempla abstraído la costa, y el oleaje manso y rumoroso.)

¡Cómo pica el sol! Turbonada esta tarde... Allá lejos, en la playa, distingo unos bultitos blancos que se mueven... Dios mío, ¿serán ellas? (Haciendo anteojo con su puño para ver mejor.) Sí, sí... juraría que son ellas... Aquel vagar rápido, aquel vuelo de mariposas... (Con súbita alegría.) Ellas son. Hasta me parece que oigo sus chillidos alegres. (Bajando un poco, entre las peñas.) Y distingo también un bulto negro, una especie de cigarrón que las persigue... Es el maestro, el pobre Coronado... ¿Qué haré?

¿Las llamo, les hago una seña con el pañuelo, voy a buscarlas? (Vuelve a sentarse, indeciso.) ¡Dios mío, estas lindas criaturas serían mi encanto, mi gloria, mi consuelo, si no me amargara la vida el convencimiento de que una de ellas es intrusa, fraudulenta, usurpadora! Quiero idolatrarlas; pero antes, urge separar la verdad de la mentira, para poder amar exclusivamente a la que lo merezca... ¿Cuál es, cuál de las dos, Señor? (Se golpea el cráneo con el puño cerrado.) Misterio terrible, ¿será [186] posible que yo no pueda penetrar en ti...? (Pausa.) ¿Qué atracción es ésta que hacia ellas me llama?...

Fuerza superior a mi voluntad. No quiero ir, y voy... Atracción del enigma, el ansia inmensa del ¡qué será!... (Se levanta.) ¡Ah, parece que me han visto! Creo notar una agitación de cosas blancas, como si me saludaran con los pañuelos. Sí, sí: ya percibo sus vocecitas más dulces, más musicales que cuantos sones hay en la Naturaleza... (Gritando.) Sí, sí, Nell, Dolly; aquí estoy... Ya os había visto... os veo en medio de la inmensidad... ¿Queréis que baje, o subís vosotras?... (Gozoso.) Ya, ya vienen. No corren, vuelan.

Escena VII

El CONDE, NELL, DOLLY, D. PÍO

NELL.- (Cuya voz suena lejos.) ¡Abuelo, abuelo!...

EL CONDE.- No corráis, hijas, que podéis caeros.

DOLLY.- (Suena la voz menos lejana.) Abuelo, te vimos, te vimos.

NELL.- (Cerca.) Yo fui la que primero te vi.

DOLLY.- (Más cerca.) No, que fui yo. [187]

EL CONDE.- Yo bajaría; pero este camino, lleno de zarzas, es tan quebrado que temo caerme.

NELL.- (Próxima.) No te muevas, que allá vamos.

DOLLY.- (Más próxima.) Por esta veredita, Nell.

NELL.- Por aquí. (Llegan a un tiempo las dos, sofocadas, sin aliento, junto al anciano, que las abraza y las besa.)

EL CONDE.- ¿Por qué habéis venido tan a prisa? Claro, como sois ángeles, nada os cuesta volar.

NELL.- D. Pío no quería que viniésemos.

DOLLY.- (Sujetándose el cabello, que el viento le ha soltado.) Allá sube como una tortuga el pobre viejo... ¡Qué trabajo le cuesta seguirnos!

EL CONDE.- Sentaos ya, y descansad aquí conmigo.

DOLLY.- ¿Estás ya contento?

EL CONDE.- ¿No lo ves? ¿Por qué me lo preguntas? [188]

NELL.- ¡Como esta mañana estabas de tan mal humor!... (Sorpresa del anciano.)

Sí, sí... y cuando entramos a darte los buenos días, nos asustaste.

DOLLY.- Nos dijiste: « ¡Idos; dejadme solo!»

EL CONDE.- No hagáis caso. ¡Es que Gregoria me había servido tan mal...!

DOLLY.- (Con mimo.) De veras, ¿no estás enfadado con nosotras?

EL CONDE.- Nunca. Os quiero, os idolatro.

NELL.- (Cariñosa.) Y como Gregoria y Venancio te sirvan mal, ya les ajustaremos las cuentas. ¡Vaya...!

EL CONDE.- Niñas mías, la gente pequeña, cuando se hincha de vanidad y coge debajo a los que fueron grandes, es terrible, es peor que las fieras.

D. PÍO.- (Que llega jadeante, medio muerto de fatiga, y se arroja en el suelo.) Señor Conde, saludo a usía. Como soy viejo, no puedo seguir a estas criaturas, que tienen alas de mariposa. [189]

EL CONDE.- ¡Pobre Coronado, cuánto le marean a usted! ¿Y qué tal? ¿Se han sabido la lección?

D. PÍO.- (Con suprema honradez.) Señor, ni palotada. Me lo puede creer.

EL CONDE.- ¡Habrá picaruelas...!

D. PÍO.- Como usía es tan tolerante, puedo decírselo: hacen burla de la ciencia y de mí.

EL CONDE.- ¡Qué monas! ¡Ángeles divinos! Besadme otra vez, Nell y Dolly, amables borriquitas. Vuestro D. Pío, que os consiente todas las travesuras y juega con vosotras cultivándoos en la ignorancia, demuestra ser un verdadero sabio.

NELL.- (Irónica.) Di que queremos sorprenderle, y aprendemos sin que él lo note.

DOLLY.- (Maleante.) Le hacemos rabiar un poquito para amansarle el genio, porque este

D. Pío, aquí donde le ves, tan suavecito, es un tigre.

EL CONDE.- No, hijas mías, es un cordero, un santo cordero... ¿No le veis esa cara?... Dios le hizo santo, [190] y su familia le ha hecho mártir. Yo le quiero. Seremos amigos.

D. PÍO.- (Con emoción.) Señor, usía me honra demasiado.

NELL.- (Con lástima.) ¿Y por qué es mártir D. Pío?

DOLLY.- ¿No tiene muchas hijas?

EL CONDE.- Pero no son buenas, como vosotras.

NELL.- ¡Ay, pobrecito, cuánto padecerá!

DOLLY.- (Compadecida.) Ya no volveremos a hacerle rabiar.

EL CONDE.- (Notando, por los hondos suspiros que exhala CORONADO, su disgusto de aquella conversación.) No se hable más de eso. Y ahora que nos hemos encontrado y no necesita usted estar al cuidado de las señoritas, puede irse a descansar, Sr. Coronado.

D. PÍO.- (Tímidamente.) Señor Conde, yo no puedo dejar a las señoritas, porque el Sr. Venancio me encargó mucho que no les consintiera separarse de mí; que con ellas salía y con ellas tenía que volver a casa. [191]

EL CONDE.- (Picado.) Ya que no es usted su maestro, porque ellas no aprenden, le mandan a usted que sea su pastor. Pues para pastorear este rebaño, me basto y me sobro, Sr. Coronado.

D. PÍO.- No se incomode, señor. Yo no hago más que cumplir órdenes de Venancio.

EL CONDE.- (Dominando su ira por hallarse frente a un ser débil e inofensivo.)

¿Y mis órdenes no significan nada para usted? Esa bestia mandará en su casa, pero no en mi familia.

NELL.- (Asustada.) Abuelito, por amor de Dios, no te incomodes.

DOLLY.- ¡Si D. Pío se va!... ¿Qué tiene que hacer más que lo que tú le mandes?

EL CONDE.- Ya ves cómo no lo hace, y me obligará a decirlo por segunda vez, cuando estoy acostumbrado a que a la primera se me obedezca.

NELL.- Váyase, D. Pío... Piito, lárgate.

D. PÍO.- (Levantándose perezoso.) Señor Conde, yo creí... [192]

EL CONDE.- (Impaciente, sin poder contenerse.) Pronto... Retírese usted.

D. PÍO.- (Tocando las castañuelas.) Me retiro, puesto que lo manda usía con tanto imperio... Y si me riñen allá, que me riñan... Lo que yo digo: es malo ser bueno. (Saluda y se aleja.)

Escena VIII

El CONDE, NELL, DOLLY

NELL.- Ya estamos solitos los tres.

DOLLY.- ¡Qué gusto!

EL CONDE.- Los dos, digo, los tres, porque vosotras, ¡ay!, sois dos, aunque a mí me parezcáis una.

NELL.- ¡Que parecemos una!

EL CONDE.- Lo he dicho al revés: sois una, aunque parezcáis dos... No está bien hoy mi cabeza... Quiero decir que en vosotras hay algo que sobra. [193]

DOLLY.- ¿Algo que sobra? Ahora lo entiendo menos.

NELL.- (Con agudeza.) Quiere decir el abuelo que en nosotras, en las dos, no en una sola, hay lo malo y lo bueno.

DOLLY.- Y lo malo es lo que sobra.

EL CONDE.- Y debe quitarse, arrojarse fuera.

NELL.- O será que una de nosotras es mala, y la otra buena. (Míranle atentas al rostro.)

EL CONDE.- Quizás...

NELL.- (Generosa.) En ese caso, la mala soy yo y la buena Dolly.

DOLLY.- (Correspondiendo.) No, no: la mala soy yo, que siempre estoy haciendo diabluras.

EL CONDE.- (Atormentado de una idea.) Chiquillas, acercaos más a mí; aproximad vuestros rostros para que os vea bien. (Se ponen una a cada lado, y él las abraza. Las tres cabezas resultan casi juntas.) Así, así... (Mirándolas fijamente y con profunda atención.) No veo, no veo bien... (Con desaliento.) [194] Está condenada vista se me va, se me escapa cuando más la necesito... Y por más que os miro, no hallo diferencia en vuestros semblantes.

NELL.- Dicen que nos parecemos. Pero Dolly es un poquito más morena que yo, menos blanca.

EL CONDE.- (Con gran interés.) ¿Y el cabello, lo tenéis negro las dos, muy negro, muy negro?

DOLLY.- Sí, estrepitosamente negro. El pelo castaño de mamá es más bonito.

EL CONDE.- ¡Qué ha de ser!

DOLLY.- Otra diferencia tenemos. Mi nariz es un poquitín más gruesa.

NELL.- Y mi boca más chica que la tuya.

EL CONDE.- ¿Y los dientes?

NELL.- Las dos los tenemos preciosos; no es por alabarnos. [195]

DOLLY.- Pero yo tengo este colmillo un poquito encaramado... así, como retorcido.

Toca, abuelito. (Llevándose a la boca el dedo del CONDE.)

EL CONDE.- Es verdad... colmillo retorcido.

NELL.- Otra diferencia tengo yo: un lunar en este hombro.

DOLLY.- Yo tengo dos más abajo, así de grandes.

EL CONDE.- (Preocupado.) ¿Dos?

DOLLY.- Sí, señor: dos que parecen tres.

EL CONDE.- (Soltándolas de sus brazos.) Vuestros ojos, cuando los examino con mi corta vista, me parecen igualmente bellos. Nell, hazme el favor de mirar bien el color de los ojos de tu hermana... Y tú, Dolly, fíjate bien en los de Nell. Decidme el color... justo.

NELL.- Los ojos de Dolly son negros.

DOLLY.- Los de Nell son negros; pero los míos son más. [196]

EL CONDE.- (Con interés ansioso.) ¿Más? ¿Los tuyos, Dolly, tienen acaso un viso verde?

NELL.- Me parece que sí... entre verde y azul.

DOLLY.- (Mirando de cerca los ojos de su hermana.) Lo que tienen los tuyos es rayitas doradas... Sí, sí, y también algo de verde.

EL CONDE.- Pero son negros. Los de vuestro papá, mi querido hijo, negros eran como el ala del cuervo.

NELL.- Era guapísimo nuestro papá.

EL CONDE.- (Suspirando.) ¿Os acordáis de él?

DOLLY.- ¡Pues no hemos de acordarnos!

NELL.- ¡Pobrecito, cuánto nos quería!

DOLLY.- Nos adoraba.

EL CONDE.- ¿Cuándo le visteis por última vez? [197]

NELL.- Hace... creo que dos años, cuando se fue a París. Entonces nos sacaron del colegio.

EL CONDE.- (Vivamente.) ¿Se despidió de vosotras?

DOLLY.- Sí, sí. Dijo que volvía pronto, y no volvió más. Después fue a Valencia.

NELL.- Mamá salió también para París, pero se quedó en Barcelona. No nos llevó.

DOLLY.- Al volver a Madrid estaba muy disgustada, sin duda por la ausencia de papá.

EL CONDE.- ¿Y en qué le conocíais su disgusto?

NELL.- En que se aburría, y estaba siempre en la calle. Nosotras comíamos solas. EL CONDE.- ¿Y en esa época os trajeron aquí?

DOLLY.- Sí, señor.

EL CONDE.- (Con dulzura.) Decidme otra cosa. ¿Queríais mucho a vuestro papá? [198]

NELL.- Muchísimo.

EL CONDE.- Me figuro que una de vosotras le quería menos que la otra.

LAS DOS.- (Protestando.) No, no, no... Las dos igual.

EL CONDE.- (Después de una pausa, clavando en ellas sus ojos, que poco ven.)

¿Y creéis que él quería lo mismo a entrambas?

DOLLY.- A las dos lo mismo.

EL CONDE.- ¿Estáis bien seguras?

NELL.- Segurísimas. Desde París nos escribía cartitas.

EL CONDE.- ¿A cada una por separado?

DOLLY.- No; a las dos en un solo papel, y nos decía: «Florecitas de mi alma, únicas estrellas de mi cielo...» Pero de Valencia no nos escribió nunca. [199]

NELL.- Ninguna carta recibimos de Valencia. Nosotras le escribíamos, y él no nos contestaba. (Larga pausa. El CONDE apoya la frente en sus manos, con las cuales empuña el palo, y permanece un rato en profunda meditación.)

DOLLY.- Abuelito, ¿te has dormido?

EL CONDE.- (Suspirando, alza la cabeza y se frota los ojos.) ¿Queréis que andemos un poquito?

NELL.- Sí. (Se ponen las dos en pie, le dan la mano, y le ayudan a levantarse.)

DOLLY.- ¿A dónde quieres que vayamos?

EL CONDE.- (Indiferente.) Guiad vosotras.

DOLLY.- Iremos hacia el Calvario y la gruta de Santorojo.

NELL.- No nos alejaremos mucho.

EL CONDE.- Nos alejaremos todo lo que queramos, y volveremos cuando nos dé la gana... Parece que sopla viento de turbonada... ¿Qué? ¿Se ha nublado el sol? [200]

DOLLY.- Sí, y de aquel lado vienen nubes gruesas. Lloverá.

EL CONDE.- Si llueve, que llueva, y si nos mojamos, que nos mojemos.

DOLLY.- ¿Quieres que te demos el brazo?

EL CONDE.- No, chiquillas, no quiero aprisionaros. Corred solas y con libertad...

Ya estamos en sendero franco, y pisamos la finísima alfombra del bosque sombrío.

NELL.- (A DOLLY.) ¿A qué no me coges? (Se alejan corriendo.)

EL CONDE.- (Hablando solo, desalentado.) Las facciones nada me dicen... (Animándose.) Hablarán los caracteres... Ya se clarean, ya. Nell paréceme más grave, más reposada; Dolly, más frívola y traviesa... Pero noto que cambian, permutan las cualidades de una y otra, de modo que aquélla parece ésta, y ésta, aquélla. Observemos mejor. (Las niñas juegan a cuál corre más.)

DOLLY.- (Que vuelve triunfante, casi sin respiración.) No me has cogido, no. [201]

NELL.- (Jadeante también.) Que sí... Corro yo más que tú.

DOLLY.- Nunca.

NELL.- Ayer te gané.

DOLLY.- Mentira.

NELL.- Yo digo la verdad.

DOLLY.- (Picadas las dos.) Ahora no... Es que eres tú muy orgullosa.

NELL.- Abuelo, me ha dicho que miento.

EL CONDE.- Y tú no mientes nunca; no está en tu natural la mentira.

DOLLY.- Ella me dijo ayer a mí... embustera.

EL CONDE.- ¿Y qué hiciste?

DOLLY.- Echarme a reír. [202]

NELL.- Pues yo no consiento que me digan que miento. (Lloriquea.)

EL CONDE.- ¿Lloras, Nell?

DOLLY.- (Riendo.) Tonterías, abuelo.

NELL.- Soy muy delicada. Mi dignidad por la menor cosa se ofende.

EL CONDE.- ¡Tu dignidad!

DOLLY.- Lo que tiene es envidia.

EL CONDE.- ¿De qué?

DOLLY.- (Con travesura jovial.) De que todos me quieren más a mí.

NELL.- Yo no soy envidiosa.

EL CONDE.- Vaya, Nell, no llores, pues no hay motivo para tanto. Y tú, Dolly, no te rías. ¿No ves que la has ofendido? [203]

NELL.- Siempre es así. Todo lo toma a risa.

EL CONDE.- (Para sí.) Nell tiene dignidad. Esta es la buena. (A DOLLY, con un poquito de severidad.) Dolly, te he mandado que no te rías.

DOLLY.- Es que me hace gracia.

EL CONDE.- (A NELL, acariciándola.) Tú eres noble, Nell. En ti se revela la sangre, la raza... Vaya, haced las paces.

NELL.- No quiero.

DOLLY.- Ni yo...

EL CONDE.- Esa risita, Dolly, es un poquito ordinaria.

DOLLY.- (Poniéndose seria.) Bueno. (Súbitamente se lanza a la carrera.)

EL CONDE.- (A NELL.) Estoy algo cansado. Dame el brazo.

NELL.- Dolly está sentida... Le has dicho ordinaria, y esto le llega al alma.

¡Pobrecilla! [204]

EL CONDE.- Dime, hija mía, ¿has notado otra vez en Dolly estos arranques...?

NELL.- ¿De qué?

EL CONDE.- De naturaleza ordinaria.

NELL.- No, papá... ¡Qué cosas tienes! Dolly no es ordinaria. Creo que se lo has dicho en broma. Dolly es muy buena.

EL CONDE.- ¿La quieres? NELL.- Muchísimo.

EL CONDE.- ¿Y no estás incomodada con ella porque te dijo que mentías?

NELL.- Yo no... Cosas de nosotras. Reñimos, y en seguida hacemos las paces. Dolly es un ángel: le falta sentar un poquito la cabeza. Yo la quiero; nos queremos... ¡Ya tengo unas ganas de abrazarla y decirle que me perdone!

EL CONDE.- (Con júbilo.) ¡Otro rasgo de nobleza! Nell, tú eres noble. Ven a mí...

(La abraza.) Y esa loca, ¿dónde está? [205]

NELL.- Ya viene.

DOLLY.- (Volviendo como una exhalación.) Abuelito, llueve. Me ha caído una gota de agua en la nariz.

NELL.- (Deseando coyuntura para hacer las paces.) Y a mí dos.

203

DOLLY.- Papá, ¿quieres que nos metamos en la gruta de Santorojo? Has hecho mal en no traer paraguas.

EL CONDE.- Es un chisme que no he usado nunca.

DOLLY.- ¡Ya... acostumbrado a andar siempre en coche! Pero ahora no tienes más remedio que andar a patita, como nosotras.

EL CONDE.- (Para sí.) Se burla de mí... ¡Qué innoble!

NELL.- ¡Ay, qué gotas tan gordas!

DOLLY.- ¡Menudo chaparrón nos viene encima!... Abuelito, ¿quieres que vaya a casa en cuatro brincos, y te traiga un capote de agua? [206]

EL CONDE.- No. (Para sí.) Ahora quiere desenojarme con sus zalamerías.

NELL.- Nos meteremos en la gruta. Oiremos el eco. (Dirígense por un sendero áspero, entre peñas y zarzales.)

DOLLY.- Por aquí. Yo iré delante, apartando las zarzas para que el abuelo no se pinche... ¡Ay, ay, qué pinchazo me he dado! (Chupándose la herida.)

EL CONDE.- ¿Te has hecho sangre?... Ya ves: por traviesa, por correntona.

DOLLY.- Si ha sido por abrirte camino, para que no te hicieras daño. ¡Así me lo agradeces!

EL CONDE.- Sí que te lo agradezco, tontuela.

NELL.- (Que soltando el brazo del anciano, y recogiéndose el vestido para no engancharse, se adelanta.) Dolly, da el brazo a papaíto, y tráele con cuidado.

EL CONDE.- (Dejándose guiar por DOLLY, que continúa chupándose el dedito lastimado.) Chiquilla, ¿de veras te has hecho sangre? [207]

DOLLY.- Poca cosa. La he derramado por ti. Derramaría más: toda la que tengo. EL CONDE.- (Parándose.) ¿De veras?

DOLLY.- ¡Oh, sí!... Pruébalo... ¡Si pudiera probarse...!

EL CONDE.- ¿Tanto me amas?

DOLLY.- Más de lo que crees.

EL CONDE.- ¿Me querrás más que tú hermana?

DOLLY.- No, más no. Ofendería a Nell si dijera que ella te quiere menos que yo.

Las dos somos tus nietas, y te queremos lo mismo.

EL CONDE.- (Para sí.) Pues esto es nobleza... y de la fina. ¿Resultará ésta la legítima y la otra la falsa?... ¡Dios mío, luz, luz! (Alto.) ¿Dónde está Nell?

DOLLY.- Ha dado un rodeo para no engancharse el vestido. Sabe sortear las púas. [208]

EL CONDE.- ¿Y tú?

DOLLY.- ¿Yo? Tengo la piel mechada y endurecida de tanto aguijonazo, y una encarnadura que no la merezco. Mi hermana es más delicada que yo. Por eso, cuando me has llamado ordinaria, dije para mí que tenías razón.

EL CONDE.- (Para sí, aturdido, sin saber qué pensar.) Razón... verdad... duda... problema.

NELL.- (Desde lejos, mirando hacia atrás.) Dolly, ¿por qué nos has traído por esta vereda? Es la peor.

DOLLY.- ¿Qué sabes tú...? Sigue, sigue, que a la vuelta tienes la entrada de la gruta. EL CONDE.- Llueve... Vamos a prisa.

NELL.- (Encontrando el paso fácil hacia la gruta.) Que os mojáis... Yo estoy en salvo ya.

EL CONDE.- (Para sí.) Paréceme Nell un poco egoísta... ¡Qué horrible duda, Señor!

¡Si resultará que Dolly es la buena! (Alto.) ¿Llegamos por fin? [209]

DOLLY.- Abuelo, por aquí... cuidado... Otro escaloncito, otro... (Llueve copiosamente.)

NELL.- (Guarecida en la boca de la cueva.) Os habéis mojado; yo no.

Gruta de Santorojo.

(Cavidad ancha y profunda en la fragorosa peña. Festonean su boca parietarias viciosas, raíces de árboles cercanos, helechos y plantas mil de variado follaje. El interior se compone de masas cretáceas de variado color, con formas de una arquitectura de pesadilla. Las concreciones de la bóveda son como un sueño de bizarras magnificencias, labradas en cristal, azúcar y estearina.)

EL CONDE.- (Sentándose en una piedra.) ¡Cuántas veces, niño, me he refugiado, como ahora, en esta soberbia estancia natural de Santorojo!

NELL.- ¿Y es cierto que aquí vivió y murió un ermitaño llamado Toronjillo, que hacía milagros?

EL CONDE.- Es tradición que viene labrando en la mente popular desde el siglo

XIII. Ejecutorias de la casa de Laín mencionan al santo Toronjillo, que desdc cstc balcón amansaba las olas furibundas con un gesto...

Aquí abajo, al pie de la pendiente llena de malezas, bate la mar. [210]

DOLLY.- (Asomándose.) Ya se ven de aquí los espumarajos.

EL CONDE.- ¿Y esto no te da miedo? ¡Si te cayeras...!

DOLLY.- Llegaría al mar en pedacitos así.

NELL.- (Cariñosa.) Por Dios, hermana, no te acerques al abismo.

EL CONDE.- Dolly, no hagas tonterías... Una tarde, siendo Rafael niño, quiso descender por esta escarpa... Al primer salto que dio, ya no podía bajar ni subir. ¡Qué susto pasó su madre! ¡Nos costó un trabajo subirle!

DOLLY.- ¡Qué trance!...

NELL.- De pensarlo, me da escalofríos.

DOLLY.- Dicen que nuestra abuelita era muy hermosa... (Se sientan las dos junto al CONDE.)

EL CONDE.- Sí: la figura más arrogante y noble que podríais imaginar. [211]

DOLLY.- Y que Nell se le parece mucho.

EL CONDE.- (Mirando a NELL.) No sé... no veo bien las facciones de tu hermana.

NELL.- Por el retrato que hay en casa, más se parece a Dolly que a mí.

DOLLY.- ¡Si fuera verdad! ¡Qué gusto parecerme a una señora tan santa y tan... bonita! Abuelo, mírame bien, y haz memoria.

EL CONDE.- Díme que haga vista.

DOLLY.- ¿Me parezco?

EL CONDE.- (Confuso, mirándola de cerca.) No sé... No veo...

NELL.- (Que se ha levantado para sentarse en mejor sitio, junto a la roca.) Eso no puede decirlo más que el abuelo.

DOLLY.- Eso no puede decirlo más que el abuelo.

EL CONDE.- (Sobrecogido por la igualdad del timbre de las voces.) ¿Quién habla? [212]

LAS DOS.- Yo.

EL ECO.- (Repitiendo la voz de NELL.) Yo.

EL CONDE.- Ese yo me ha sonado como si lo pronunciara mi pobre Adelaida, vuestra abuela.

NELL.- (Riendo.) Es el eco, papá. (Gritando.) Conde de Albrit, soy yo.

DOLLY.- (Que corre junto a su hermana y grita.) Soy yo... yo... (El eco repite la voz de entrambas.)

EL CONDE.- (Tembloroso, y profundamente excitado.) Venid aquí... No os apartéis de mi lado... No hagáis hablar al eco... Me asusta.

DOLLY.- ¿De veras?

NELL.- No creas, a mí también me asusta un poquitín.

EL CONDE.- (Para sí.) ¡Confusión horrible!... «Soy yo», dice la Naturaleza... ¿Y quién eres tú?... (Reflexionando.) ¿Será Nell la mala?... ¿Será Dolly? (Se clava los dedos en el cráneo, y permanece un rato en actitud de meditación o somnolencia. Un trueno retumba, con formidable sucesión de sonidos pavorosos.) [213]

DOLLY.- ¡Jesús, qué miedo!

NELL.- ¡María Santísima!

EL CONDE.- (Vivamente, creyendo hallar un dato.) ¿Cuál de las dos se asusta de los truenos?

NELL.- Yo.

DOLLY.- Y yo... pero me hago la valiente. No me rinde un poco de ruido.

EL CONDE.- (Para sí.) Carácter entero.

NELL.- Yo no finjo, yo no disimulo la falta de valor. Digo lo que siento. Cualidad de la familia, como decía papá.

EL CONDE.- Es cierto... Ven acá, que yo te bese.

DOLLY.- ¿Y a mí no?

EL CONDE.- También a ti. (Las besa y abraza.) [214]

NELL.- (Con efusión.) Abuelo del alma, las niñas de Albrit te adoran.

EL CONDE.- (Asustado.) Por Dios, no gritéis, no hagáis hablar al eco... Me espanta... no lo puedo remediar.

DOLLY.- ¿Y los truenos no te impresionan? (Retumba otro.)

EL CONDE.- Los truenos, no; el eco, sí. La tempestad corre hacia el Este.

NELL.- Hay una clara. ¿Quieres que nos vayamos?

EL CONDE.- (Levantándose.) Sí... La gruta me confunde más de lo que estoy... Estas rocas son mi propio cerebro... Siento el eco aquí, como si mis ideas hablasen solas.

DOLLY.- Ahora no llueve. Aprovechemos está clara, y vámonos. En cinco minutos llegaremos a las primeras casas; y si el aguacero se repite, nos metemos en la casucha de la tía Marqueza.

NELL.- Bien pensado. Y con cualquiera de los chicos mandamos un recado a la Pardina.

EL CONDE.- Sí, vamos... Llevadme. (Salen de la gruta.)

Escena IX

Casa pobre de campo, de un solo piso, de una sola puerta, con dos ventanuchos tuertos. Sale humo en bocanadas por entre las tejas musgosas, que en sus junturas y en las jorobas del caballete ostentan un jardín botánico en miniatura, colección lindísima de criptógamas y plantas parásitas. Junto a la casa, un huerto mal cercado de pedruscos, con un albérchigo desgarbado, un madroño copudo, varios girasoles con sus caras amarillas, atónitos ante la lumbre del sol, y unas cuantas coles agujereadas por los gusanos. La fauna consiste en un cerdo libre, que hociquea en el charco formado por la lluvia; dos patos, gallinas, y todos los caracoles y babosas que se quieran poner. Las moscas, huyendo de la lluvia, han querido refugiarse en el interior de la casa, y como el humo las expulsa, voltejean en la puerta sin saber si entrar o salir.

Agréganse a la fauna niño y niña, descalzos y con la menor ropa posible, y una vieja corpulentísima, mujer de excepcional naturaleza, nacida para poblar el mundo de gastadores, y que por su musculatura, en cierto modo grandioso, parece prima hermana de la Sibila de Cumas, obra de Miguel Ángel.

La MARQUEZA, el CONDE, NELL y DOLLY; los dos NIÑOS

LA MARQUEZA.- Mira, Gilillo, ¿no es aquél el señor Conde con sus nenas?

NIÑO.- Sí que son... madre, ellos... Cá vienen. [216]

LA MARQUEZA.- (Adelantándose a recibirles.) Señor mi Conde, Dios le guarde.

¡Quién pensara verle más!... ¿Quiere descansar?

NELL.- Sí: descansaremos un rato.

DOLLY.- No llueve. Madre Marqueza, sáquenos el banquito.

EL CONDE.- (Muy complacido, mientras la anciana le besa la mano.) Gracias, mujer... ¿Era tu marido Zacarías Márquez?

LA MARQUEZA.- ¡Ay, señor... no me haga llorar recordándomelo!... Hace dos meses que me le quitó Dios...

EL CONDE.- Era más viejo que yo, mucho más. Buen hombre, recio como ninguno para el trabajo, y honrado a carta cabal.

LA MARQUEZA.- Vea, señor, a qué pobreza hemos llegado desde el tiempo de usía...

Entonces teníamos hacienda, ganado, y Zacarías traía napoleones a casa.

EL CONDE.- ¡Ay!, desde aquel tiempo ha dado muchas vueltas y sacudidas el mundo, y se han caído [217] algunas torres. Otros conozco yo que eran más ricos que tú, mucho más, y ahora son pobres, más pobres que tú... Y tus hijos, ¿qué ha sido de ellos? Yo recuerdo unos mocetones como castillos.

LA MARQUEZA.- En la América están dos... Dicen que ricachones. Los demás se han muerto. Para mí, muertos todos... Pasó la nube, señor, y se llevó lo bueno, dejándome a mí para rociarlo con mis lágrimas. Estas criaturas son de mi hija, la Facunda, que enviudó por San Roque, y en las minas trabaja como una mula. Vivimos en miseria. Dispénseme, señor mi Conde; pero no tengo nada que ofrecerle.

EL CONDE.- Gracias. Yo tampoco puedo darte más que palabras tristes... el tesoro del pobre. Estamos iguales.

NELL.- Marqueza, yo te voy a traer ropita para tus nietas.

DOLLY.- Y yo los cuartitos que tengo ahorrados, para que tú les compres lo que quieras. (Se van a jugar con los chicos junto a unos troncos.)

LA MARQUEZA.- Bendígalas Dios... ¡Qué par de pimpollos tiene aquí el buen Conde! Da gloria verlas tan re guapas, tan bien apañaditas... ¡Ay, qué vieja [218] soy, y cuánto he visto en este mundo! El día en que nació el señor Condesito Rafael, padre de estas nenas, estábamos mi hermana y yo en la Pardina. Las dos le planchábamos a la señora Condesa. Usía no se acordará...

EL CONDE.- Mi memoria flaquea. ¿Y tú te acuerdas de mi hijo?

LA MARQUEZA.- Como si lo tuviera delante. Ya sé que está gozando de Dios.

EL CONDE.- Dime una cosa: ¿se parecen a él mis nietas?

LA MARQUEZA.- (Mirándolas detenidamente.) Se parece la señorita Nela. Es la misma cara.

EL CONDE.- ¿Y su hermana?

LA MARQUEZA.- La señorita Dola no... Digo, sí, también tiene la pinta; pero cuando se ríe, nada más que cuando se ríe.

EL CONDE.- (Secamente.) Rafael era muy serio...

LA MARQUEZA.- ¡Y qué galán! Tan caballero y respetoso que toda Jerusa se quitaba el sombrero cuando pasaba, [219] y hasta la torre de la iglesia parecía como si le hiciera la reverencia.

EL CONDE.- (Que mira y no ve, impaciente.) Dime, Marqueza, ¿qué hacen ahora las niñas? Oigo sus risotadas; pero no las veo.

LA MARQUEZA.- Juegan con mis chicos... ¡Qué bonitas son, y qué afables con el pobre! La señorita Nela quiere bailar con mi Narda, y la señorita Dola y mi Gil están ahora cogiendo moras. Las niñas de la Pardina llevan la alegría por donde quiera que van. ¡Ay, si el señor las hubiera visto aquí, esta primavera, cuando venían a pintar...!

EL CONDE.- (Sorprendido.) ¡A pintar!... ¿Acaso mis nietas son pintoras?

LA MARQUEZA.- Anda, anda... ¿Pues no sabe...? Si pintan como los serafines. Pues en un librote grande retrataron toda esta casa, y a mí misma... y hasta el guarro, con perdón, hasta el guarro, tan parecido, que era él en persona.

EL CONDE.- (Excitadísimo, llamando.) Nell, Nell... Ven acá, hija... (Se acerca.)

Oye lo que dice la Marqueza... (Ésta repite lo del guarro.)

NELL.- Yo, no. Es Dolly la que dibuja y hace acuarelitas... [220]

EL CONDE.- (Llamando.) Dolly... ven... ¿Es verdad esto, Dolly?... (Acércase ésta, sofocada.) ¡Qué callado te lo tenías! ¡Tú pintora!

DOLLY.- (Con modestia.) Me dio por hacer monigotes. Aquí veníamos algunas mañanas, por ser éste el sitio más bonito de los alrededores de Jerusa.

NELL.- (Que quiere congraciarse con

DOLLY.) Tiene un álbum lleno de apuntes preciosos.

DOLLY.- No valen nada, abuelito.

NELL.- Di que sí. Pinta y dibuja... ¡Si tuviera fundamento, qué preciosidades haría! DOLLY.- Quita, quita.

EL CONDE.- (Con profundo interés.) ¿Quién te ha dado lecciones?

DOLLY.- Nadie: lo que sé lo he aprendido yo solita, mirando las cosas. Me gusta, eso sí, y cuando me pongo a ello no sé acabar.

LA MARQUEZA.- Unos señores que vinieron acá una tarde... eran de Madrid, y traían unas cajas con trebejos [221] y cartuchitos de pintura... vieron lo que hacía la señorita Dola, y se pasmaron...

DOLLY.- (Ruborizada.) No hagas caso, papá.

NELL.- Y dijeron que esta chica, si estudiara, sería una gran artista... sí que lo dijeron. No vengas ahora con farsas.

EL CONDE.- (Con gran agitación, que procura disimular.) ¡Eres pintora, Dolly... y te avergüenzas de serlo! Dime, ¿sientes una afición honda, un gusto intenso de la pintura? ¿Te sale del fondo del alma el anhelo de reproducir lo que ves? ¿Ayudante los ojos y la mano, y encuentras facilidad para dar satisfacción a tus deseos?

DOLLY.- Facilidad, sí... digo, no... Me gusta... Quiero, y a veces no puedo...

EL CONDE.- ¿Y hace tiempo que sientes en ti ese ardor, esa fiebre del arte, don concedido a la criatura desde el nacer, que no se aprende, que se trae del otro mundo, de...?

DOLLY.- Me entró la afición... qué sé yo cuándo.

NELL.- Desde niña hacía garabatos... [222]

EL CONDE.- Ya me acuerdo. Cinco años tenías, y me quitabas todos los lápices. LA MARQUEZA.- ¡Ángel de Dios!

EL CONDE.- Y tú, Nell, ¿no dibujas?

NELL.- ¡Soy más torpe...! No sirvo... no acierto. Me aburro.

EL CONDE.- (Con viveza.) ¡Tú eres pintora, Dolly, tú... tú...! ¡Y te avergüenzas!...

Bueno, hijas, seguid jugando. Dejad aquí a los viejos que hablemos de cosas tristes. (NELL y DOLLY se alejan y continúan su juego.)

LA MARQUEZA.- ¡Qué par de serafines! Ya puede el señor estar contento. (El CONDE no contesta. Mirando al suelo se sumerge en profunda abstracción.) ¿Qué tiene, mi señor, que está tan triste?

EL CONDE.- (Como quien vuelve de un letargo.) ¡Ay, Marqueza, qué malo es vivir mucho!

LA MARQUEZA.- Lleva razón. Mientras más se vive, más cosas malas se ven. Digo yo, gran señor, que los niños de pecho ya saben lo que hacen al morirse. [223]

EL CONDE.- (Con tristeza.) ¡Y otros ¡ay!, qué bien harían en no nacer!... Porque después de nacidos y crecidos, ya no hay remedio...

LA MARQUEZA.- ¿Y los viejos, qué tenemos que hacer aquí?

EL CONDE.- Por algo estamos cuando estamos.

LA MARQUEZA.- Es verdad: somos troncos, que servimos para que las plantas tiernas se agarren y vivan.

EL CONDE.- Tú eres útil, Marqueza. Hoy me has hecho un gran servicio.

LA MARQUEZA.- ¿Yo? (Pausa larga.

El CONDE vuelve a quedarse abstraído, cual si su espíritu se sumergiera en abismos profundos.) Señor... ¿qué le pasa que no habla?

EL CONDE.- (Después de otra pausa.) Has sido la sibila que me ha revelado lo que yo quería saber. Dios me trajo a tu choza.

LA MARQUEZA.- (Confusa.) ¿Qué dice que soy?

EL CONDE.- Mis horribles dudas, gracias a ti, se han trocado en triste certidumbre... [224]

LA MARQUEZA.- (Creyendo fundado lo que se dice del desorden mental del

SEÑOR DE JERUSA.) ¿Quiere que le dé un vasito de vino? Lo tengo blanco y bueno.

EL CONDE.- No, gracias.

LA MARQUEZA.- Lo que tiene mi Conde es debilidad.

EL CONDE.- Es tristeza, y mi tristeza no se disipa bebiendo. Es muy honda. A veces el descubrimiento de la verdad nos amarga la existencia más que la duda. No sé cuál es más terrible monstruo, si la madre o la hija, si la duda o la verdad...

LA MARQUEZA.- (Con espontánea filosofía, por decir algo.) No se caliente la cabeza, señor... porque, ¿de cavilar, qué sacamos? El cuento de que las mentiras son verdades y las verdades mentiras. Todo es dudar, gran señor... Vivimos dudando, y dudando caemos en el hoyo.

EL CONDE.- (Con ingenua indecisión.) ¿Y qué debo hacer yo?

LA MARQUEZA.- Pues dude siempre el buen padre, y hártese de dudar y de vivir... tomando las cosas como vienen, y vienen siempre dudosas. [225]

EL CONDE.- Eres la sibila de la duda. Te agradezco tu filosofía. No sé si podré seguirla.

NELL.- (Corriendo hacia el anciano.) Abuelo, vienen a buscarnos.

EL CONDE.- Sí, es Venancio; oigo su rebuzno. (Aparecen VENANCIO y un MOZO por entre un grupo de castaños.)

Escena X

Los mismos; VENANCIO y un MOZO con paraguas y capotes.

VENANCIO.- Locos buscándole, señor Conde... En cuanto vi venir el nublado, salimos... Mira por aquí, mira por allá. Nos dicen que en el bosque... nos dicen que en la playa, nos dicen que en la gruta.

EL CONDE.- Es muy de agradecer tu solicitud. Nos hemos mojado poco. Las chiquillas, tan contentas.

VENANCIO.- A casa. La humedad no es buena para usía. Lo ha dicho el médico. [226]

EL CONDE.- (Con humorismo.) Pues si lo ha dicho el médico... boca abajo. Vamos a donde quieras. Tú mandas, Venancio.

VENANCIO.- Yo no mando, señor.

EL CONDE.- (Levantándose.) Que sí. Eres el amo, y aquí estamos todos para obedecerte.

DOLLY.- (Displicente.) No necesitamos de tu oficiosidad, Venancio. Nada nos pasa, y sabemos volver a casa.

EL CONDE.- (Chancero.) Ya lo ves... Te riñe esta mocosa. Chiquilla, no: hay que respetar las jerarquías... Vaya, pongámonos en marcha, conforme al deseo del señor de la Pardina... Yo te digo, Venancio, que hoy has sido muy previsor... No, no quiero capote. Supongo que será tuyo... Póntelo tú.

NELL.- (Dando el brazo a su abuelo.) Yo contigo.

EL CONDE.- Sí... y vayan delante Venancio y la pintora. Adelantaos todo lo que queráis. Esta y yo no tenemos prisa, ni hemos de perdernos. Adiós, Marqueza. Que prosperes... que vivas muchos años.

LA MARQUEZA.- (Despidiéndoles afectuosa.) Vayan con Dios... Señorita Nela, señorita Dola, la Virgen las acompañe. [227]

Escena XI

Comedor en la Pardina.

El CONDE, NELL, DOLLY, el CURA, el MÉDICO, sentados a la mesa; VENANCIO y GREGORIA, que les sirven.

La cena toca a su fin. El CONDE, en el sitial, a la cabecera de la mesa, tiene a su derecha a NELL; enfrente el CURA, teniendo a su derecha a DOLLY. Entre las dos parejas, el MÉDICO.

EL CONDE.- ¿Qué secretos son ésos, pastor Curiambro? Toda la noche picoteando con Dolly.

EL CURA.- (Riendo.) ¡Ah!, son cosas nuestras. La señorita Dolly es muy simpática y ocurrente. Yo celebro infinito que el señor D. Rodrigo haya alterado esta noche la colocación de costumbre, y me haya cedido a una de sus nietas...

EL CONDE.- Por variar. Cuando están las dos a mi lado, me aturden.

EL CURA.- A mí esta me encanta... ¡Qué pico, qué sal!

DOLLY.- Como está tan desganadito, no sé cuántas cosas tengo que decirle para hacerle comer. [228]

EL CURA.- (Riendo.) ¡Si es ella la que no come, y tengo que partirle la comida en pedacitos, y dárselos envueltos en un poco de sermón para que no me desaire!

DOLLY.- Yo me como el sermón y él los pedacitos. Cada uno lo que más le aprovecha.

EL CURA.- (Riendo más fuerte.) ¿Te gustan mis sermones?

DOLLY.- Sí, padre; quiero enflaquecer. (Todos ríen.)

EL CONDE.- (Deseando volver a un tema interrumpido.) Cuando acabes de reír las gracias de Dolly, continuaremos lo que hablábamos de los monjes de Zaratán, y del Prior...

EL CURA.- (Tragando a prisa para poder hablar.) ¡Ah! sí... ahora voy...

EL CONDE.- (Al MÉDICO.) ¿Decís que el Prior desea verme?

EL MÉDICO.- Sí, señor... quieren ofrecer sus respetos a D. Rodrigo de Arista- Potestad, cuyos antecesores fundaron aquel insigne Monasterio. [229]

EL CONDE.- Y lo dotaron espléndidamente. Después vinieron años malos, la exclaustración. Siendo yo niño vi frailes en Zaratán. Desde aquel tiempo hasta hace poco ha permanecido el edificio como un panteón en ruinas.

EL CURA.- Hasta que el Conde de Laín, Diputado por Durante, gestionó que se incluyera una partida para restauración, y que volvieran los monjes...

EL MÉDICO.- No ha tenido poca parte en la resurrección del Monasterio el actual Prior, hombre de gran virtud, de una actividad asombrosa, conocedor del mundo...

EL CURA.- Como que es de la escuela romana... hombre de mucha sociedad, instruidísimo. Treinta y tantos años ha estado en las oficinas De Propaganda Fide.

EL CONDE.- ¿Y cómo se llama ese sujeto?

EL MÉDICO.- Padre Baldomero Maroto...

EL CONDE.- (Festivo.) Baldomero... Maroto... Pues debiera llamarse con más propiedad. El abrazo de Vergara. [230]

EL CURA.- Eso dice él... y se ríe... Su nombre y apellido no carecen de simbolismo, porque el hombre es el puro espíritu de la conciliación...

EL MÉDICO.- Enlace entre las ideas que pasaron y las vigentes, siempre dentro del dogma...

EL CURA.- (Con énfasis en el elogio.) Y por su trato se diría que ha pasado la vida entre aristócratas... ¡Qué finura, qué tacto y delicadeza en la conversación!

EL MÉDICO.- He oído decir que procede de una gran familia.

EL CONDE.- ¿Es navarro quizás?

EL CURA.- No, señor; malagueño... Es punto muy fuerte en heráldica, y cuando se pone a hablar de linajes no acaba. Conoce el Becerro como nadie.

EL CONDE.- ¡Ah!... pues sí, me gustaría charlar con él.

NELL.- (Bajito, al CONDE.) Abuelito, ¿qué Becerro es ese?

EL CONDE.- Un libro... ya te lo explicaré. [231]

DOLLY.- (Por lo bajo al CURA.) Don Carmelo, ¿qué es el Becerro?

EL CURA.- Ya te lo diré.

NELL.- (A DOLLY.) Un libro. Debe de ser como un Diccionario.

EL CURA.- (Encomiástico.) ¡Ah!, lo que tiene usted que ver,

Sr. D. Rodrigo, es el monasterio.

EL MÉDICO.- Han hecho maravillas, en el año y medio escaso que llevan en él.

EL CONDE.- Yo lo he conocido habitado por los lagartos.

EL MÉDICO.- Pues ahora... ¡qué amplitud, qué comodidad! Luz y ambiente por los cuatro costados. No hay en toda la provincia lugar más higiénico.

EL CONDE.- ¿De veras...?

EL CURA.- Resguardado de los vientos del Norte por el monte de Verola, disfruta de un temple meridional. [232]

EL MÉDICO.- Y la huerta, que propiamente es un extenso parque, rodeado de tapias, mide ochenta hectáreas.

EL CURA.- (Hiperbólico.) ¡Oh!, allí verá usted toda clase de cultivos, desde el naranjo al almendro.

EL MÉDICO.- Son agrónomos de primera... Además, tienen vacas holandesas, faisanes, un palomar con más de quinientos pares, gallinas de famosas razas, colmenas... estanques con riquísimas carpas... y qué sé yo...

EL CONDE.- (Con donaire.) Convengamos, amigos míos, en que esos pobres frailecitos se dan una vida de perros.

EL MÉDICO.- Ellos trabajan infatigables, eso sí, de sol a sol. Por la vida común, por la igualdad en el disfrute de los dones de la tierra, por el orden y la división del trabajo, vemos en el instituto religioso de Zaratán como un esquema de las futuras organizaciones sociológicas...

EL CURA.- ¡Ah, ya te lo diré yo...! (Arde en ganas de definir el verdadero papel de la Iglesia en la vida social; pero no conviniéndole abandonar el asunto que en aquel momento se trata, aplaza discretamente el punto evangélico-sociológico. NELL y DOLLY atienden con toda su alma, sin chistar, a la conversación de los mayores.) [233]

DOLLY.- (Muy bajito.) D. Carmelo, ¿qué es esquema?

EL CURA.- Es... (Con desdén.) Cosas de estos sabios... nada.

(Las dos niñas, de un lado a otro de la mesa, con visajes y alguna palabra suelta, se entienden, y comentan lo que oyen.)

EL CONDE.- Hermoso será sin duda.

EL CURA.- De mí sé decir que siempre que voy a Zaratán me dan ganas de ponerme la cogulla y quedarme allí.

EL CONDE.- ¿Por qué no te quedas? Te convendría, créeme, entablar relaciones con el azadón.

EL CURA.- (Suspirando.) ¡Oh!, sí... Pero no soy libre. Pertenezco a mis feligreses.

Usted sí, Sr. D. Rodrigo; usted sí que debería ser el Carlos V de ese Yuste.

EL CONDE.- (Vagamente, sin mirarles.) No es mala idea...

EL MÉDICO.- (Pensando que no es pertinente manifestar el deseo ni menos el propósito de llevarle a Zaratán.) El señor Conde no gustará quizás del excesivo regalo y confort que allí tendría. [234]

EL CURA.- Seguramente no. Los monjes le tratarán con demasiado mimo, y el mimo y los agasajos excesivos pugnan con el carácter rudo y llanote del Conde de Albrit.

EL CONDE.- Según y conforme, amigos míos. (Con sutil malicia.) Antes de resolver nada en este delicado punto, la primera persona con quien debo consultar es Venancio, a quien debo generosa hospitalidad... Venancio, acércate. ¿Has oído? Sí, tú todo lo oyes. ¿Qué te parece? ¿Debo ir a Zaratán?

VENANCIO.- (Oportunamente aleccionado por el MÉDICO y el CURA, contesta todo lo contrario de lo que tan ardiente desea.) Señor, en ninguna parte está usía como en su casa.

EL CONDE.- (Con finísima marrullería.) Ya veis... ¡Cómo he de desairar yo a este hombre tan bueno para mí... que me hace la limosna con cristiana delicadeza!... ¡Ea!, hablemos de otra cosa.

EL CURA.- (Contrariado de que el CONDE desvíe tan bruscamente la conversación.) Pero esto no es óbice para que el señor Conde reciba al Prior...

EL MÉDICO.- Ni para que le pague la visita. Iremos todos. Yo quiero que se haga cargo de la organización admirable de Zaratán. [235]

NELL.- (Gozosa.) ¿Iremos, abuelito?

DOLLY.- D. Carmelo... ¿iremos nosotras?

EL CONDE.- (Impaciente por pasar a otro asunto.) Veremos esa maravilla... Gregoria. (Adelántase GREGORIA.) Ven acá, mujer... Quiero felicitarte delante de todos por la excelente cena que nos has dado. Sin necesidad de que yo te lo advirtiera, te has esmerado esta noche, porque tenemos dos buenos amigos a nuestra mesa. Así me gusta. El régimen de sobriedad y economía se guarda, naturalmente, para cuando estamos solos las niñas y yo.

GREGORIA.- (Azorada.) Señor...

EL CONDE.- (Envolviendo su sátira en formas exquisitas.) Yo alabo tu arreglo, y me parece muy bien que, cuando como solo con éstas, no se conozca que eres buena cocinera, ni que tu despensa está bien surtida, ni que posees vajilla elegante y manteles limpios. Decidido a dejarme educar por vosotros en la sordidez y en la miseria, que tan bien cuadran a este tristísimo fin de mi vida, os daría la satisfacción, si lo quisierais, de comer con vosotros en la cocina... (Mutismo enojoso de GREGORIA y VENANCIO. Este traga saliva muy amarga. El CURA y el MÉDICO no saben qué decir.) Yo te felicito una y otra vez, porque distingues, con claro talento, entre mi persona [236] humilde y la de mis amigos. Nos debemos a la sociedad. (GREGORIA recoge las migajas y el servicio del postre sin decir una palabra. La procesión va por dentro. VENANCIO se retira.) Y estoy bien seguro, porque te conozco, de que el café de esta noche será excelente, como tú sabes hacerlo cuando no estamos en familia, en la santa llaneza a que os obligan vuestros escasos recursos...

GREGORIA.- (Tragándose la ira.) El Sr. Angulo toma té, ¿verdad?

EL MÉDICO.- Sí: el café me desvela.

EL CURA.- A mí, no: venga café.

DOLLY.- Lo serviremos nosotras.

NELL.- (Levantándose.) Ponlo en aquella mesita.

GREGORIA.- (Poniendo el servicio donde se le indica.) Aquí está. (El CURA saca su petaca, y da un cigarro al CONDE. Ambos encienden. El MÉDICO no fuma.)

EL CONDE.- Chiquillas, servidnos ya.

NELL.- (Vivamente.) Yo le sirvo al abuelo. [237]

DOLLY.- Le sirvo yo.

NELL.- Yo...

DOLLY.- A mí me corresponde.

NELL.- ¿A ti, por qué?

DOLLY.- Porque no me senté a su lado. De algún modo se ha de compensar...

NELL.- No me conformo. (Disputan con cierto calor sobre cuál servirá al abuelo.)

EL CURA.- Vaya, no reñir, niñas. ¿Qué más da?

DOLLY.- (Testaruda.) Sí da.

EL MÉDICO.- Pues que lo eche a la suerte.

NELL.- Eso es: dos pajitas. [238]

EL CURA.- Vaya... A la suerte. (Coge rabillos de guindas que han quedado en la mesa.) Una pajita grande y otra chica. (Las prepara y las da al CONDE.) En manos del león de Albrit está la suerte.

EL CONDE.- Sea. Chiquillas, venid, y aquí tenéis la solución de vuestro destino.

(Van las niñas, y de los dedos del abuelo cada una saca un palito.)

NELL.- (Con alegría.) Yo gané. (Muestra la pajita grande.)

DOLLY.- (Retirándose corrida.) Ha habido trampa.

NELL.- ¿Qué?

DOLLY.- (Con ligereza, sin saber lo que dice.) El abuelo ha hecho trampa.

EL CONDE.- ¡Que yo hago trampas!

DOLLY.- Porque no me quiere.

EL CONDE.- (Meditabundo, hablando solo.) ¡Qué innoble! No hay duda, es la falsa, la mala, la intrusa. (Las niñas llenan las tazas.) [239]

EL CURA.- ¡Si os quiere a las dos! Dolly, no te enfades.

DOLLY.- Yo no me enfado. (Se ríe.)

EL CONDE.- (Para sí.) ¡Se ríe... qué descarada... después de ofenderme!

NELL.- (Llevando al abuelo su taza.) Abuelo... ahí lo tienes como te gusta, amarguito.

EL CURA.- Dolly me sirve a mí. Ya sabes: pónmelo dulzacho.

DOLLY.- Ahí va. Ahora el té para el doctor.

EL CONDE.- (Para sí.) ¡Y aún se ríe!... Carece de delicadeza... No le hacen mella los desaires. Epidermis moral muy gruesa... extracción villana. (Alto.) ¿Qué tal os sirve la pintora?

EL CURA.- Divinamente.

EL CONDE.- Siempre juguetona y atropellada. [240]

EL MÉDICO.- Señor Conde, un poquito de ron. (Ofreciéndole de una botella que acaba de traer GREGORIA.) Es riquísimo; le probará bien.

EL CONDE.- No me sienta bien los alcoholes. Pero si te empeñas... Y parece muy bueno. (Catándolo.) ¡Qué guardadito lo tenías, Gregoria! Así se hace: estas cosas ricas para las ocasiones.

EL CURA.- (Después de servirse ron.) Ahora, chicuelas, un poquito para vosotras.

NELL.- (Retirando su copa.) No, no... ¡Qué asco!

DOLLY.- Yo, sí... póngame media copa, D. Carmelo.

EL CURA.- (Riendo.) Te emborrachas unas miajas, y a la camita.

EL CONDE.- (Para sí, mirándola beber.) ¡También eso!... ¡Qué ordinaria! ¡Buena diferencia de esta mía, que en todo revela su origen noble!... (Bebe de un trago, y al instante siente desvanecimiento en su cabeza.)

EL MÉDICO.- (Observando que cierra los ojos, y articula palabras ininteligibles.) ¿Qué... qué es eso? [241]

EL CONDE.- Nada... se me va un poco la cabeza... Ya te dije... los alcohólicos... (Se confunden sus ideas; aléjase la realidad; ve a los comensales y a sus nietas como sombras esfuminadas, y oye sus voces como un murmullo distante de hojas secas que arrastra el viento.)

EL CURA.- Parece que se aletarga.

EL MÉDICO.- (Sacudiéndole suavemente el brazo.) Sr. D. Rodrigo...

NELL.- Está fatigado. (Llamándole.) ¡Abuelito!

EL CONDE.- (Volviendo en sí, y pasándose la mano por los ojos.) Lo he soñado.

DOLLY.- ¡Pero si no has tenido tiempo de soñar nada! Ha sido un instante.

EL MÉDICO.- Medio minuto.

EL CONDE.- (Mirando detenidamente a todos.) Lo he soñado... ¡Qué imitación tan perfecta de la realidad!

DOLLY.- (Asustada.) ¿Qué dices? [241]

EL CONDE.- Le he visto.... como ahora te veo a ti.

NELL.- ¿A quién?

EL CONDE.- A tu padre... Entró por aquella puerta. No le veíais, yo sí... Acercose a la mesa, y se sentó junto a Dolly... sin decir nada... A mí sólo miraba. (Vuelve a pasarse la mano por los ojos. DOLLY, medrosa, no acierta a pronunciar palabra alguna. VENANCIO y GREGORIA espían desde la puerta.)

NELL.- (Abrazándole.) Papaíto, debes retirarte... Estás rendido.

EL CURA.- Sí, sí: a la cama.

EL MÉDICO.- Vamos. (Dispuesto a llevársele, le coge del brazo.) Sr. D. Rodrigo, a dormir.

EL CONDE.- (Levantándose con dificultad, ayudado de NELL y de ANGULO.) No tengo sueño ya... Pero, pues tú lo quieres, Nell, vamos... Tú mandas, hija mía...

NELL.- Señores, mi abuelito les pide permiso para retirarse.

EL CURA.- Sin cumplidos... ¡No faltaba más! [243]

EL MÉDICO.- (Viendo que el CONDE suelta su brazo.) ¿No quiere que le acompañe a su dormitorio?

EL CONDE.- No es preciso. Gracias, querido Salvador. Estoy bien... muy bien.

Carmelo, buenas noches.

DOLLY.- (Despidiéndose del CURA y del MÉDICO.) Buenas noches. (Va tras de su abuelo, que, apoyado en NELL, avanza lentamente hacia la puerta.)

EL CONDE.- (Volviéndose hacia ella bruscamente.) No vengas. (Con displicencia.) Acompaña a estos señores. Aprende a ser cortés. (Pausa.)

(Retíranse despacio el CONDE y NELL. DOLLY vuelve al centro de la estancia, se sienta, apoya en la mesa los codos, la cara en las palmas de las manos.)

EL CURA.- ¿Qué tienes, chiquilla?

EL MÉDICO.- También la marea el ron.

DOLLY.- (Sollozando.) El... abuelo... no me quiere.

Escena XII

Dormitorio del CONDE. Es de noche. Una lamparilla de aceite, puesta en una rinconera, alumbra la estancia; la luz es chiquita, tímida, llorona, un punto de claridad que vagamente dibuja y pinta de tristeza los muebles viejos, [244] las luengas y lúgubres cortinas del lecho y del balcón. Profundo silencio, que permite oír el mugido lejano del mar como los fabordones de un órgano. El viento, a ratos, gime, rascándose en los ángulos robustos de la casa.

El CONDE, solo. (Después de un sueño breve y profundo, se viste precipitadamente, y se sienta en el borde de la cama.) Bien despierto estoy, no puedo dudarlo... En vela, paréceme que duermo; dormido, veo y toco la realidad. ¿Qué es esto? Tan cierto como esa es luz, yo vi a Rafael entrar en el comedor, acercarse a la pequeña y... La primera vez no hizo más que mirarme... movimiento, ninguno: no tenía brazos.

La segunda vez, Rafael tenía brazo derecho y mano... nada más que un brazo y una mano. No sé qué arma era la que llevaba. Sólo sé que así, así.... de un golpe, mató a Dolly. La pobre niña no dijo ¡ay! Murió calladita y risueña... como un ángel, cumpliendo la ley del destino, que ordena que las hijas paguen las culpas de las madres... (Tratando de despejarse, da algunos pasos.) Sueño ha sido; mas no debemos despreciar los sueños como obra caprichosa de los sentidos, ni creer que éstos, al dormirnos, se sueltan, se embriagan, se dan a la imitación burlesca y desenfrenada de los actos normales dictados por el juicio... No, no son los sueños un Carnaval en nuestro cerebro. Es que... bien claro lo veo ahora... es que el mundo espiritual, invisible, que en derredor nuestro vive y se extiende, posee la razón y la verdad, y por medio de imágenes, por medio de proyecciones de lo de allá sobre lo de [245] acá, nos enseña, nos advierte lo que debemos hacer... (Se pasea vacilante, sin guardar la línea recta en sus idas y venidas.) ¡Cómo suena esta noche la mar! ¡Y yo, durmiendo, creía que ese bum-bum eran mis ronquidos! ¡Y es el mar el que ronca! (Detiénese a escuchar.) ¡Qué silencio en la casa! Todos duermen: las niñas también, ignorantes de que urge expulsar a la intrusa. Ley de justicia es. No he inventado yo el honor, no he inventado la verdad.

De Dios viene todo eso; de Dios viene también la muerte, fácil solución de los conflictos graves. Tiene razón Laín: el que usurpa, debe morir, debe ser separado... Rafael y yo separamos, apartamos lo que por fraude se ha introducido en el santuario de nuestra familia. (Coge maquinalmente su palo, por costumbre de andar con él.) Esto es más claro que la luz. Siempre lo has dicho, Albrit; siempre lo has dicho. La causa de que las sociedades estén tan podridas, la causa de que todo se desmorone es la bastardía infame... el injerto de la mentira en la verdad, de la villanía en la nobleza... Tú lo has dicho, Albrit; tú debes sostenerlo. Albrit...

(Sale de su cuarto cautelosamente, y tentando las paredes avanza por un largo pasillo. La claridad de la luna le permite llegar sin tropiezos insuperables hasta una puerta, por cuyos resquicios se filtra la luz. Es el cuarto donde duermen NELL y DOLLY. Aproxímase, procurando evitar todo ruido, y aplica el oído a la cerradura.)

No duermen... Parece que rezan. Oigo confusas sus dos voces, que no son más que una. (Con súbita emoción afectiva.) ¡Oh, Dios! ¡Si me parece que las amo a las dos; que no puedo separarlas en mi amor; que la falsa se agarra a la verdadera y se hace con ella una sola persona...! Esto no puede ser; esto es una cobardía... [246] Albrit, mira quién eres: la justicia, la verdad están en tu mano... ¡Oh!, ahora distingo mejor las voces... (Poniendo toda su alma en el oído.) No, no hay cántico de ángeles que iguale a sus vocecitas... No rezan;

ahora hablan. Nell parece que quiere consolar a Dolly...

Oigo mi nombre... «El abuelo...» Dolly solloza... Sin duda se aflige porque la reñí, porque le manifesté despego, diciéndole que no viniera conmigo, como de costumbre. (Con desesperación muda.) ¡Señor, Señor, haz que las dos sean legítimas!... Pero ni Dios, con todo su poder, puede impedir que Dolly sea falsa... La denuncia su carácter villano... es el contrabando infame introducido en mi casa por esa ladrona de mi honor... (Asaltado de una idea terrible, se clava en el cráneo las uñas de la mano derecha.)

¡Y si las dos son falsas, si las dos son...! (Pone la mano en la puerta, con intención de abrirla suavemente. Espantado de sí mismo, se aleja.) No, no, Albrit; tú no puedes, no sabes... no sirves para la ejecución de estas obras crueles, por más que sean justas... (Volviendo a la puerta.) ¿Y de qué modo se amputa y arroja la maleza, si una ley torpe, inicua, ampara el fraude? (Nueva indecisión. Su voluntad, turbada, gira rápidamente a impulsos de un huracán.) ¡Pobrecitas, se asustarán si entro tan a deshora!... Y Nell me dirá... de seguro me lo dirá... «Abuelo, no mates a Dolly.» Tú lo has dicho también, Albrit; tú lo has dicho: «Todo ser humano que tiene vida debe vivir.» Dios se la dio... nosotros no debemos quitársela... (Se aleja pausadamente.) Hasta podría ser... sí... podría suceder que la espúrea, que es Dolly, fuera buena... buena y espúrea, ¡qué sarcasmo!... ¡Así anda el mundo, así anda la justicia!... Pero de eso no tenemos culpa los pobres [247] mortales: es el de arriba quien tiene la culpa, el que permite la rareza extravagante de que salga buena la falsa... (Avanza. En mitad del pasillo es sorprendido por VENANCIO.)

Escena XIII

El CONDE, VENANCIO; después, GREGORIA y criados

VENANCIO.- (Con malos modos.) ¿Por qué está levantado el señor Conde?

EL CONDE.- (Arrogante.) Porque quiero... ¿Quién eres tú para interrogarme en esa forma descortés?

VENANCIO.- Nada tiene que hacer usía a estas horas en los pasillos oscuros, rondando como alma en pena.

EL CONDE.- Si tengo o no tengo que hacer, eso no es cuenta tuya.

VENANCIO.- (Con autoridad.) Entre usía en la alcoba.

EL CONDE.- ¡Lacayo!... ¿te atreves a mandarme?

VENANCIO.- Me atrevo a guardar el orden en mi casa, y a no permitir... [248]

EL CONDE.- (Furioso.) Vil... vete de mi presencia.

VENANCIO.- Estoy en mi casa.

EL CONDE.- (Que devora su ira, apretando los dientes y los puños.) ¡En tu casa, sí!... Pero eso no es razón para que te insolentes con tu señor.

VENANCIO.- No hay señor que valga. A mí sólo me manda una persona, la señora Condesa de Laín.

EL CONDE.- (Con intenso coraje reconcentrado.) Es cierto... Eres un villano que dice la verdad... y yo estoy aquí de limosna... Pues bien: quiero mandar un recado a tu ama, dignísima reina de tal vasallo.

VENANCIO.- ¿Qué?

EL CONDE.- Un mensaje de gratitud... (Con rápida acción enarbola el palo, y con la fuerza que le imprime su insensata cólera, lo descarga sobre la cabeza de

VENANCIO, sin darle tiempo a esquivar el golpe. Es palo de ciego, palo nocturno. Formidable acierto.) Toma... De mi parte.

VENANCIO.- ¡Ay!... ¡Maldito viejo! [249]

GREGORIA.- (Que acude en paños menores; tras ella, dos criados con un farol.)

¡Sujetarle!... Ese hombre está loco.

EL CONDE.- (Cuadrándose fiero.) ¡Villanos, al que se atreva a poner la mano en el león de Albrit, al que manche estas canas, al que toque estos huesos, le mato, le tiendo a mis pies, le despedazo!

(Inmóviles y mudos, no se atreven a llegar a él. Dirígese Albrit impávido a su estancia, y penetra en ella sin mirarles.)

VENANCIO.- (Mientras se restaña con un pañuelo la herida, de que brota sangre.) ¡Encerradle, encerradle! (Un criado da vuelta a la llave y la quita.)

FIN DE LA JORNADA TERCERA

Jornada IV

Escena I

Terraza en la Pardina

GREGORIA, disponiendo la mesa para servir al CONDE su desayuno; VENANCIO, con la cabeza vendada; SENÉN, que entra por el fondo con una maletita en la mano.

SENÉN.- Aquí me tenéis otra vez.

VENANCIO.- (Abrazándole.) Senén de todos los demonios, te juro que me alegro de verte.

GREGORIA.- Muy pronto has vuelto de Verola.

VENANCIO.- ¿Qué?... ¿traes instrucciones de la Condesa?

SENÉN.- Sí... lo primero, que me alojéis aquí... Descuidad: os molestaré muy poco. GREGORIA.- Te pondremos en el cuartito de arriba. [252]

VENANCIO.- Próximo al del Conde. Sin duda la señora quiere que nos ayudes a quitarle las pulgas al león.

GREGORIA.- ¡Y qué pulgas, Senén!

248

SENÉN.- (Fijándose en la venda de VENANCIO.) Ya, ya llegó a Verola la noticia de tu descalabradura. Una caricia de la fiera.

VENANCIO.- (Renegando.) ¡Que uno aguante esto!

SENÉN.- Es un viejo de cuidado. A los sesenta años conserva los músculos de acero de sus buenos tiempos, y la voluntad de bronce. No hay quien le amanse. Te digo que más quiero verme ante un tigre hambriento que ante el Conde de Albrit irritado.

VENANCIO.- (Dando patadas.) Pues yo le juro que de mí no se ríe. Un hombre libre, que vive de su trabajo y paga contribución, no está en el caso de sufrir esas arrogancias de figurón de comedia.

SENÉN.- Poco a poco, Venancio. La señora Condesa me encarga te diga que... tengas paciencia. [253]

VENANCIO.- ¿Más paciencia, jinojo?

SENÉN.- Y que sigáis guardándole las consideraciones que se le deben por su rango, por sus desgracias, sin perjuicio de vigilarle...

GREGORIA.- Y si nos mata, que nos mate.

VENANCIO.- Por si acaso, desde ayer le vigilo... con un revólver.

249

SENÉN.- Calma... (Receloso, mirando.) ¿Vendrá por aquí?

GREGORIA.- Me ha mandado que le sirva el desayuno en la terraza.

SENÉN.- Pues le espero.

VENANCIO.- ¿También traes instrucciones para él?

SENÉN.- No; pero necesito... sondearle. Ya sabéis: soy muy largo, me pierdo de vista. Con que... me tenéis de huésped. [254]

GREGORIA.- (Cogiendo la maleta.) ¿Vienes a tu cuarto?

SENÉN.- Luego. Me atrevo a suplicar a mi simpática patrona que en el cuidado de esta maleta ponga sus cinco sentidos. La quiero como a las niñas de mis ojos.

VENANCIO.- ¿Qué traes ahí?

GREGORIA.- Pues pesa, pesa...

SENÉN.- Es mi relicario. Recuerdos, cositas que sólo para mí tienen interés. Y juro por mi honor, que no la estimaría más si la trajera llena de brillantes del tamaño de almendras. En fin, Gregoria, usted me responde de ese tesoro.

VENANCIO.- (Mirando por la derecha.) El león viene. _ GREGORIA.- Voy por el café.

Escena II

VENANCIO, SENÉN, el CONDE, GREGORIA

EL CONDE.- Buenos días... Hola, Senén, ¿qué traes por aquí? [255]

SENÉN.- ¿Qué ha de traer el pobre más que las ganas de dejar de serlo?

EL CONDE.- Y con las ganas, la decidida voluntad de enriquecerte. Eres joven; tienes estómago de buitre, epidermis de cocodrilo, tentáculos de pulpo: llegarás, llegarás... ¿Y tú, Venancio?... ¿Cómo va esa herida? Vamos, hombre, no es para tanto. Poco mal y bien quejado. Ya estarás bien.

VENANCIO.- Todavía, todavía... El señor tiene un genio imposible.

EL CONDE.- Sí, sí... Y tú crees que la miseria debe ser mordaza y grillete para este genio maldito que me ha dado Dios. No sé, no sé: gran domadora es la pobreza; pero soy yo muy bravo. Me propongo contenerme dentro de la humildad y sumisión; pero llega un momento de prueba... un insensato que con frase agresiva me ofende, echándome al rostro mi humillante miseria, y entonces... ¡ay!, no soy dueño de mí, pierdo la cabeza...

GREGORIA.- (Poniendo en la mesa el servicio de café, que se compone de piezas de latón y loza ordinaria.) Aquí tiene, señor. [256]

EL CONDE.- (Sentándose.) Pero no tardo en recobrar mi serenidad de persona bien nacida y educada; vuelvo a sentir la hidalga benevolencia con que he tratado siempre a los inferiores, y... ya tienes al león aplacado, y pesaroso de su fiereza...

VENANCIO.- Pensara el señor esas cosas antes de levantar el palo...

EL CONDE.- Es mi manera de aleccionar a los que quiero bien... En fin, Venancio, hoy, como ayer, te pido que me perdones. Yo no te faltaré... pero has de guardarme, fíjate bien en esto, la consideración que me debes... (A SENÉN.) ¿Quieres café?

SENÉN.- Mil gracias, señor Conde. Me desayuné con aguardiente y buñuelos en el parador.

EL CONDE.- (Examinando el servicio con repugnancia.) ¿Pero qué servicio es éste?

GREGORIA.- (Para sí.) Fastídiate, viejo regañón.

EL CONDE.- ¿Qué habéis hecho de la cafetera y del jarrito de plata en que me servisteis estos días?

VENANCIO.- Mandamos que los limpiaran, y... [257]

GREGORIA.- Y para no hacer esperar al señor...

EL CONDE.- ¿Y aquellas tacitas de porcelana fina...? En fin, con tal que el café esté bueno... (Se sirve.) ¿Lo has hecho tú?

GREGORIA.- Con muchísimo cuidado... Veremos si hoy está a su gusto.

EL CONDE.- (Probándolo.) ¿Qué es esto? (Con asco.) ¡Agua indecente de achicoria... y recalentada... y fría!... Vamos, las sobras del café de anoche, que ya era malo adrede... (Cogiendo el pan y tratando de partirlo.) ¿Y de dónde habéis sacado esta piedra que me dais por pan?... Con ser tan duro, no lo es tanto como vuestros corazones.

VENANCIO.- Culpa del panadero, señor...

EL CONDE.- Culpa de vuestra sordidez villana. (Les arroja el pan.) Echad esto a vuestros perros, y dadme a mí lo que para ellos tenéis, pues de fijo les dais trato mejor que a mí. Guardad esta preciosa vajilla, no se os deteriore, no se os desgaste en mi servicio. (Arroja al suelo todas las piezas de loza y latón.)

253

¡Queréis aburrirme, queréis hacerme imposible la vida! Al último pastor de [258] cabras, al último mendigo que llegara con hambre a vuestra puerta, le haríais la limosna sin humillarle. ¿Por qué, ingratos, me humilláis a mí?

VENANCIO.- (Que aterrado, lo mismo que GREGORIA, no sabe por dónde salir.) Se servirá otra vez... Nosotros...

EL CONDE.- (Con arrogancia.) No quiero. Me quedaré en ayunas.

SENÉN.- Eso no. Mandaré traerlo del café...

EL CONDE.- No te molestes. (A VENANCIO y GREGORIA, con majestuosa indignación.) No tenéis ni un destello de generosidad en vuestras almas ennegrecidas por la avaricia; no sois cristianos; no sois nobles, que también los de origen humilde saben serlo; no sois delicados, porque en vez de dar un consuelo a mi grandeza caída, la pisoteáis; vosotros que en el calor, en el abrigo de mi casa, pasasteis de animales a personas. Sois ricos... pero no sabéis serlo. Yo sabré ser pobre, y puesto que con vuestras groserías me arrojáis, me iré de esta casa, en que no hay piedra que no llore las desgracias de Albrit.

SENÉN.- (Con afectada gravedad y adulación.) Los deseos de la Condesa son que se prodiguen al señor todas las atenciones que merece por su categoría... [259]

EL CONDE.- Ya lo veis: esa mujer liviana y sin pudor es más cristiana que vosotros, y más generosa y delicada.

VENANCIO.- (Turbadísimo, tragándose la ira.) La Condesa no puede mandarme... yo... digo, la Condesa es mi señora... dueña de todo...

GREGORIA.- (Vivamente.) De la Pardina no.

VENANCIO.- La Pardina es mía.

EL CONDE.- (Arrogante.) Sea de quien fuere, y en tanto que decido si me quedo o me voy, no quiero veros. Idos de mi presencia.

VENANCIO.- (Dudando.) Decídalo pronto, porque...

EL CONDE.- (Despidiéndoles con gesto de autoridad.) Pronto.

VENANCIO.- (Saliendo con GREGORIA.) Sufrámosle un día más, un solo día.

GREGORIA.- Y es mucho... ¡jinojo! [260]

Escena III

El CONDE y SENÉN

EL CONDE.- (Serenándose.) Siéntate aquí, Senén... Tengo que hablar contigo.

SENÉN.- (Con fatuidad, sentándose.) Nada más temible que esta plebe hinchada, señor; estos patanes hartos de bazofia, que porque han logrado reunir cuatro cuartos se atreven a medirse con las personas comilfot...

EL CONDE.- La villanía es perdonable; la ingratitud, no... En mi cuarto había un lavabo bastante bueno, muy cómodo para mí. Ayer me lo han quitado esos viles, poniendo una palangana de latón de este tamaño, como las que hay en los asilos...

SENÉN.- (Afectando indignación.) ¡Qué atrocidad!

EL CONDE.- Parece que escogen las servilletas y manteles más sucios para ponerlos en mi mesa. Saben que me gusta la mantelería limpia...

SENÉN.- Pues, como he dicho, traigo instrucciones precisas de la Condesa... ¡Oh!, crea usía que si se entera de estas infamias, [261] se pondrá furiosa.

EL CONDE.- Sí. Me odia, como yo a ella; pero no desconoce que mi persona exige atenciones, respetos...

SENÉN.- ¡Qué duda tiene...!

EL CONDE.- Y aunque obra suya es seguramente la intriga que se traen Carmelo y el Doctor para arreglarme una jaula en los Jerónimos...

SENÉN.- (Haciéndose de nuevas.) ¡Oh!, no sé... no tengo noticia...

EL CONDE.- Pues sí: desde ayer andan de mucho trasteo conmigo. Yo les calo la intención... y me hago el tonto... Pero dejemos esto, Senén, que dé cosa más grave y de mayor transcendencia para mí quiero hablarte.

SENÉN.- Ya escucho.

EL CONDE.- (Receloso.) ¿Nos oye alguien?

SENÉN.- Nadie, señor. Estamos solos.

EL CONDE.- Estos miserables se ponen en acecho tras de las puertas, oyendo lo que se habla. [262]

SENÉN.- (Examinando las puertas.) Nadie nos oye. Puede hablar el Excelentísimo Sr. D. Rodrigo de Arista-Potestad.

EL CONDE.- Dudo mucho que seas bastante afecto a mi persona para responder a todo lo que te pregunte.

SENÉN.- Usía debe contar siempre con mi adhesión incondicional... (Dándose importancia) como cuento yo con que el señor Conde no ha de pedirme nada contrario a mi dignidad.

EL CONDE.- (Asombrado.) ¡Tu dignidad!... Dispénsame: creí que no la habías adquirido aún... Ya sé que estás en camino de adquirirla... vas muy bien... llegarás.

SENÉN.- Señor Conde de Albrit, aunque humilde, yo... me parece.

EL CONDE.- Nada, nada. Ya no te hago las preguntas.

SENÉN.- ¡Ah!, puede usía interrogarme con toda confianza. (Queriendo familiarizarse.) Señor Conde... de usía para mí... (Se atreve a ponerle la mano en el hombro.) Entre amigos... [263]

EL CONDE.- No, no, porque si salimos ahora con que hay dignidad, o esta dignidad es incorruptible o es venal... En el primer caso,

Senén, no me dirás nada... en el segundo... Soy pobre y no podré cotizarla en lo que vale.

SENÉN.- (Afectando seriedad.) Creo que nos hallaríamos en el primer caso.

EL CONDE.- Pues, hijo... (Despidiéndole). Adiós.

SENÉN.- (Queriendo provocarle a la interrogación, para conocer su pensamiento.) Si el señor Conde me lo permite, diré una palabra. Usía quiere preguntarme... algo referente a su hija política, en el tiempo en que tuve el honor de servirla.

EL CONDE.- Y cuando aún no habías echado dignidad.

SENÉN.- La eché después... Y ahora, sin faltar al respeto que debo a usía, tengo el sentimiento de manifestarle que por gratitud, por estimación de mí mismo, por mil razones, no puedo en manera alguna revelar secretos que no me pertenecen.

EL CONDE.- (Con vivo interés.) No se trata de secretos... que quizás no lo sean para mí. Quiero tan sólo informaciones exactas acerca de una persona... [264]

SENÉN.- Ya...

EL CONDE.- Íntimamente relacionada...

SENÉN.- Comprendido.

EL CONDE.- El pintor Carlos Eraúl. Tú estuviste a su servicio algún tiempo, al dejar el de mi hijo; tú... (Con ardor.) Senén, por lo que más quieras, por la memoria de tu madre, revélame cuanto sepas.

SENÉN.- (Con pujos de delicadeza.) Sr. D. Rodrigo, por todos los gloriosos antepasados de usía, le ruego que nada me pregunte, pues antes perdería la vida que responderle.

EL CONDE.- (Con intenso afán.) Dame al menos alguna luz... sin ofender a nadie, sin faltar a los respetos que debes a tu ama. Dime: ese hombre era de baja extracción.

SENÉN.- (Secamente.) Sí.

EL CONDE.- Hijo de un pobre vaquero de la ganadería de Eraúl, en Navarra. (SENÉN responde afirmativamente con la cabeza.) El cual, despedido por mala conducta, [265] se metió a contrabandista. (Con triste humorismo.) Carlos, el hijo, también despuntó por el contrabando...

SENÉN.- ¡Oh, no...!

EL CONDE.- Sé lo que digo... Su genio pictórico le abrió camino. Fuera de la educación artística, que se debió a sí mismo y al estudio del natural, era un ignorante, un bruto...

SENÉN.- Poco menos.

EL CONDE.- Ni alto ni bajo, moreno, de ojos negros... vigoroso... voluntad potente. (SENÉN afirma.) Su apellido era Vicente, pero él firmaba con el nombre de ganadería: Eraúl.

SENÉN.- Exacto.

EL CONDE.- Le conoció Lucrecia en una de esas rifas o kermessas que organizan las señoras para...

SENÉN.- (Interrumpiéndole.) Basta, señor Conde. No sé nada más.

EL CONDE.- (Imperioso.) Responde. [266]

SENÉN.- (Inflado como un sapo.) No sé nada. Usía no me conoce.

EL CONDE.- (Rabioso.) Te conozco, sí. Tu discreción no es virtud; es... cobardía, servilismo, complicidad. No eres el hombre digno que calla la culpa ajena; eres el esclavo, obediente a los halagos o al látigo del amo que le compró. (Apostrofándole con solemne acento.) ¡Maldígate Dios, villano! Que la luz que me niegas, a ti te falte.

¡Qué enmudezca tu voz para siempre, que cieguen tus ojos! ¡Qué vivas sin poseer la verdad, rodeado de tinieblas, en eterna y terrible duda, palpando en el vacío, tropezando en la realidad!... ¡Qué busques la justicia, el honor, y encuentres mentira, infamia, dentro de un vacío tan grande como tu imbecilidad!... (Con desprecio.) Vete, vete; no te acerques a mí.

SENÉN.- (A distancia.) ¡Demonio!... Saca las uñas el león... ¡Hola, hola!... (Vuelve el CONDE a su asiento. Entra NELL con un servicio de café, elegante, en bandeja de plata.) ¡Ah!... señorita Nell!... (Ofreciéndose a tomar de su mano la bandeja.) Deme acá.

NELL.- No, no... Ya puedo.

SENÉN.- (Aparte a la niña.) Cuidadito con él... Está de malas. (Vase.) [267]

Escena IV

El CONDE, NELL; después, DOLLY.

EL CONDE.- ¡Ah! Nell... ¿qué traes ahí?

NELL.- ¿Cómo habíamos de consentir que no te desayunaras? Hemos reñido a Gregoria.

EL CONDE.- ¡Oh!, ¡qué ángel!... A ver... ¡Oh, esto sí que es bueno!... recién hecho...

¡Qué aroma!... Dios te bendiga.

NELL.- No merezco yo las bendiciones, sino Dolly, que es quien te lo ha hecho.

EL CONDE.- Pero la idea habrá sido tuya. (Se sirve.)

NELL.- No quiero engalanarme con plumas ajenas. La idea fue de ella... Se ha puesto furiosa... Y a Venancio, le ha echado una buena peluca.

EL CONDE.- ¡Atrevidilla!

NELL.- Le gusta cocinar... y sabe... ¿Qué tal está? [268]

EL CONDE.- Riquísimo... ¿Dices que Dolly sabe cocinar?

NELL.- Le gusta. Quiere aprender. Pues ahora está preparando un guisote, y luego te hará fruta de sartén. Verás qué bueno.

EL CONDE.- ¡Qué criatura! Dile que venga.

NELL.- Cree que estás enfadado con ella, y no se atreve a venir.

EL CONDE.- (Imperioso.) Que venga, digo.

NELL.- (En la puerta de la casa, llamando.) A Dolly, que venga. Dolly, ven...

Dice que no está enfadado.

DOLLY.- (Con mandil de arpillera, remangados los brazos.) Abuelito, con esta facha no quería presentarme a ti.

EL CONDE.- Ven... no seas tonta... Gracias, chiquilla, por el excelente café que me has hecho.

DOLLY.- Y si me dejase Gregoria, te haría un arroz... que te chupabas los dedos. [269]

EL CONDE.- (Sonriendo benévolo.) Bien, bien... Vaya, posees el genio de dos artes muy difíciles: la pintura y la culinaria.

DOLLY.- (Haciendo una graciosa reverencia.) Para servir a usía, señor Conde.

NELL.- Mientras nosotras estemos aquí, no te faltará nada papaíto.

EL CONDE.- (A DOLLY.) Pues aplícate, hija, aplícate, y serás una excelente cocinera. Quizás te conviene más de lo que tú crees. ¿Y Nell, no guisa?

NELL.- ¡Ay!, yo no sirvo para eso. Me da repugnancia... Además, no sé; vamos, que no me gusta.

EL CONDE.- Cada cual según su temperamento.

DOLLY.- (Sonriendo.) Esta es tan finústica, que para fregar un plato, es preciso que el plato esté limpio.

NELL.- (Riendo.) Esta es tan a la pata llana que no lava las cosas sino cuando están muy sucias.

DOLLY.- Claro. [270]

EL CONDE.- Cada cual, chiquillas, es como es, y no puede ser de otra manera. ¡Y yo que no veía diferencia entre vosotras! Ahora, no sólo os distingo, sino que os considero con absoluta desigualdad. Ya separo vuestros caracteres, separo vuestras voces, separo vuestras almas... Sois el día y la noche, el alfa y la omega... la... No, no os digo lo que pienso, pobrecitas; no me entenderíais.

Escena V

El CONDE, NELL y DOLLY, el CURA; después D. PÍO

EL CURA.- La paz sea en esta casa.

EL CONDE.- Curiambro; buenos días... Yo bien, ¿y tú?

EL CURA.- Pasando... Ya me enteré... Venancio y Gregoria se han llevado un mediano réspice. No se repetirá el disgusto; yo se lo aseguro al noble león de Albrit.

EL CONDE.- El león de Albrit, que no teme las fieras, pero siente repugnancia por las alimañas inferiores, tendrá que buscar otra cueva. [271]

EL CURA.- A propósito de cuevas, el Prior de Zaratán, que, entre paréntesis, quedó ayer encantadísimo de la exquisita cordialidad con que usted le recibió, nos invita hoy a tomar un bocadillo en su Monasterio.

EL CONDE.- ¿A mí también?

EL CURA.- A usted principalmente. Iremos Monedero, Angulo y yo, en calidad de séquito, de cortesanos o chambelanes de Vuestra Señoría, por no decir majestad.

266

EL CONDE.- Gracias... Pues no me opongo. A cortesía nadie me gana. Visitaré gustoso el Monasterio.

EL CURA.- (A NELL, que le hace señas.) No, si vosotras no vais. No queremos estorbos. Además, Vicenta Monedero, por mi conducto, os invita a comer en su casa, y a pasar allá la tarde.

EL CONDE.- ¿La Alcaldesa?

EL CURA.- Celebra su fiesta onomástica... Allí tendréis a toda la juventud florida de Jerusa. [272]

DOLLY.- Lo siento... Mejor me estaba yo todo el día en mi cocinita.

NELL.- ¡Tonta, si el abuelo no ha de comer aquí!

EL CONDE.- ¿Cómo no?

EL CURA.- Segura mente, los señores frailes no nos soltarán a dos tirones. Me figuro el convitazo que habrán dispuesto, algo así como las bodas de Camacho, o los festines de Lúculo. Ea, chiquillas, hoy secuestro al león. Yo cuidaré de que no se aburra lejos de vosotras.

DOLLY.- Malditas ganas tengo yo de festejo.

NELL.- (Gozosa.) Sí que iremos. Nos divertiremos mucho.

EL CURA.- Nell es más sociable que Dolly... (A DOLLY.) Pero, tonta, ¿no te avergüenzas de que te vean tiznada?... ¡Uy!, ¡cómo apestas a cebolla!

DOLLY.- Mejor. Pues a usted bien le gusta que le den comiditas buenas... y bien se regodea y se relame. [273]

EL CURA.- Veremos lo que te dura esa ventolera de los afanes domésticos... (Mira al CONDE como pidiéndole su parecer; pero D. RODRIGO, profundamente abstraído, no atiende a la conversación.)

EL CONDE.- (Con una idea fija.) Cada cual, según es...

D. PÍO.- (Con timidez, desde la puerta.) ¿Dan permiso?

EL CURA.- Adelante, gran Coronado.

DOLLY.- Hoy no hay lección, Piito. Tengo mucho que hacer.

NELL.- ¡Qué gracia! El juego de las comiditas. (Al CURA.) Pues hoy me da a mí por estudiar de firme, ea.

EL CURA.- ¡Bravísimo!

NELL.- (Con estímulo de amor propio.) Quiero aprender, quiero instruirme. La ignorancia me avergüenza, y empieza a estorbarme. Hoy estudiaré por las dos. ¿Te gusta, abuelito?

EL CONDE.- (Divagando.) Cada una, según su natural... [274]

D. PÍO.- (A NELL.) ¿Vamos?

DOLLY.- Yo, a mis cacerolas.

NELL.- Y yo, a darle la jaqueca a D. Pío.

EL CURA.- Y yo, a ponerme de acuerdo con el Alcalde sobre la hora a que hemos de salir. (Dando su mano al CONDE.) Vendremos por usted.

EL CONDE.- Hasta luego, hijo.

EL CURA.- (A las niñas.) Cuando terminen, la una sus lecciones, la otra su trajín, prepárense para la fiesta de Vicenta. Que os pongáis bien guapas, ¿eh?... Cuidado, chiquillas, que representáis en el mundo la gloria, la nobleza, la tradicional elegancia de Albrit.

DOLLY.- Bueno, bueno. Estamos enteradas. (Se detiene, esperando que el abuelo le diga algo.)

EL CONDE.- Dolly...

DOLLY.- (Presentando su mejilla.) Abuelito... [275]

EL CONDE.- (Besándola.) No estoy enfadado contigo. ¿Y tú conmigo?

DOLLY.- Lo estuve... pero ya pasó... (Vase gozosa.)

EL CONDE.- (Tomando el brazo de NELL.) Nell, aguarda... Quiero asistir a tu lección. Llévame, hija mía.

(Entran en casa seguidos de D. PÍO.)

Escena VI

Dormitorio del CONDE

El CONDE, que entra; DOLLY, barriendo.

EL CONDE.- ¿Qué haces, chiquilla?

DOLLY.- Ya lo ves: arreglándote la leonera. ¿No has reparado que esa bribona de Gregoria, ni limpia aquí, ni barre?... Toda la casa la tiene como una tacita de plata, menos esta alcoba tuya, que debiera ser el sagrario...

EL CONDE.- Hija mía, como no veo bien...

DOLLY.- Te digo que la maldad de esta gente me subleva... Entérate de lo que he dispuesto. Entre [276] la Pacorrita y yo hemos traído el lavabo bueno, que esos indinos quitaron de aquí para ponerlo en nuestro cuarto. Luego te mudaremos la cama, poniéndola en aquel rincón, para que estés más resguardadito del aire que entra por las rendijas de la ventana.

EL CONDE.- (Embelesado.) ¡Admirable! ¿Y a ti se te ha ocurrido todo eso?

DOLLY.- Todito ha salido de esta cabeza.

EL CONDE.- (Besándola.) ¿Y has acabado ya tus guisotes?

DOLLY.- Como te vas a comer con los frailes, he suspendido lo que tenía preparado para hoy. Pero mañana te haré una cosa muy rica, que a ti te gusta mucho.

EL CONDE.- (Se sienta; la abraza.) Eres un ángel... Lo uno no quita lo otro. Cabe en lo humano que seas lo que eres... y al propio tiempo criatura inocente, buena... quizás rematadamente buena. ¿Verdad que sí?

DOLLY.- Pero tú no me quieres.

EL CONDE.- (Confuso.) Sí te quiero. Es que... [277]

DOLLY.- No vayas a creerte que hago yo estas cosas porque me quieras. Pégame, y haré lo mismo. Las hago porque es mi deber, porque soy tu nieta, y no puedo ver con calma que a un caballero como tú, poderoso en otro tiempo y dueño de toda esta comarca, le desatiendan gentes groseras, que no valen lo que el polvo que llevas en la suela de tus zapatos.

EL CONDE.- (Con viva emoción.) Deja que te bese una y mil veces, criatura. ¿Con que tú...?

DOLLY.- Y a esos indecentes, que no se acuerdan de la miseria que tú les remediaste, ni de que crecieron, yerbecitas chuponas, en el tronco de Albrit; a esos puercos, arrastrados, canallas, les estaría yo dando en la cabeza con el palo de esta escoba, hasta que aprendieran a respetar al que honra su casa sólo con pisar en ella.

EL CONDE.- (Empañada la voz por la emoción.) ¡Y tú... tú piensas eso!

DOLLY.- Y lo digo... y lo hago...Esta noche, cuando vuelva del convite, te arreglaré toda la ropa, que la tienes bien destrozadita. Esa pánfila de Gregoria no da una puntada en tu ropa. Fíjate en la de Venancio, que parece un Duque. [278]

EL CONDE.- (Cruza las manos y la contempla extático, tratando de estimular la visión en sus ojos enfermos.) ¡Y lo haces por mí, por mí!

DOLLY.- (Se sienta a su lado, la escoba entre las manos.) Sabiendo que me quieres menos que a Nell. Reconozco que Nell lo merece más que yo, porque es más fina... y además tan buena...

EL CONDE.- (Algo perturbado.) Pero a ti... a ti te quiero también. Dime la verdad:

¿Te incomodaste porque no te dejé subir conmigo?

DOLLY.- ¡Vaya con el desprecio que me has hecho... dos noches seguidas! La primera vez,

D. Carmelo y el Médico, que cenaron aquí, me consolaban... Pero anoche...

¡Ay!, me entró tal tristeza, que no pude dormir, y los ratos que dormí tuve sueños muy malos.

EL CONDE.- ¿Qué soñaste? A ver si lo recuerdas.

DOLLY.- (Con emoción un tanto picaresca.) Pues soñé... Primero soñé que tú eras malo... ¡Ya ves qué desatino! Después soné que entraba en nuestro cuarto mi papá... con una cara tan triste, tan triste... y se llegaba a mi cama, y me daba muchos besos...

EL CONDE.- Antes iría a la cama de Nell... [279]

DOLLY.- Ni antes ni después... Yo soñaba que Nell no dormía en mi cuarto. Ya ves, otro desatino.

EL CONDE.- ¿Y no te dijo nada tu papá?

DOLLY.- Sí: algo me dijo, juntando su cara con la mía; pero no puedo acordarme: de eso sí que no me acuerdo... ¡Luego hablaba tan bajito, tan bajito...!

EL CONDE.- Es lástima...

DOLLY.- (Con donaire.) No hagas caso. Lo que soñamos es todo mentira, ilusión. EL CONDE.- No aseguro yo tanto. Mi vejez resulta más candorosa que tu infancia.

Yo creo en los sueños.

DOLLY.- ¡Pues cuando tú lo dices...! (El anciano cae en profunda meditación.

DOLLY le observa cariñosa, esperando que reanude la conversación.) ¿Qué tienes, papaíto? ¿Por qué estás triste?

EL CONDE.- Hija mía, tu charla inocente, tu ingenuidad, tu alma, que sale con tu voz, y aletea en tus [280] resoluciones, hacen en mí el efecto de un tremendo huracán...

¿No entiendes?... sí, de un huracán que me envuelve, me arrebata, me arroja en medio de la mar...

DOLLY.- ¡Abuelo...!

EL CONDE.- (Levantándose, consternado.) Sí: aquí me tienes forcejeando en medio de este oleaje de la duda. Una onda me trae y otra me lleva... y yo... ahogándome sin morir en esta inmensidad negra y fría... ¡Oh, no puedo vivir, no quiero vivir!...

Señor, o la verdad o la muerte... No te asustes, niña querida. Son arrebatos que me dan. Tras esta duda quizás venga la certidumbre que deseo, que pido a Dios con toda mi alma; certidumbre que no será la que perdí: será otra, qué sé yo... (Con intensa ternura.) Dolly, ¿dónde estás? Ven a mí; suelta la escobita y abrázame.
275

(La abraza estrechamente y la besa llorando.) Si eres tú, porque lo eres... si no, porque... no sé por qué... porque sí... no lo sé.

Escena VII

El CONDE, DOLLY, el CURA

EL CURA.- (En la puerta.) Pero, señor león de Albrit, ¿se olvida de que abajo estamos esperándole?

EL CONDE.- (Limpiándose las lágrimas.) Voy... Perdona... me entretuvo esta chiquilla. [281]

EL CURA.- (Dando prisa.) No nos sobrará el tiempo.

DOLLY.- Adiós, abuelito. Toma tu palo y el gabán. (Le da ambas cosas.) El día está bueno. Te divertirás mucho.

EL CONDE.- (Resignado, dejándose llevar.) Adiós, hija mía. Quieren que vaya a Zaratán... Pues a Zaratán. Hasta la noche.

Escena VIII

Monasterio de Zaratán (Jerónimos).

Hállase situado en un fértil llano, con ligera inclinación y corriente de aguas hacia el Mediodía. Lo resguardan de los vientos septentrionales el verde muro de una selva espesísima, y la fortaleza de un monte, estribación de la sierra que por el

Este se extiende en escalones hasta la mar. Rodeándolo frondosas arboledas de sombra, adorno y fruto, y tierras de cultivo y pasto, cerradas por tapia o setos vivos, en extensión considerable.

La construcción románica de la iglesia y de parte del convento aparece bastardeada, y en algunos puntos ridículamente sustituida por horribles superfetaciones del pasado siglo, de una imbecilidad que causa enojo y tristeza. En el frontis de la iglesia, en distintas puertas y ventanas, campea el escudo de Albrit, león rampante con banderola en la garra, y el lema: Potestas Virtus.

No lejos de la fachada de la iglesia, separado de ella por anchurosa calle de chopos viejos, podados, llenos de jorobas y arrugas, está el portalón de ingreso. Es una [282] plazoleta mal pavimentada de losetones verdinegros y resbaladizos, que fuera de él se extiende, se para el coche que conduce al CONDE DE ALBRIT y su acompañamiento. Sale toda la Comunidad a recibirle, con el Prior a la cabeza.

El CONDE DE ALBRIT, el CURA, el MÉDICO, el ALCALDE, el PRIOR y monjes.

Es el PADRE MAROTO varón tosco y agradabilísimo, con sesenta años que parecen cincuenta; ni bajo ni flaco, ni gordo, admirablemente construido por dentro y por fuera, con equilibrio perfecto de músculos, hueso y cualidades espirituales. La ingeniosa Naturaleza supo armonizar en él, como en ninguno, la potente estructura corporal con la agudeza del entendimiento. Su índole nativa de organizador y gobernante en todo se revela; pero reviste tan hábilmente de dulzura y gracia el báculo de su autoridad, que ni siquiera duelen los estacazos que suele aplicar a los díscolos de su corto rebaño. Sin su energía, actividad y metimiento prodigioso, el fénix de Zaratán no habría renacido de sus cenizas.

EL CONDE.- (Muy afectuoso, contestando con exquisita urbanidad al saludo de bienvenida que en el portalón le dirige el PRIOR.) Me anonada usted, señor Prior, saliendo a recibirme con la dignísima Comunidad... Vamos, que esto es hacer de mí un Emperador Carlos V.

EL PRIOR.- Para nosotros, imperio ha sido la casa de Albrit, y las glorias de Zaratán se confunden en la historia con la grandeza de las Potestades. (Entran en la calle de chopos jorobados; detrás, respetuosamente, el séquito civil y frailuno.)

EL CONDE.- (Con tristeza.) ¡Oh, grandezas desplomadas!... Albrit y Laín no son ya más que polvo y ruinas. (Pausa solemne.) Y agradezco más los honores que en esta ocasión se me tributan, porque veo en ellos un absoluto desinterés. Señor Prior de Zaratán, el último Albrit no puede corresponder a tan noble agasajo con ninguna clase de beneficios. Es pobre.

EL PRIOR.- Nosotros también. En los tiempos que corren, no hay más riquezas que la virtud y el trabajo, y más vale así.

EL CONDE.- (Parándose con intento de admirar las hermosas campiñas que a un lado y otro de la chopera se ven.) Admirable cultivo. Esta santidad agricultora es un encanto... y un gran progreso, el único progreso verdad.

EL PRIOR.- Trabajamos porque Dios lo manda. Dios quiere que no cultivemos sólo el cielo, sino la tierra; la tierra, que es el complemento de la fe.

EL CONDE.- Y, como la fe, la tierra no engaña. Ella nos alimenta vivos; muertos nos acoge...

(Entran en el convento, y pasan a una sala cuadrilonga, en cuyas paredes se ven rastros de un fresco decorativo, que borroso asoma por entre los remiendos de yeso. La sillería es moderna y ordinaria, porque los monjes no [284] tienen para más. El PRIOR hace al CONDE la presentación de los Padres más ancianos, o más significados por sus talentos. El uno es notable por su facultad oratoria; el otro despunta en la agronomía; aquél es teólogo insigne; esotro, arquitecto. No falta el organista ni el veterinario, que al propio tiempo es algo canonista, y muy buen castrador de colmenas. Terminadas las presentaciones, el PRIOR quiere obsequiar al CONDE y acompañamiento con un Málaga superior, que le han enviado de su tierra para celebrar. Acéptalo el CONDE con galantería y D. CARMELO con júbilo. Sirve un lego y catan todos los finísimos licores.)

EL ALCALDE.- (Repantigado en un sillón.) ¡Compadres, vaya una vida que se dan ustedes!

EL CURA.- (Repitiendo.) ¡Bendita sea la cepa que da este caldo! Debe de ser la que plantó Noé.

EL MÉDICO.- (En voz baja, a un fraile con quien platica.) Conviene que vea y aprecie las excelencias de Zaratán bajo el punto de vista de la vida orgánica y de las comodidades, porque, como buen aristócrata, se inclina al sibaritismo.

EL ALCALDE.- (A un monje que despunta en la agronomía.) Dígame, compañero, ¿de dónde demonios han sacado ustedes la simiente de esa remolacha forrajera que he visto en algunos tablares?

EL FRAILE.- (Con acento italiano.) Es de Lombardía, y también el grano turco. [285]

EL ALCALDE.- ¿Qué es eso?... ¡Ah!... el maíz... Buenas cañas. Me han de dar ustedes unas mazorcas. Pues ¿y la alfalfa? Dan ganas de comerla... También quiero simiente... Yo no ando con repulgos; soy muy francote... barro para adentro... Verdad que también doy cuanto tengo... el corazón inclusive... (Pasando junto al CONDE.) Señor D. Rodrigo, yo que usía, francamente, me dejaría ya de hacer el caballero andante, y me vendría a vivir con estos compadres, que me parece... vamos... que no lo pasan mal.

EL PRIOR.- (Que, descuidándose a veces, emplea los tratamientos italianos.)

¡Oh!... si monseñor viviera con nosotros, nos honraría extraordinariamente.

EL CURA.- (Repitiendo.) Yo... se lo he dicho... ¡las veces que se lo he dicho!...

Pero no quiere hacerme caso... Él se lo pierde.

EL PRIOR.- Eccellenza, otra copita.

EL CONDE.- No... Muchísimas gracias.

EL MÉDICO.- No puede desechar el recelo de que en Zaratán carecería de libertad.

¿Verdad, señores, que aquí estaría tan libre como en su casa? [286]

EL PRIOR.- Viviría en la más hermosa y abrigada celda que tenemos; comería lo que más fuese de su agrado; se pasearía de largo a largo por nuestros plantíos y praderas, y estaría dispensado de asistir a los oficios, y de ayunos y penitencias. Si esto no es buena vida, que me traigan al que descubra otra mejor.

EL CURA.- (Repitiendo.) Su edad exige cuidados exquisitos, que aquí tendría como en ninguna parte.

EL CONDE.- (Con afabilidad.) Señores míos, yo agradezco infinito su solicitud, y me siento orgulloso del afecto que me demuestran, deseando tenerme en su compañía. Lo agradezco en el alma; pero no puedo acceder a sus nobles deseos, no y no. Y rechazo la oferta, no por mí, sino por la Comunidad, por lo mucho que la quiero, la respeto y la admiro.

EL MÉDICO.- (Aparte a un fraile.) ¡Viejo más marrullero!...

EL ALCALDE.- Veremos por dónde sale.

EL CONDE.- Estoy bien seguro de que los señores monjes, a los pocos días de alojarme aquí, no me podrían [287] aguantar, y renegarían de haberme traído. Créanlo: tengo un genio imposible.

EL PRIOR.- ¡Eccellenza... por Dios...!

EL ALCALDE.- (Volviendo al grupo distante.) ¡Zorro de Albrit, remolón, pamplinero, si acabarás por venir aquí y tomar lo que te den, aunque sean sopas!

EL CONDE.- Sí, soy inaguantable. Cuando no ha podido domarme el infortunio, ¿quién me domará?

EL PRIOR.- (Echándose a reír y palmeteándole en el hombro.) Yo... sí, monseñor, yo... ¡También suelo gastar un geniecillo!...

EL CURA.- (Repitiendo.) La dulzura, el tacto, el don de gentes del Padre Maroto, son una garantía de concordia... Vivirán en santa paz.

EL CONDE.- Además, hay otro inconveniente. En mi vejez triste no puedo vivir sin afectos; me moriría de pena si no pudiera tener a mi lado a mis nietecillas, una de ellas por lo menos, la que escogiera yo para mi compañía. [288]

EL ALCALDE.- (En voz alta.) Pues que las traigan. Es lo único que falta en Zaratán para que esto sea completo: un par de niñas...

EL PRIOR.- ¡Ah!, eso no. Aquí no pueden vivir mujeres. Las señoritas le escribirían con frecuencia.

EL CURA.- (Repitiendo, sin beber, y aplicándose, con finura, la palma de la mano a la boca.) Ya se iría jaciendo. Y alguna vez podrían las niñas venir a visitarle.

EL CONDE.- (Un poco molesto.) Que no me conformo. ¿Cuántas veces he de decirlo?

EL PRIOR.- Sí, sí... No se hable más.

EL CONDE.- (Con fina marrullería.) No desconozco la fuerza de las razones expuestas para convencerme. Ni quiero que vean ustedes en mí un hombre terco, atrabiliario y desagradecido... No, Prior; no, amigos míos. Mal genio tengo; pero de las tempestades de mis nervios suele surgir el juicio sereno y claro. Hermoso es Zaratán, simpáticos y agradabilísimos el Prior y sus dignos cofrades. ¿Quieren tenerme por compañero y amigo? No digo que sí; no digo que no... No debo aparecer ingrato, ni tampoco ansioso de un bien que no merezco. [289]

EL PRIOR.- (Repitiendo los palmetazos afectuosos.) ¡Si al fin, monseñor, hemos de comer juntos muchos potajitos... y nos hemos de pelear aquí... como buenos hermanos!

EL ALCALDE.- (Dando resoplidos.) ¡Si digo que...!

El MÉDICO y el CURA cambian una mirada de satisfacción. Propone el PRIOR enseñar la sacristía, y dar un paseo por la huerta antes de comer, y a todos les parece idea felicísima. Aunque el buen ALBRIT ve poco, se presta con galana urbanidad a que le muestren prolijamente las imágenes, los ornamentos, los vasos sagrados. El pobre señor, en obsequio a los bondadosos frailes, hace como que lo ve todo, y con discreta lisonja de buena sociedad, todo lo admira y alaba, hasta que el PRIOR, abriendo un estuche, saca de él un cáliz y se lo enseña, diciéndole: «Esta hermosa pieza es donación de la CONDESA DE LAÍN.» Inmútase el anciano, y después de preguntar a MAROTO si celebra en la hermosa pieza, y de responderle el fraile que sí, suelta un terno... y tras el terno una denominación que es escándalo y azoramiento de todos los que cerca están. Hace el PRIOR como que no ha oído nada, y siguen.

Se sirve el sucu lentísima y abundante comida en una salita próxima al refectorio, mientras come la Comunidad, y sólo asisten a ella, a más de los forasteros, el PRIOR y un monje anciano, el más calificado de la casa. Muéstrase, desde la sopa al café, decidor y jovial el buen PRIOR, arrancándose a contar salados chascarrillos andaluces de buena ley; y el CONDE, aunque con pocas ganas de conversación, y como atacado de tristeza o nostalgia, se esfuerza en cumplir la tiránica ley de cortesía, riendo todos los chistes incluso los del Alcalde, el cual, después de un impertinente disputar sobre cosas triviales, barre [290] para su casa, sosteniendo la supremacía de las pastas españolas para sopa entre todas las del mundo, incluso las italianas. Termina despotricando contra el Gobierno, porque no protege la industria nacional recargando fuertemente en el Arancel... ¡el fideo extranjero!

De sobremesa, propone el PRIOR un agradable plan para la tarde: siesta, el que quiera dormirla; después, paseo hasta la casa de labor de abajo, que es la más interesante; visita a los corrales, establos y cabañas, y, por fin, solemnes vísperas con órgano, Salve, etc.

Escena IX

Coro de la iglesia conventual de Zaratán.

El PADRE MAROTO, en la silla prioral. A su lado el CONDE DE ALBRIT. Siguen a derecha e izquierda los monjes, ocupando con sus venerables cuerpos más de la mitad de la sillería. En el centro, frente al facistol, los cantores. No hay verja que separe el coro de la iglesia, que es tenebrosa, sepulcral, cavidad cuyos límites y contornos se deslíen en un misterioso ambiente, tachonado por las luces de los cirios. En el fondo lejano se adivina, más que se ve, el altar mayor, disforme carpintería barroca y estofada. A la derecha un órgano pequeño, nuevecito, de excelente es. Toca con maestría el mismo fraile italiano que antes hablaba de la simiente de alfalfa y remolacha forrajera.

EL CONDE.- (Que sin darse cuenta de ello, entrelaza y confunde su rezo con sus meditaciones.) Señor de los cielos y la tierra, ilumíname, dame la verdad que busco...

No muera yo sin conocerla... Que acabe mi vida con mis dudas horribles... Padre nuestro que estás... Creí que la [291] falsa es Dolly, y la legítima Nell... y ahora creo lo contrario: Dolly es la buena, Nell la mala, la intrusa... Señor, que no prevalezca en mi familia la usurpación infame... El pan nuestro...

EL CORO.- Recordare Domine quid acciderit nobis... Intuere et respice opprobrium nostrum.

EL CONDE.- No me tengas, Señor, sobre esta zarza de las dudas... Me revuelco en ella, y mi cuerpo es todo una llaga... Dame la verdad, y que la verdad sea puerta para entrar en la muerte... Líbrame del oprobio de mi nombre, y aparta de mi descendencia el deshonor.

EL CORO.- Haereditas nostra versa es ad alienos, domus nostrae ad extraneos...

Suena con dulcísimos acordes el órgano. Encantado de oírle, el CONDE se inclina hacia el PRIOR para elogiar el instrumento y las hábiles manos que lo tocan.

EL PRIOR.- ¡Excelente organito!... Regalo de su hijo de usted, el señor Conde de Laín, que nos lo mandó de París. La carta en que me anunciaba este obsequio fue la última que de él recibí.

EL CONDE.- (Que desvaría un poco, afectado de la solemnidad del lugar y ocasión y de la lúgubre poesía que allí emana de todas las cosas.) Pues me lo había figurado... Como apenas veo, mi oído tiene una sutileza extremada, y [292] en esos dulces acentos escuché la propia voz de mi pobre Rafael resonando en la iglesia...

¡Desdichado hijo mío! ¿Verdad, P. Maroto, que mi hijo merecía mejor suerte? Pero la felicidad no es para los buenos. (El PRIOR contesta con cabeceos, por no creer que es ocasión de largas conversaciones, y continúa rezando. Pasa tiempo. La placidez del sitio, la suave temperatura, el monótono canto, determinan en el viejo ALBRIT una sedación dulcísima, y recostándose sobre la derecha en el amplio sitial, se adormece. A ratos se despabila, y perdida la noción de la realidad, olvidado de dónde está, dirige al PRIOR palabras que este estima de una incongruencia absoluta. En aquel sopor, cuyas intercadencias no es posible apreciar, ve y oye el desdichado prócer extrañísimas cosas. Si al despertar tiene algunas por disparates, otras quedan en su mente como verdades incontrovertibles. No puede dudar que su hijo Rafael se aparece en el coro, viniendo de la iglesia, vestido de monje, y avanzando lentamente se llega a su padre, y le habla... Bien seguro está que le dice algo, y más le dijera si su imagen no desapareciese súbitamente como una luz que el viento apaga.)

EL PRIOR.- ¿Qué dice el señor D. Rodrigo?

EL CONDE.- Me parece que hablo claro... La falsa es Nell. Me lo dice quién lo sabe... (Enteramente despabilado.) ¡Ah!... perdone usted... No he dicho nada. Estas cosas no deben decirse. (Mira en torno suyo, y nada ve. Pero advierte que han cesado los cánticos, y que el oficio ha concluido. La Comunidad se retira.)

EL PRIOR.- (Levantándose.) Eccellenza... hemos terminado nuestro rezo. Tome usted mi brazo, y saldremos. [293]

EL CONDE.- (Apoyado en el brazo del PRIOR.) Es hermoso poseer la verdad...

EL PRIOR.- Cuando se posee.

EL CONDE.- Yo la tengo.

EL PRIOR.- Verdades hay, amigo mío, que no merecen que las poseamos. Vale más la duda que ciertas verdades. Lo que hay que tener es fe.

EL CONDE.- También la tengo. A ella me acojo, y de ella tomo mi energía para esta batalla con la espantosa duda... (Con grande extrañeza.) Pero dígame, ¿dónde se meten Carmelo y el Alcalde y el Médico de Jerusa? No les siento. ¿Es que están todavía examinando carneros y vacas?

EL PRIOR.- (Retardando la contestación, que supone ha de ser penosa para el anciano.) Pues D. Carmelo...

EL CONDE.- ¿Es que duerme aún la siesta para empalmar mejor la comida con la merienda? Me asombra que el Alcalde, que es tan beato... por dar ejemplo a las masas, como él dice... no haya venido a las vísperas. [294]

EL PRIOR.- (Arrancándose, por aquello de «el mal camino andarlo pronto».)

Señor Conde de Albrit, esos señores se han vuelto a Jerusa.

EL CONDE.- (Parándose en firme, erguido. El estupor contiene aún el estallido de su ira.) ¡Se han vuelto a Jerusa...!

EL PRIOR.- (Resuelto.) Esos caballeros piensan, como yo, que el señor Conde debe permanecer aquí.

EL CONDE.- (Airado.) Me han traído con engaño, me dejan con perfidia... se van...

Me encierran como a una bestia dañina... ¡Me ponen en manos del carcelero, que es usted, la Comunidad... Zaratán maldito!

Escena X

Atrio de la iglesia. Alameda. Portalón.

El CONDE, el PRIOR; algunos monjes, que a distancia se mantienen observando la escena, prontos a intervenir en ella, si lo ordena el Superior con seña o simple mirada.

EL PRIOR.- Yo ruego al ilustre Albrit que se sosiegue, y que vea en esto un acto sencillísimo, dictado por la amistad, por el afecto que todos le profesamos. [295]

EL CONDE.- ¡Encerrarme traidoramente, como a un loco, como a un criminal!

EL PRIOR.- (Empleando la persuasión y buenos modos, que estima más eficaces.) Eccellenza, considere que está en su casa... ¿No dice nada a su espíritu la paz de este santo instituto? Cuantos aquí vivimos con sagrados al servicio de Dios y al trabajo de la tierra, somos sus amigos, no sus carceleros.

EL CONDE.- Estimo la buena intención, señor mío; pero a mí no se me enjaula, atentando inicuamente a mi libertad.

EL PRIOR.- ¿Y para qué quiere usted esa libertad más que para calentarse los sesos, acometiendo empresas ideológicas en busca de una luz que no ha de encontrar? (Queriendo acariciarle.) Créame a mí, que soy su amigo. Estos señores dejan a mi cuidado al león de Albrit, y yo respondo de que, pasada esta efervescencia de amor propio, monseñor nos lo agradecerá. Mi orden me manda acoger al desvalido, y practicar en todo caso las obras de Misericordia.

EL CONDE.- (Decidido a partir.) Muy bien. La novena dice: «No encerrar al prójimo contra su voluntad...» Dígame usted por dónde se sale. [296]

EL PRIOR.- (Dominándose, y persistiendo en los procedimientos de dulzura.) Por segunda vez, Sr. D. Rodrigo, le invito a considerar que es locura oponerse a esta santa reclusión, dispuesta por la familia, patrocinada por los amigos, aconsejada por la Facultad... En ninguna parte tendrá monseñor la paz, la tranquilidad y los bienes materiales que aquí le prodigaremos sin tasa.

EL CONDE.- (Cada vez más colérico.) Maldigo a la familia, maldigo a los amigos, a la Facultad y a este endiablado laberinto de Zaratán, donde quieren que yo me vuelva loco... Pronto, señor Prior, mande usted que me franquee la salida.

(Avanza con paso resuelto por la alameda de chopos jorobados.)

EL PRIOR.- (Tras él, suplicante.) Reflexione usía, señor Conde; considere que ofende a Dios renegando de este santo recogimiento, en que la Religión y la Naturaleza le ofrecen descanso y paz...

EL CONDE.- (Revolviéndose furioso.) No me hable usted de religión... Aquí no la quiero... ¡aquí, donde tendría que oír las misas que dice usted con ese cáliz!... (Con ligera inflexión humorística, que chisporrotea en medio de su indignación.) Del cáliz nada tengo que decir, porque está consagrado... ¡Qué culpa tiene el pobre cáliz!...

¡Pero la misa... usted... esa tal!... No, no quiero vivir en Zaratán, no quiero estar preso...

¿Ni quién esa cuál para encerrarme a [297] mí?... Me encierra porque no haga públicas sus ignominias... ¡Y el Prior de Zaratán es su cómplice; el Prior de Zaratán dice misa en su cáliz; el Prior de Zaratán se presta a ser mi carcelero para que no hable, para que no investigue, para que no descubra la verdad odiosa!... Pero no les vale, no, porque ahora mismo, señor D. Maroto o señor don Diablo, va usted a mandar que me abran aquella puerta, que jamás, jamás ha de volver a abrirse para el Conde de Albrit.

EL PRIOR.- (Ya cargado, con fuertes ganas de meter mano al prócer, y hacerle entrar en razón por el procedimiento más expedito.) Señor Conde, que ya me va faltando la paciencia.

EL CONDE.- ¡La salida... pronto, la salida!

EL PRIOR.- (Apretando los puños.) Le digo a usted que conmigo no se juega.

Albrit es un niño, y como a tal habrá que tratarle. A los niños mañosos se les sujeta y se les... (Acércanse varios frailes, a quienes el PRIOR ha hecho seña. El CONDE, que en sus tiempos ha sido un excelente boxeador, se prepara de puños y brazos, dando a entender su propósito de romper cráneo o clavícula, si hay alguien tan osado que ponga la mano en su ancianidad venerable.)

EL CONDE.- (Con bravura caballeresca.) Abusas tú, Prior, de la desigualdad de nuestras fuerzas, y porque me ves solo pretendes acoquinarme. Pero yo te aseguro que si me [298] vence el número, no será sin que caiga al suelo alguno de estos bigardones, y bien podría suceder que el que caiga no se levante más.

EL PRIOR.- (Aunque no ha boxeado nunca, es hombre de empuje; sus puños cerrados igualan a la maza de Fraga, y los músculos de su brazo compiten en elasticidad y fuerza con el acero. La actitud guerrera del anciano le saca de quicio, y su primer impulso es dar cuenta de él, sin ayuda de sus cofrades.) Ahora lo veremos. ¡Leoncitos a mí!...

EL CONDE.- (Ciego de ira, poniéndose en guardia.) ¡Aquí te espero!

(Rodean los frailes al PRIOR, haciéndole ver con gestos y palabras expresivas la inconveniencia de emplear la fuerza. Basta un momento de reflexión para que así lo comprenda MAROTO; se domina; encuéntrase en la posesión plena de sus facultades perfectamente equilibradas; se ríe de sí mismo, se ríe del CONDE con más lástima que menosprecio, y manda que se le abra la puerta.)

EL CONDE.- ¡Ah! Se me obedece al fin... Abierta la jaula, el león recobra su libertad... ¡Ay del que quiera sujetarle! (Sale presuroso, y se aleja con tal viveza, sacando bríos de sus piernas cansadas, que su rápido andar parece milagroso.)

EL PRIOR.- (Rodeado de los frailes, viéndole partir.) ¡Pobre demente! Te ofrecemos el descanso y lo rehúsas; te damos el olvido de lo pasado, y prefieres revolver las escorias inmundas de tu deshonrada familia. Rechazas nuestra dulce compañía por correr tras un enigma cuya solución [299] no has de encontrar... no, no la encontrarás, porque Dios no lo quiere... (Hablando para sí.) No, no lo quiere; yo, único mortal que sabe la verdad, no puedo decírtela, y aunque pudiera, menguado y díscolo viejo, no te la diría... (Alto.) Mirad, mirad cómo corre. Ni una sola vez ha mirado para atrás. La inseguridad de su paso denuncia el tumulto de sus ideas...

UN FRAILE.- Toma la dirección del Páramo. EL PRIOR.- Quiere ir como hacia la mar.

OTRO FRAILE.- Hacia el cantil de Santo rojo.

EL PRIOR.- Dios ataje sus pasos si van en busca de la muerte. Recémosle un Padrenuestro. (Rezan.) Ya no se le ve... Cae la tarde, hermanos; vámonos a cenar en paz y en gracia de Dios.

Escena XI

Meseta árida, en la cual no crecen más que cardos y aliagas. A trechos, rocas de singulares formas que parecen cuerpos a medio salir del suelo arenoso. Termina la planicie por el Norte bruscamente, como si la tajaran de un golpe con arma formidable. Allí está el filo del cantil, colosal muralla que del mar se eleva, en algunos sitios con declive de peñas escalonadas, en otros con una verticalidad espantable, terrorífica. La altura varía, por la [300] desigualdad de la rasante en la meseta; pero en ninguna parte deja de ser tal, que difícilmente la soporta sin vértigo la mirada. Sube de lo profundo el murmullo hondo y persistente de la mar, dando testarazos en la base del cantil. Anochece. El cielo es tempestuoso.

EL CONDE.- (Solo, andando lenta y descompasadamente, fatigado ya de la carrera que emprendió en su fuga de Zaratán.) Ya me lo decía el corazón... Carmelo, el Mediquillo, y ese Alcalde que envenena a media Humanidad con sus fideos falsificados, han vendido sus conciencias a la infame. ¡Hechuras mías habían de ser! Yo les favorecí, ellos me crucifican, me escarnecen, quieren enjaularme. ¡Dios mío, las veces que le he matado el hambre a ese Pepillo

Monedero, cuando venían inviernos crudos y no podía trajinar con sus caballerías!... Con el vino que me ha robado, cuando me traía las tercerolas de Villarán, se podría emborrachar Carmelo, cuyo vientre es una bodega... Al padre de ese mediquejo le libré de presidio, cuando las talas de Laín. Era un hombre que siempre que Rafael o yo pasábamos por su lado, se ponía de rodillas, y teníamos que darle de palos para que se levantara... Y ahora ¡ay!... ¡Generación ingrata, generación descreída y que nada respetas, generación parricida, pues devoras el pasado, y menosprecias las grandezas que fueron! El honor, la pureza de los nombres, ¿qué son para estos menguados, que se pasan la vida hociqueando en el suelo, para recoger el pedazo de pan que la suerte les arroja? Son de vista baja, y no ven el cielo, ni el sol que nos alumbra... Y ahora, recobrada mi libertad, voy detrás de [301] mi idea, como los Reyes Magos tras de la estrella que les guió al pesebre, en que acababa de nacer la verdad. (Detiénese, un tanto sobrecogido del espantoso estruendo de la mar en aquel sitio. Retumba el suelo. Las olas, en pleamar, penetran en tortuosas cavernas, y se revuelven con furia en las profundidades tenebrosas.) ¡Cómo brama! Mal vino trae esta noche el agua... Y allá, el reventar de la ola suena como cañonazos... Desde este borde distingo el tremendo salivazo de espuma cuando lo escupe para arriba... ¡Hermoso, sublime! (Continúa andando, no sin dificultad, porque va de cara al viento, que sopla del Oeste en rachas violentísimas.) Vaya con el aire... hay que ponerle la proa sin miramientos, y cortarlo con la cabeza, después de bien asegurado el sombrero. De nada me sirve el palo... ¡Qué soledad! O yo no veo absolutamente nada, o no pasa alma viviente por estos sitios... ¿Quién demonios, quién que no sea el estrafalario Albrit, este loco enjaulable, se ha de arriesgar por el horrible páramo en noche tempestuosa? (El viento le hace girar sobre sí mismo; tiene que acudir con ambas manos al sombrero; el palo se le cae.) Hola, hola, ¿esas tenemos, señor vientecito? Pues ahora nos veremos las caras. Primero se cansará usted que yo.

Recojo mi palo, y adelante. Potestad me llamo: no hay quien me rinda. (Es ya noche cerrada, noche lúgubre, de cielo revuelto, invadido de negras nubes veloces, que corren hacia el Este, montando unas sobre otras, acometiéndose... Por entre sus vellones deshilachados, se deja ver, a ratos, la luna creciente, despavorida, que con su lividez ilumina el Páramo, y da siniestro relieve a los peñascos esparcidos, los cuales semejan aquí gatos en acecho, allí esfinges egipcias, más adentro esqueletos de ballenas.) Vaya... parece que afloja la racha. No podía ser menos. ¡Vientecitos a mí...! Adelante... (Sorprendido de oír una voz, que parece humana.) [302] ¿Qué voz es esa? Si no es que el viento se da a la imitación del graznido de los hombres, ha sonado una voz. (Parándose, para oír mejor.) Sí, hasta parece que oigo mi nombre... No, no: es el viento, que sabe pronunciar la última sílaba: brit... brit... (En dirección contraria a la que lleva el CONDE, avanza un hombre; pero cómo anda a favor del viento, más bien parece que vuela. Lo que en tan extraño sujeto aparenta alas son faldones de un largo abrigo. Pasa veloz junto al CONDE. Se para no sin gran esfuerzo, le llama... vuelve a llamarle.)

Escena XII

El CONDE; D. PÍO, sin sombrero, que le ha sustraído el huracán; lleva bufanda al cuello, que se enrosca y desenrosca a cada instante; levitón largo, que se le pone por montera; los pantalones arremangados.

EL CONDE.- (Con voz firme.) ¿Quién es... quién me llama? Si es el viento... perdone, hermano, no llevo suelto.

D. PÍO.- (Que se ve obligado a agarrarse al CONDE para no caer.) Soy yo, señor.

¿No me ha conocido? Soy Pío, el profesor de las niñas.

EL CONDE.- ¡Ah! Coronado... Acabáramos. ¿Y qué traes por estos sitios tan amenos, en noche tan deliciosa?

D. PÍO.- En el momento de encontrar a usía buscaba mi sombrero, que arrebató el viento. [303]

EL CONDE.- Pues no es fácil que te lo devuelva. Si temes constiparte sin sombrero, ponte el mío. En verdad, no me sirve más que de estorbo...

D. PÍO.- Gracias, señor Conde. Estamos en el peor sitio. Agarrémonos bien el uno al otro, y vámonos a lugar más abrigado y seguro... Por aquí, señor... (Se agarran y se internan, alejándose del cantil.)

EL CONDE.- Por lo visto, las revueltas del Páramo te son familiares.

D. PÍO.- Si es mi paseo favorito. Esta soledad, esta aridez, este ruido de la mar me enamoran. Llega para mí un momento, al terminar el día, en que me hastían de tal modo las personas, que me arrimo a los animales; pero me hastían también los domésticos, y busco la compañía de los lagartos, de los saltamontes, de los cangrejos, y de todo lo que más se diferencia de nosotros.

EL CONDE.- Comprendo tu odio al género humano, infeliz Pío. Dícenme que eres muy desgraciado en tu casa.

D. PÍO.- (Llevándole a un sitio resguardado del viento.) Sí, señor. Más de una vez he venido a estos cantiles con el propósito de arrojarme por el más empinado. Pero... [304]

EL CONDE.- Te ha faltado valor.

D. PÍO.- (Candoroso.) Sí, señor... Me faltan ánimos. Esta noche misma llegué decidido, tan decidido, que ya me estaba viendo cenado por los peces; pero en el momento crítico...

EL CONDE.- ¡Matarse, qué locura! Hay que luchar, luchar sin desmayo para aniquilar el mal.

D. PÍO.- (Con tristeza.) ¡Ah!, eso no es para mí. Luche quien pueda. Yo no sirvo; nací para dejar que todo el mundo haga de mí lo que quiera. Soy un niño, señor Conde, y no un niño de raza humana, sino de la raza ovejuna; soy un cordero, aunque me esté mal en decirlo. Nací sin carácter, y sin carácter he llegado a viejo. Permítame que me alabe. Soy el hombre más bueno del mundo; tan bueno, tan bueno, que casi he llegado a despreciarme a mí mismo, y a futrarme, con perdón, en mi propia bondad.

EL CONDE.- Y tuya es una frase que corre como proverbial en Jerusa: « ¡Qué malo es ser bueno!»

D. PÍO.- Porque de la bondad me vienen todas mis desgracias... parece mentira. En mí no encuentro [305] fuerza para hacer daño a ningún ser, llámese mosquito, llámese mujer u hombre. Donde yo estoy, está el bien, la verdad, el perdón, la dulzura... y llueven sobre mí las desdichas como si mi bondad fuera un espigón de metal que atrae el rayo... Señor, he llegado a un extremo tal de sufrimiento, que ya no puedo más; quiero arrojar por ese cantil el fardo de mi bondad, que es mi vida. Mi vida, o sea mi bondad, ya me enfada, me apesta, me revuelve el estómago... ¡Váyase a los profundos abismos, bendita de Dios!

EL CONDE.- Ten paciencia, Pío. Si eres tan bueno, Dios te dará tu merecido... Pero si hemos de charlar, desahogando en la confianza y amistad recíprocas las penas de uno y otro, no será malo, bendito Coronado, que me lleves a un sitio cómodo donde pueda sentarme. Por mi nombre te juro que estoy cansado.

D. PÍO.- (Guiándole.) Precisamente llegamos a un recodo donde estaremos a cubierto del vendaval. Entre estas peñas enormes, que parecen dos formidables canónigos con sus sombreros de teja, he descabezado yo mis sueñecitos algunas noches que he dormido fuera de casa. Aquí podemos sentarnos, sobre esta limpia arena llena de caracolitos, y hablar todo lo que nos dé la gana. (Se sientan.)

EL CONDE.- Dime, Pío: ¿al fin se murió tu mujer? [306]

D. PÍO.- (Tocando las castañuelas.) ¡Al fin!, sí, señor. Dos años hace ya que el infierno la quiso para sí.

EL CONDE.- ¡Cuánto habrás padecido, pobre Coronado! De veras te digo que no hay en la sociedad vicio más desorganizador ni de peores consecuencias que la infidelidad conyugal; y cuando ese atroz delito trae el falseamiento de la ley del matrimonio y el fraude de la sucesión, no hay palabra bastante dura para anatematizarlo. Pues bien: aquí donde me ves, yo estoy en el mundo para combatir y anular las usurpaciones de estado civil, producidas por el desacuerdo entre la Ley y la Naturaleza. Nuestros legisladores no han tenido valor para abordar este problema. Yo lo tengo. He declarado la guerra a la impureza de los nombres, y a todas las ilegitimidades producidas por el infame adulterio.

D. PÍO.- (Embobado.) Ya... ¿Y qué hace el señor Conde para...?

EL CONDE.- Por de pronto, descubrirla usurpación... sacarla a la vergüenza pública... ¿Te parece poco? (D. PÍO, ensimismado, no dice nada.) Pero no hablemos ahora de mis cuitas, sino de las tuyas. Tu mujer, según creo, te dejó un mediano surtido de hijas.

D. PÍO.- (Secamente, mirando al suelo.) Seis... [307]

EL CONDE.- Que son seis arpías, según se cuenta.

D. PÍO.- (Con aflicción.) Llámelas usía demonios o fieras infernales, pues arpías es poco. No me tienen ningún respeto, ni viven nada más que para martirizarme.

EL CONDE.- ¡Y lo aguantas! Tu bondad, pobre Coronado, raya en lo inverosímil, porque si no miente el vulgo... permíteme que te hable con una franqueza que resulta tan extremada como tu bondad... tus hijas... no son tus hijas...

D. PÍO.- (Después de una pausa.) Señor, por duro que sea declararlo, yo... En efecto, tan cierto como ésta es noche, esas hijas... no me pertenecen.

EL CONDE.- Y si de ello estás tan seguro, ¿cómo las tienes contigo?

D. PÍO.- Por ley de la costumbre, que es la gran encubridora de las perrerías que hace la bondad. Desde que nacieron las tengo a mi lado. Me quito el pan de la boca para dárselo a ellas... Las he visto crecer, crecer... Lo peor es que de niñas me querían, y yo...

¿Para qué negarlo?... las he querido, casi las quiero, no lo puedo remediar... [308] (ALBRIT suspira.) No tengo vergüenza, ¿verdad, señor Conde? No soy digno de hablar con un caballero como usía.

EL CONDE.- Eres un desgraciado, y yo quiero que seamos amigos. Dime otra cosa: esas tarascas, ¿permanecen solteras?

D. PÍO.- Dos casaron con los primeros ladrones del pueblo. A una la abandonó el marido, y está otra vez en mi casa: empina el codo, y me dice las cosas más indecentes que se le pueden decir a un hombre. María y Rosario tienen por novios a dos perdidos: el uno barbero, el otro muy dado al matute. Esperanza es loca por los hombres, y se va tras ellos por las calles y caminos, sin reparar que sean soldados, amoladores o titiriteros, y Prudencia, la más chica, me ha salido un poquito bruja. Echa las cartas, cura por salutaciones... y roba todo lo que puede.

EL CONDE.- (Con piadosa lástima.) No conozco otro ser más dejado de la mano de Dios. Sobre tu bondad caen todas las maldiciones del Cielo. ¿Cómo en tantos años no has tenido un día, una hora de entereza de carácter, para echar de tu lado a esas hembras espúreas que te consumen la vida?

D. PÍO.- No me pida el señor Conde que tenga carácter, que es como pedir a estas peñas que den [309] uvas y manzanas. Soy bueno; me reconozco el mejor de los hombres. En un punto está que uno sea un santo o un mandria. Mi mujer, que de Satanás goce, me dominaba; me hacía temblar con sólo mirarme. Yo hubiera tenido valor delante de una docena de tigres; delante de aquel monstruo no lo tenía. Tan grande como mi paciencia era su liviandad. Me traía los hijos; nacían en casa. Yo le decía verdades como puños; pero no me escuchaba. ¿Qué había de hacer yo con las pobres criaturas, ni qué culpa tenían ellas? ¡No las había de tirar en medio de la calle! Crecían, eran graciosas, se dejaban querer. El tiempo me alargaba la bondad, y yo era más bueno cada día... y me dejaba ir, me dejaba ir... Nunca tuve resolución... Mañana será otro día, decía yo, y, en efecto, señor, todos los días, en vez de ser otros, eran los mismos... El tiempo es muy malo, es como la bondad... Entre uno y otro hacen estas maldades que no tienen remedio.

EL CONDE.- (Meditabundo.) Buen Pío, tu filosofía resulta dañina; tu bondad siembra de males toda la tierra.

D. PÍO.- Déjeme que siga contándole, para que acabe de despreciarme. Lo que sufro con esas culebronas a quienes llamo hijas no hay palabras para decirlo. Ellas me pegan, ellas me insultan, ellas me matan de hambre; ellas gozan con mis dolores, con mi vergüenza... ¡Qué malas, qué malas son! Cada una es un demonio, [310] y juntas el Infierno. Y que no me vale huir de mi casa y abandonarlas, porque salen desaforadas a buscarme, y me cogen, y me llevan por fuerza, y me besuquean y hacen mil carantoñas. Tengo el corazón tan blando, que cuando veo llorar a alguien soy un río de lágrimas. Pues cuando alguna se pone mala, ¡si viera usía lo inquieto y apenado que estoy! Nada, que me falta tiempo para correr a casa del médico, a la botica...

EL CONDE.- Eres cosa perdida. Vas al abismo, buen Coronado.

D. PÍO.- (Agitadísimo.) Lo sé, señor Conde... Por eso pido a Dios que me lleve pronto al Cielo, porque allí, lo que es allí... supongo que podrá uno ser tierno de corazón y de voluntad sin perjudicarse... allí puede uno ser todo amor, sin que le descalabren, le pellizquen y le aporreen.

EL CONDE.- El Cielo, sí. Para ti no hay otro sitio. Aquél es tu mundo, y no debiste, no, Coronado, no debiste venir a éste.

D. PÍO.- (Con desesperación.) ¿Pero acaso yo me he traído?

EL CONDE.- Si no te has traído, puedes volverte cuando quieras. Ahora comprendo la razón y excelente lógica de tus propósitos de suicidio. [311]

D. PÍO.- (Con efusión.) Me suicido porque soy un ángel, y nada tengo que hacer en este mundo.

EL CONDE.- (Indicando la dirección del cantil.) Es verdad... Vete pronto al tuyo, al Cielo. Por hacerme compañía no te entretengas.

D. PÍO.- (Que, sintiendo frío en la cabeza, se la cubre con el pañuelo, y anuda las puntas bajo la barba.) Si quisiera el señor Conde prestarme su pañuelo para sonarme, pues el mío me lo he puesto por la cabeza...

EL CONDE.- Hijo, sí; tómalo y suénate todo lo que quieras... Me parece que debemos continuar andando, porque nos enfriamos. Yo estoy aterido.

D. PÍO.- Como el señor Conde guste. (Levántase y le da la mano.) El viento afloja; ahora se descubre la luna.

EL CONDE.- (Andando los dos del brazo.) Pues en este momento, mi buen Coronado, se me ocurre una idea que puede ser tu salvación. Tú te librarás de todo mal a que tu bondad te ha traído, y yo tendré el gusto de producir en ti el único bien que has disfrutado en tu vida.

D. PÍO.- (Algo inquieto.) ¿Qué idea es esa, Sr. D. Rodrigo? [312]

EL CONDE.- Pues muy sencillo. Tú no tienes valor para lanzarte de este mundo al otro. El valor que a ti te falta, a mí me sobra. Te agarro, te arrojo por el cantil, y al llegar abajo ya eres cadáver y se han acabado tus sufrimientos. (Pausa.)

D. PÍO.- (Que se rasca la cabeza, metiendo la mano por debajo del pañuelo.) Es una idea excelente. Por mi parte, no me opongo... Al contrario... Lo único que temo es que la muerte no sea muy rápida...

EL CONDE.- ¿Pero qué estás diciendo? Morirás en menos de cinco segundos. No, no encontrarás muerte mejor, ya emplees arma, veneno, o el ácido carbónico. Muerte instantánea, súbita entrada en la felicidad, en el Paraíso, de que nunca debiste salir. Si no me engaño, estamos en una parte del cantil que ni de encargo. Aquí la cortadura es vertical, la altura vertiginosa... Con que...

D. PÍO.- (Algo alelado.) Sí, sí... Pero ahora caigo en otro inconveniente, y éste sí que es grave, gravísimo, señor Conde. Como alguien nos habrá visto venir hacia acá, fácil es que acusen a usía de mi muerte; y le metan en la cárcel... y causa criminal al canto, por homicidio, con nocturnidad, alevosía... No, no, señor Conde. ¡Cómo había yo de consentirlo! [313]

EL CONDE.- Nadie nos ha visto, ni es lógico que sospechen de mí... Decídete: ya ves qué fácil, ahora... ¿Oyes la mar que brama, como pidiendo que le arrojen algo con que entretenerse?... Pero hay más, carísimo Pío: figúrate tú el chasco que se llevarán tus hijas

314

cuando vean que ya no tienen a quién martirizar, que se les ha escapado la víctima... ¡ja, ja!... Se revolverán unas contra otras, y furiosas, tirándose de los pelos, se enzarzarán con uñas y dientes...

D. PÍO.- (Riendo.) Sí, sí... y a ver quién les manticnc cl pico... ¡Y que van a rabiar poco esas bribonas cuando yo me vaya! ¡Y con qué júbilo les diré yo desde allá:

«Fastidiaos ahora, grandísimas puercas...!» Por supuesto, créame el Sr. D. Rodrigo, al recibir la noticia de que me ha tragado la mar, llorarán... porque, en medio de todo, me quieren... a su modo.

EL CONDE.- Y tú a ellas también. Remachas tu bondad con el tremendo deshonor de amarlas. Para poner fin a tanta ignominia es preciso... (Le agarra fuertemente por la cintura.)

D. PÍO.- (Riendo, para disimular su temor.) Otro día, señor Conde, otro día... Esta noche me encuentro algo destemplado.

EL CONDE.- (Soltándole.) Como tú quieras. [314]

D. PÍO.- (Alejándose del cantil.) No podemos, no podemos tomar esa determinación sin que yo escriba un papel en que diga que sucumbo de motu proprio.

EL CONDE.- Bien. No está de más hacer las cosas con la preparación y formalidad debidas.

D. PÍO.- (Gravemente.) Otra noche, después de disponerlo todo muy bien, nos reuniremos aquí.

EL CONDE.- Pues mira, ahora me alegro de que se quede la función para otra noche, porque así podrás darme algunas informaciones acerca de mis nietas... Dime: ¿en dónde estamos ya?

D. PÍO.- Cerca del Calvario, en el lindero del bosque.

EL CONDE.- Pues al pie de la cruz echaremos otra sentada... Me harás el favor de decirme...

D. PÍO.- Todo lo que el señor Conde quiera. (Despéjase un poco el cielo, y a la claridad de la luna andan los dos ancianos con menos lentitud. Llegan al Calvario, y se sientan en la meseta de granito que sustenta las cruces.) [315]

EL CONDE.- Muy bien estamos aquí... Hablemos de Nell y Dolly. Dime, ante todo:

¿Tú te sientes con el saber, con la suficiencia necesaria para instruir a mis nietas? ¿Te reconoces verdadero maestro de lo que ellas ignoran?

D. PÍO.- Señor Conde, yo...

EL CONDE.- Nada, nada: deja a un lado el amor propio, y respóndeme. Olvídate de quién soy y de quién eres. Somos dos amigos.

D. PÍO.- (Olvidando las categorías.) Pues amigo Albrit, diré a usted... digo a usía que, tan cierto como ese astro es luna, yo no sé una palabra de nada. Sabía, sí, sabía mucho, aunque me esté mal el decirlo; pero las desgracias me han desconcertado horriblemente el magín. Mi memoria es un desván lleno de telarañas. Subo a él en busca de mi sabiduría, y sólo encuentro retazos deshechos, trastos inútiles... Y como soy hombre de conciencia, más de una vez le he dicho a D. Carmelo que busque otro preceptor para las niñas... Una sola ciencia, o arte más bien, conservo en mi caletre. Es lo único que me queda en esta dispersión tristísima de mis conocimientos.

EL CONDE.- ¿Qué es? [316]

D. PÍO.- Pues la Mitología. Todo lo he olvidado, menos el admirable y poético simbolismo de los griegos... Es raro, ¿verdad? ¿Y a qué debo atribuir que se agarre a mi entendimiento la dichosa Mitología? Pues lo atribuyo a que en ella todo es falso. En conciencia, señor Conde, yo declaro que no puedo enseñar a las niñas más que dos cosas: la reforma de letra, por Torío, y la fábula mitológica.

317

EL CONDE.- Ya no tendrás que enseñarles nada, bendito Coronado... Y ahora, vamos a mi asunto: tú que las has tratado íntimamente, tú que has vivido en contacto con sus inteligencias en capullo, con sus corazones virginales, dime: ¿cuál de las dos te parece más noble, más moralmente bella, más digna de ser amada?

D. PÍO.- (Meditabundo.) No es tan fácil determinar...

EL CONDE.- Porque iguales no ha de ser. En la Naturaleza no hay dos seres enteramente iguales.

D. PÍO.- Igualdad, en efecto, no hay. Los caracteres son distintos. Vaya usted a saber si salen al padre, a la madre, o a los abuelos... [317]

EL CONDE.- Yo quiero que designes la mejor. Figúrate que una ley ineludible te obliga a tomar una y a sacrificar la otra. (D. PÍO se muestra sorprendido y confuso.) Hazte cuenta de que no hay más remedio, de que no puedes evadir el dilema terrible.

D. PÍO.- (Rascándose la cabeza.) ¡Vaya un compromiso! Pues si la cosa es tan por la tremenda, si no hay más solución que escoger una... (Decidiéndose, tras larga vacilación.) Pues... con todas sus travesurillas, con toda su inquietud diablesca, y, si se quiere, desvergonzada, la preferida es Dolly.

EL CONDE.- ¿Y en qué te fundas para tu preferencia?

D. PÍO.- (Lleno de confusiones.) No sé... Hay algo en Dolly que me parece superior a cuanto vemos en el mundo. O mucho me equivoco, señor de Albrit, o la engendraron los ángeles.

EL CONDE.- (Gozoso de encontrar una afirmación.) Mi Rafael era un ángel. Soy de tu opinión con respecto a Dolly, agudísimo Coronado. Veo que tu inteligencia sabe penetrar en la razón y fundamento de las cosas. Y me figuro que tu juicio se funda en observaciones... [318]

D. PÍO.- (Con inocencia angelical.) Sí, señor... también. Cuando estuvo aquí toda la familia dos años ha, observé en el señor Conde de Laín la misma preferencia.

EL CONDE.- (Excitado.) ¿De veras?... ¿Qué me dices?

D. PÍO.- Cuando paseaban, que era las más de las tardes, Dolly iba colgadita del brazo de su papá.

EL CONDE.- ¡Oh, Coronado ilustre, qué consuelo me das!

D. PÍO.- (Apoyándose en la rodilla de ALBRIT.) Y Nell del de su madre. D. Rafael idolatraba a Dolly.

EL CONDE.- ¿Dices que hace dos años?

D. PÍO.- Y antes lo mismo. Después no volvió por aquí.

EL CONDE.- (Animadísimo.) Pío, gran Pío, abrázame. La concordancia de tus ideas con las mías me llenan de júbilo.

D. PÍO.- (Con desaliento.) El señor Conde es feliz. Sus nietas le adoran y le dan mil consuelos. Yo, en cambio, tengo el Infierno en mi casa. [319]

EL CONDE.- (Gozoso.) Respira, hijo. Tus infortunios concluirán pronto, gracias a mí, y te hartarás de bienaventuranza, y tu bondad podrá explayarse, ser eficaz, y servir de ejemplo en el Cielo mismo.

D. PÍO.- (Sorprendido de la animación de su amigo.) Parece que está contento el señor Conde.

EL CONDE.- Sí... ¡Siento en mí una alegría...! Me río de pensar en la cara que pondrán Gregoria y Venancio cuando me vean entrar. Esta noche cenarás conmigo.

D. PÍO.- (Suspirando.) Bueno: así entraré más tarde en casa. Cuando llegue a las tantas, y cenado, será ella.

EL CONDE.- Te acompaño, ¿quieres?, y armados los dos con buenas estacas, daremos un recorrido a las bribonas de tus hijas.

D. PÍO.- (Contagiado del humor festivo del CONDE.) Por Saturno, padre de los dioses, señor, que eso sería un lindo paso. Pero, ¡ay, cómo se vengarían después las muy perras!

EL CONDE.- (En vena de hilaridad.) ¡Y ese bon vivant de Carmelo, y el Médico, que creen haberme dejado preso en los Jerónimos, figúrate la cara que pondrán...! [320]

D. PÍO.- (Tocando las castañuelas.) Sí, sí: estará bueno el sainete.

EL CONDE.- (Impaciente.) Vamos, vamos, que ya es hora de que nos riamos tú y yo, para desenmohecer nuestros espíritus, quitándonos las murrias de esta noche lúgubre... Bendito Coronado, padre general de los pelmazos, compendio de todos los males que acarrea la bondad, ya mereces la alegría... Vena a mi casa...

(Se agarran del brazo, y apoyándose el uno en el otro, se dirigen con incierto paso a la Pardina.)

Escena XIII

Comedor en la Pardina.

VENANCIO, GREGORIA, SENÉN, disponiéndose a cenar; después el CONDE y D. PÍO. GREGORIA pone la mesa.

VENANCIO.- Me parece mentira que estemos libres de ese estafermo insoportable.

GREGORIA.- ¡Ay qué descanso! Ya vivimos otra vez en la gloria. Cenaremos tranquilos, y nos acostaremos dando gracias a Dios.

SENÉN.- ¿Y estáis bien seguros de que se conformará con el encierro? [321]

GREGORIA.- Y si no se conforma, que llame a Cachán.

VENANCIO.- Dice D. Carmelo que se quedó dormidito en el coro. Pues como se desmande y quiera escabullirse, no faltará quien le sujete; que el Prior de Zaratán no es hombre de mieles como nosotros, y las gasta pesadas. (Óyese la campana de la puerta.)

GREGORIA.- (Temblando.) ¡Jesús me valga!

VENANCIO.- Ha sonado la campana... Alguien entra... (Se asoma a la ventana.)

Será José María...

SENÉN.- (Que también se asoma.) ¡Qué chasco, si fuera Albrit!...

GREGORIA.- (Trémula.) Si me parece que he oído su voz diciendo: « ¡Ah de casa!»
VENANCIO.- No puede ser... (Mirando afuera.) ¡Rayos y jinojos, él es! [322

GREGORIA.- Será un alma del otro mundo... [322]

SENÉN.- Se ha escapado el león...

EL CONDE.- (Entrando; tras él D. PÍO, que, distraído, conserva su pañuelo a la cabeza.) Sí, aquí está la fiera... Soy yo, mis queridísimos Gregoria y Venancio; el propio Albrit, vuestro señor que fue, después vuestro huésped. (Dirígese con calma al sillón que suele ocupar.) Y me acompaña mi buen amigo D. Pío Coronado, a quien veis en esa extraña facha porque el aire le privó de su sombrero.

D. PÍO.- (Con timidez, quitándose el pañuelo.) Perdón les pido... Me retiraré si estorbo.

EL CONDE.- Aquí no estorba nadie... (A VENANCIO y GREGORIA.) Ya comprenderéis que no vengo a pediros nuevamente hospitalidad. Con vuestras groserías me arrojasteis de la Pardina. No veáis en mí al pobre importuno que, despedido cien veces,

323

cien veces vuelve. No: no entro en vuestra casa; entro en la casa de mis nietas, a quienes necesito ver esta noche.

VENANCIO.- Señor... yo no he arrojado a usía... Es que se creyó que estaría mejor en los Jerónimos.

EL CONDE.- ¡Al diablo tú y los Jerónimos! [323]

GREGORIA.- La santa Virgen nos ampare.

SENÉN.- (Queriendo meter su cucharada.) Lo que quiere decir el señor Conde es que...

EL CONDE.- (Impaciente.) Lo que quiero decir es que necesito ver a mis nietas pronto. ¿Dónde están? ¿Por qué no han salido a recibirme?

GREGORIA.- Ha olvidado el señor que las convidó la señora del Alcalde.

EL CONDE.- (Severo.) Que vayan a buscarlas inmediatamente. (GREGORIA y

SENÉN se ofrecen a traer a las niñas.) No, de ti no me fío... Tampoco tú eres de fiar...

D. Pío, hágame el favor de traerme a Nell y Dolly.

SENÉN.- (Lisonjero.) Iré yo también, para que vea usía con qué solicitud ejecuto sus órdenes. (Vanse SENÉN y D. PÍO.)

VENANCIO.- (Haciendo de tripas corazón.) El señor querrá tomar algo.

GREGORIA.- Como no contábamos con usía, nada hay preparado. [324]

EL CONDE.- Os lo agradezco. Cuando vengan mis nietas decidiré. Tú, Venancio, me harás el favor de ir a la Rectoral, y decir a Carmelo que deseo verle esta noche.

VENANCIO.- El señor cura estará cenando...

EL CONDE.- Eso no es cuenta tuya. Haz lo que te digo.

VENANCIO.- Bien, señor.

GREGORIA.- ¿Y a mí qué me manda usía?

EL CONDE.- Que puedes irte a tus quehaceres. Deseo estar solo. (Apoyando en la mano su cabeza, quédase meditabundo.)

GREGORIA.- (A su marido, que, al retirarse, amenaza con un gesto furtivamente al CONDE.) ¡Por Dios, Venancio...!

VENANCIO.- ¡Otra vez en mi casa...! Yo te juro que mañana no habrá en la Pardina más que un león... el de piedra, que está en el escudo. (Se van.) [325]

Escena XIV

Jardín y casa del ALCALDE. Al llegar SENÉN y D. PÍO, ven y admiran el jardín, iluminado con farolitos de colores colgados de los árboles. En la sala baja, cuyas ventanas están abiertas, suena el cascabeleo del piano. Óyense desde la calle alegres risotadas, cantos juveniles y pataditas de baile.

La ALCALDESA, SENÉN; después NELL; mucha y diversa gente, pollas y chicarrones de la localidad.

SENÉN.- (Hablando con la ALCALDESA en la puerta de la sala baja, que está de bote en bote.) Sí, señora, que vayan al momento. Nos ha mandado a D. Pío y a mí con esta comisión. Al maestro le he dejado en el jardín como un palomino atontado.

Esta y no otra es la razón de que vengamos a turbar el regocijo de su fiesta monocrástica.

LA ALCALDESA.- (Sofocando la risa.) Onomástica, Senén.

SENÉN.- (Sin dar su brazo a torcer.) En Madrid lo decimos de varios modos.

Decimos también fiesta morganática.

LA ALCALDESA.- Bien, hombre, no riñamos por una palabra... Pero no acabo de creer que el león se haya escapado de la espléndida jaula de Zaratán. Cuando lo sepa José María, ¡bueno se pondrá! ¡Y [326] D. Carmelo tan confiado en que el Prior se daría sus mañas para retenerle!

SENÉN.- Me inclino a creer que no hay quien pueda con Albrit. Para su soberbia no se han inventado jaulas ni barrotes fuertes.

LA ALCALDESA.- Te advierto que las chicas no saben nada de esta conspiración para enjaular a su abuelo.

SENÉN.- Conviene que lo ignoren.

LA ALCALDESA.- Es un dolor que ese viejo extravagante las llame en lo mejor de la fiesta. ¡Están tan divertidas las pobres! Lo que han gozado esta tarde no puedes figurártelo. Entra, y tomarás un dulce y una copa. (SENÉN da las gracias, y trata de ganar terreno dentro de la sala; pero el apretado gentío se lo impide.) Está esto imposible... Pues sí: ahora se ve que a estas infelices niñas de Albrit les gusta la sociedad, y que para la sociedad han nacido. Da pena verlas hechas unos saltamontes, del bosque a la playa y de la playa al bosque, cuando su centro, su atmósfera, como quien dice, es la buena sociedad, el dar broma con decoro, y el divertirse lícitamente.

Esta tarde lo hemos visto. ¡Virgen, lo que han picoteado con Manolo y Serafín, los de la confitería! Ellos son saladísimos, llenos de picardía, eso sí; pero elegantitos. Estudian en Madrid. [327]

SENÉN.- (Introduciéndose más.) Les conozco.

LA ALCALDESA.- Van a los estrenos, frecuentan las reuniones, saben de memoria todas las tonadillas del género chico, montan en bicicleta...

SENÉN.- Son chicos muy simpáticos... Allá veo a Dolly de conversación tirada con el tontaina de Tomasín, el del Registrador. Como hay Dios, que le está tomando el pelo.

LA ALCALDESA.- ¿Esa? Es capaz de tomárselo al lucero del alba.

SENÉN.- Procure usted, Doña Vicenta, echármelas para acá, y si no puede usted a las dos, cójame a la que pueda... que ya es tarde y el león debe de estar impaciente, sacudiendo las melenas. (Intérnase VICENTA. NELL, rompiendo por entre el gentío, sofocada, fulgurantes los ojos de la batahola del baile y de la excitación de tanto charloteo, va en busca del antiguo criado de su casa.)

SENÉN.- Señorita Nell, aquí estoy.

NELL.- ¡Vaya un fastidio, Senén! ¡Qué poco nos dura el contento! ¿Por qué no nos deja el abuelito [328] cenar aquí? ¿Se ha puesto malo? (SENÉN deniega.) Pues nos iremos. Espérate un poquito... A ver dónde está Dolly.

SENÉN.- (En tono de protección.) ¡Es lástima que las señoritas no disfruten de la sociedad!... Pero, según mis informes autorizados, pronto se les acabará el aburrimiento y la sosería de este destierro de Jerusa.

NELL.- (Con vivo interés.) «Según tus noticias», has dicho... Ah, Senén, tú has estado en Verola. ¿Hablaste con mamá?

SENÉN.- (Haciéndose el discreto.) Vine esta mañana de Verola. Los vientos que allí corren son que la señora Condesa, cuando regrese a Madrid, no dejará a sus hijas en esta villa provinciana.

LA ALCALDESA.- (En alta voz, en medio de la sala, dando palmadas.) Aquí no se cabe, señoritas y caballeros. Al jardín, a mi jardín, que para eso os lo he iluminado a la veneciana.

(Salida impetuosa de la muchedumbre juvenil de ambos sexos, y de las personas mayores. La juventud se precipita, toma la delantera a los viejos, y se desborda fuera del recinto, ávida de mayor y más fresco espacio en que producir su actividad bulliciosa; la oleada pasa junto a SENÉN, pero no le arrastra.) [329]

NELL.- (Que permanece en la sala, conteniendo su afán de correr también hacia el jardín.) Dime pronto. ¿Te habló mamá? ¿Nos llevará consigo? (SENÉN afirma.)

¿Pero es verdad, o suposición tuyas? ¿Vuelve mamá por aquí?

SENÉN.- Seguramente. Dentro de unos días... Hay allí mucha grandeza, marqueses y duques.

NELL.- ¿Y eso que...?

SENÉN.- (Como quien recela decir lo que sabe.) La señora no podrá... En fin, no sé. Eso depende...

NELL.- (Inquieta.) Habla pronto; dime lo que sepas, o me voy.

SENÉN.- No podré comunicar nada a la señorita si no tiene un poquitín de paciencia. (NELL quiere conducirle al jardín.) Mejor hablamos aquí. Ya ve la señorita que nos hemos quedado solos.

NELL.- (En quien por el momento puede más la curiosidad que el anhelo de divertirse.) Bueno: pues aquí me estoy.

SENÉN.- Por esta noche, me limito a consignar... y esta es noticia adquirida en los centros oficiales... [330] que la señora Condesa ha decidido presentar a sus niñas en sociedad.

NELL.- Tú me engañas, Senén maldito. ¡Oh! Pues si eso fuera verdad, y acertaras... vamos, te regalaría yo muy pronto un alfiler de corbata mejor que ese que llevas...

¿Hablas en broma?

SENÉN.- (Radiante de fatuidad.) Hablo con toda la seriedad propia de mi carácter.

Y si la señorita me promete guardar secreto, le diré otra cosa. Pero ha de asegurarme que esto no saldrá de entre los dos. ¿Palabra?

NELL.- Palabra... y el alfiler si resulta que no me engañas. (SENÉN remusga, haciéndose de rogar.) Maldito, habla de una vez... Vamos, no sé qué te haría.

SENÉN.- Queda entre los dos... No fastidiar... Pues... quieren casar a la señorita...

NELL.- (Vivamente, poniéndose muy encarnada.) ¡A mí!

SENÉN.- A usted... con el primogénito de los Duques de Utrech... Ya sabe: Paquito Utrech, Marqués de Breda... lleva ese título hace seis meses. ¡Vaya un partido! ¡Rico él, elegante él, guapo él!... [331]

NELL.- (Afectando incredulidad y conteniendo la risa, para que no le salga al rostro el contento, que, no obstante, sale a borbotones.) ¡Vaya unos embustes que te traes! Quita allá... ¿tú crees que yo soy tonta?... No me digas esas cosas si no quieres que te...

LA ALCALDESA.- (Llamando desde el jardín.) ¡Nell, Nell! NELL.- Aquí estamos... Voy. (Corre al jardín, y SENÉN tras ella.)

LA ALCALDESA.- Hija, no sé dónde se ha metido tu hermana. Hace un momento estaba aquí...

NELL.- (Llamando.) ¡Dolly!

SENÉN.- Vámonos pronto. (Preguntando en los corros, se averigua que DOLLY hablaba momentos antes con D. PÍO, y... no se sabía más.)

NELL.- Se habrá ido con él.

SENÉN.- Sin duda. En la Pardina la encontraremos. (Despídese NELL y sale con SENÉN, a punto que entra el señor ALCALDE, bufando. Viene de la sesión del Ayuntamiento, que ha sido borrascosa. Sus colegas le han hecho el desaire de rechazar la moción, por él presentada, para que a la calle de Potestad se le cambie el nombre, llamándola Calle del Siglo XIX.) [332]

Escena XV

Comedor en la Pardina.

El CONDE, en la propia actitud en que quedó al final de la escena XIII. Llegan sucesivamente DOLLY, con DON PÍO, NELL, con SENÉN; VENANCIO y GREGORIA, el CURA, el ALCALDE.

EL CONDE.- (Oyendo ruido.) Ya vienen.

DOLLY.- (Entrando presurosa.) ¡Abuelito de mi alma... aquí, tan solito, y nosotras de fiesta!

EL CONDE.- (Besándola.) Alma mía, paréceme que hace un siglo que no te veo.

D. PÍO.- (Sofocadísimo.) En cuanto le dije que usía la llamaba, le faltó tiempo para echar a correr.

EL CONDE.- ¡Hija querida!

D. PÍO.- Ni siquiera se despidió de Doña Vicenta. Me ha traído ¡ay!, como si viniéramos a apagar un fuego.

EL CONDE.- ¿Y Nell? [333]

DOLLY.- Por no detenerme no me cuidé de buscarla entre el tumulto.

D. PÍO.- Ya me parece que llega.

NELL.- (Entrando, seguida de SENÉN.) Albrit... ¿qué ocurre? ¿Qué le pasa al primer caballero de España, mi ilustre abuelo? (GREGORIA y VENANCIO aparecen por el fondo.)

EL CONDE.- (Sorprendido del lenguaje ceremonioso que usa NELL.) Chiquilla, desde que no nos vemos has estudiado más de lo que creí... has adelantado prodigiosamente en la ciencia del mundo.

NELL.- ¿Has paseado mucho...?

DOLLY.- (Acariciando al abuelo.) Demasiado... ¡Pobrecito! ¡Cómo habíamos de permitir tal infamia si la hubiéramos sabido!

NELL.- (Sorprendida.) ¿Pues qué ocurre? (Entra el CURA, un tanto cohibido. No sabe a quién dirigirse primero, si a las niñas o al CONDE.)

DOLLY.- D. Carmelo te lo dirá. [334]

EL CURA.- Niñas mías, podéis creer que al llevarle a Zaratán nos guiaba el deseo de aposentarle dignamente. Creía y sigo creyendo...

EL CONDE.- (Que sale generosamente a la defensa del CURA.) No te apures, Carmelo, por sincerarte. Estas tontuelas no están bien enteradas. Todo se reduce a que me llevasteis a dar un paseo en coche, y yo tuve la humorada de volverme a pie en compañía del buen Coronado.

EL ALCALDE.- (Que entra presuroso, dando resoplidos.) Me lo temía, sí... me lo temía. El señor Conde se nos ha vuelto un chiquillo...

EL CURA.- (Animándose con el refuerzo del ALCALDE.) Y desconoce el grandísimo bien que hemos querido hacerle.

EL ALCALDE.- (Con petulancia.) ¡Vamos, que fugarse del Monasterio! No he visto otra... ¡Desmentir así su respetabilidad!

EL CONDE.- (Con jovialidad desdeñosa.) Amigo Monedero, no es lo mismo hacer fideos que encerrar leones.

EL ALCALDE.- (Quemado.) En una y otra cosa, Sr. de Albrit, me tengo por hombre que sabe su obligación. [335]

EL CONDE.- No la sabe muy bien cuando tan mal le ha salido esta tentativa.

EL CURA.- (Interviniendo pacíficamente.) Permítame, señor Alcalde...

EL ALCALDE.- (Echando roncas.) Digo y repito que sé mi obligación, y que no necesito que nadie me enseñe a sujetar a los que no deben estar sueltos.

EL CONDE.- (Con desprecio.) No te conozco... No puedo ver en esas arrogancias al buen Pepe Monedero, servidor que fue de mi casa, cuando aquí, siguiendo las tradiciones de mi santa madre, consagrábamos parte de nuestra hacienda al socorro de los desvalidos.

EL ALCALDE.- (Desconcertado.) Pues si usted me desconoce, le diré...

EL CONDE.- No te empeñes en ello. No te conozco. Sobre que no veo bien, la ingratitud desfigura los rostros...

DOLLY.- No sea usted ingrato, D. José María.

EL ALCALDE.- (Reventando de vanidad.) Haga usted entender a su señor abuelo que soy el Alcalde de Jerusa. [336]

DOLLY.- (Estallando en ira, con gallarda fiereza.) Pues al Alcalde de Jerusa, y al Cura de Jerusa, y a todos los alcaldes y a todos los curas habidos y por haber en el mundo, les digo yo que es una oficiosidad inicua lo que han querido hacer con mi abuelo...

EL CURA.- ¿Pero tú...?

EL ALCALDE.- ¡Esta mocosa...! Usted...

DOLLY.- (Creciéndose a cada palabra.) Sí, señor, yo... yo misma. Han faltado al respeto que merece el noble desvalido, el anciano, el padre de Jerusa, el que no debiera entrar en estos valles y en este pueblo sin que antes las piedras se levantaran para bendecirle, y hasta los árboles se arrodillaran para adorarle... ¿Por qué queréis privarle de libertad? No padece más locura que el cariño que nos tiene; y si los que se han criado a su sombra le menosprecian o le ultrajan, aquí estamos nosotras, sus nietas, para enseñar a todo el mundo la veneración que se le debe.

EL CONDE.- (En pie, cruzando las manos. La emoción le ahoga.) ¡Señor, Señor, ella es... es la mía...! Su noble fiereza lo declara... (Vuélvese a CORONADO, que está junto a él.) Esta, esta... la mía. [337]

EL CURA.- (Que ha permanecido junto a NELL.) Cálmate, hija mía: tratábamos de mejorar su situación...

EL ALCALDE.- ¡Vaya un geniecillo!

NELL.- (Corriendo al lado del CONDE.) Abuelito querido, sosiégate. Creyeron que en Zaratán tendrías mejor albergue que aquí... Y no me parece mala idea, francamente, porque si nosotras nos vamos con mamá...

EL CONDE.- (Con dulzura un poco seca, sin rechazar sus caricias.) Sí: tú, tú puedes marchar cuando quieras.

NELL.- (Sin comprender.) Se acabó la cuestión... Ahora descansas... Antes se te dispondrá la cena. Dolly, démosle de cenar.

EL CURA.- Podría venir a mi casa...

DOLLY.- ¡Pero si está en la nuestra!

EL CURA.- Dígolo porque... Bien sabéis que las desavenencias de estos días han creado cierta incompatibilidad entre el señor Conde y Venancio... [338]

NELL.- ¡Incompatibilidad! Estamos en nuestra casa.

VENANCIO.- (Adelantándose, seguido de GREGORIA.) Perdone la señorita. Las señoritas, lo mismo que el señor Conde, están en mi casa.

NELL.- (Acobardada.) Es verdad; pero...

DOLLY.- ¿Qué dices...?

VENANCIO.- Digo que, a pesar de todo, por esta noche le alojaremos y le serviremos.

DOLLY.- (Con brioso arranque.) ¿Cómo se entiende? Por esta noche! Por esta y por todas las noches del mundo, mientras nosotras estemos aquí. La casa es tuya, es verdad; pero somos tus amas nosotras, mi hermana y yo: somos tus amas, ¿lo entiendes bien? A excepción de esta huerta, las tierras que cultivas y que tienes en arrendamiento casi de balde, o en administración, nuestras son, nuestras. Somos las herederas de la casa de Laín, y tú, Venancio, y tú, Gregoria, servís a mi abuelo, no por caridad, que caridad está visto que no tenéis, sino porque yo os lo mando, ¿lo entendéis bien?, yo os lo mando... (Repite el concepto con firme autoridad.)

VENANCIO.- La que manda... es...

GREGORIA.- La señora Condesa.

DOLLY.- (Altanera.) Silencio. A disponer la cena... (A GREGORIA.) Tú a la cocina... de cabeza... El Conde de Albrit vive con sus nietas. No nos tenéis de limosna... Cenará aquí, cenaremos los tres aquí (Da un fuerte golpe en la mesa), en esta mesa.

Dormirá en su aposento, que para eso se lo arreglé yo misma esta tarde. Y si no queréis ir a la cocina, iré yo... Y si habéis descompuesto la alcoba, irá Nell a arreglarla... Pronto, vivo... (A VENANCIO y GREGORIA.) A poner la mesa... Señores, se les convida.

EL ALCALDE.- (Con desvío.) Gracias.

EL CURA.- Pero, chiquilla, tú...

DOLLY.- Yo... Me basto y me sobro. Nieta soy de mi abuelo.

EL CONDE.- (Con inmensa ternura y entusiasmo, abrazándola.) ¡Sí, sí!...

¡Sangre mía, corazón de Albrit!

FIN DE LA JORNADA CUARTA

Jornada V

Escena I

Sala baja en la Pardina.

El CONDE, sentado; el MÉDICO, que entra a visitarle, y se sienta a su lado.

EL MÉDICO.- ¿Qué tal, señor Conde? ¿Ha pasado usted mala noche?

EL CONDE.- Malísima... Insomnio, ideas lúgubres, ideas de exterminio; cosa nueva en mí, pues aunque de genio impetuoso y autoritario, nunca hice mal a nadie. Al contrario, mi ruina proviene del...

EL MÉDICO.- (Interrumpiéndole.) Ya lo sé: del altruismo desordenado, de no saber contenerse en la generosidad y protección a todo bicho viviente.

EL CONDE.- (Con amargura.) He cultivado la ingratitud. En el jardín de mi vida, las rosas que planté se me han convertido en zarzales, y entre ellos... no faltan culebras. [342]

341

EL MÉDICO.- (Pulsándole.) Tenemos que enfrenar los nervios, y, sobre todo, cerrar la llave, el grifo de la ideación, demasiado afluente.

CONDE.- Facilillo es eso... ¡Tasarle a uno las ideas o medírselas con cuenta-gotas!

EL MÉDICO.- Todo depende de que usted trate de contener su vida cerebral en los límites de lo presente, de lo práctico, y, si se quiere, de lo prosaico. ¿Me explico?

EL CONDE.- Sí, hijo, sí. Entiendes por poesía la idea exaltada del honor, de la justicia. Es un rodeo parabólico para evitar el empleo de la palabra locura. (El MÉDICO deniega, risueño.) ¡Y queríais curarme con la prosa de Zaratán!

EL MÉDICO.- (Cortando todo motivo de excitación.) No se hable más de eso.

Considérelo usted como una broma. Y si me apura, le diré que nos equivocamos... en el procedimiento, se entiende... (El CONDE intenta decir algo; pero ANGULO, que considera peligroso aquel tema, le quita la palabra cortésmente.) ¡Sí... la libertad, la preciosa libertad!... Estamos conformes... Ahora explíqueme por qué le encuentro hoy más desanimado y caviloso que otros días. [343]

EL CONDE.- ¿Pero estás en Belén? ¿Ignoras que Lucrecia ha vuelto de Verola... y que viene de mal talante, y con la malvada intención de llevarse a las niñas?

EL MÉDICO.- En su buen juicio, no desconocerá usted que las señoritas necesitan otro ambiente, otra sociedad...

EL CONDE.- (Afligidísimo.) ¡Privarme del único consuelo de mi vida! No, no lo consiento, no puedo consentirlo. (Airado, golpea el brazo del sillón.) Me opongo, me opondré resueltamente, y por cualquier medio, al inicuo monopolio que esa perversa quiere hacer del cariño filial.

EL MÉDICO.- Sosiéguese... Ya trataremos de arreglarlo.

EL CONDE.- Sí, sí... ¡Buenos arregladores sois vosotros! ¡Qué amigos me han salido en esta tierra, donde creí haber arrojado a manos llenas simiente de bendiciones!... ¡Pero qué remedio!... No puedo hacer que las piedras se vuelvan amigos.

EL CURA.- (Entrando, jovial, de rondón.) ¿Qué... qué dice? ¡Ya nos está poniendo de hoja de perejil! (El CONDE le mira y calla.) ¿Qué ocurre por aquí? Me dicen que el señor Conde desea verme... [344]

EL CONDE.- Sí, Carmelo... Caigo, me hundo, y en mi desolación me agarro a lo único que encuentro: a las piedras, a vosotros.

343

EL CURA.- Comprendido: se agarra a lo firme, a lo que seguramente le sostendrá.

EL CONDE.- (Con tristeza.) No sois buenos, no... (El CURA sonríe y hace señas al MÉDICO.) Pero no está el tiempo para disputas, Carmelo. No eres bueno, pero te necesito.

EL CURA.- (Risueño.) Quiere decir que soy un mal necesario.

EL CONDE.- (Impaciente por entrar en materia.) Dos palabras: te perdono lo de Zaratán, y a ti también, Angulo. Olvido la pasada broma, a condición...

EL CURA.- A condición de que hagamos comprender a la Condesa que es una triste gracia arramblar con las niñas.

EL CONDE.- (Dolorido.) Es inicuo, cruel...

EL CURA.- Pero como a Lucrecia no le faltan motivos razonables para presentar a sus hijas en sociedad, [345] a las manifestaciones que le hagamos en el sentido que pretende nuestro arrogante león de Albrit, contestará mandándonos a paseo. La cosa es tan lógica, tan sencilla, tan racional...

EL CONDE.- (Vivamente.) Vete a verla, Carmelo; vete allá...

EL CURA.- ¡Si de allá vengo! Pero no ha querido recibirme. Ni las moscas pasan a verla. Según me ha contado Vicenta, viene la condesa de Laín en un estado moral lastimoso. Algo ha ocurrido en Verola que la contraría, que la aflige profundamente.

¿Qué ha sido? Lo ignoramos. Dicen que está abatidísima, los ojos encendidos de tanto llorar, y la pena que agobia su alma la desahoga con los pobres pañuelos, haciéndolos trizas con los dientes.

EL CONDE.- (Con hondo interés.) ¿Y qué creéis vosotros? ¿Ese estado de su ánimo será favorable o adverso a lo que yo pretendo?

EL MÉDICO.- Antes de responder, sepamos la causa de ese duelo.

EL CONDE.- Sea lo que quiera, tú, pastor Curiambro, vuelves allá. Le dices que vas de parte mía... [346]

EL CURA.- ¿De parte del león?... Razón más para que me dé con la puerta en los hocicos.

EL CONDE.- No lo creas. Vas como representante de Albrit, para proponerle una transacción o componenda.

EL CURA.- Ya me figuro. Puesto que se disputan las dos niñas... a dividir. Es un juicio harto más fácil que el de Salomón.

EL MÉDICO.- Partes iguales. No está mal pensado.

EL CONDE.- (Con gran viveza.) Ni puede concebirse solución más práctica y elemental. Una para ella, otra para mí... Pero es condición precisa que yo escoja la mía.

EL CURA.- Sí, sí. Con proponérselo nada perdemos. Falta que se ponga al habla, y que yo pueda hoy dedicar mi tiempo a estos negocios. Señor Conde, esta noche predico.

EL CONDE.- Ya tendrás tu sermón bien guisado... Preséntate a Lucrecia... pero pronto... No te descuides. [347]

Escena II

El CONDE, el CURA, el MÉDICO y DOLLY

DOLLY.- (Quitándose el sombrero.) Aquí mc tienen otra vez.

EL CURA.- ¿Y tu mamá, está mejor?

DOLLY.- Un poquito más sosegada. (Al CONDE.) Como no podemos atender a las dos casas a un tiempo, hemos determinado partirnos.

EL CONDE.- (Con alborozo.) ¿Os partís?... De eso hablábamos, hija mía.

DOLLY.- Allá se queda Nell con mamá, y yo me vengo a la Pardina para cuidarte a ti.

EL CONDE.- ¿Lo veis? Su grande inteligencia, sin ninguna sugestión de mi parte, percibe y pone en ejecución la componenda lógica.

EL CURA.- Yo dudo que...

EL CONDE.- (Inquietísimo.) ¿Dudas?... Oh, Carmelo, no me quites la esperanza, no aumentes mi congoja. ¿Te ríes? [348]

EL CURA.- Sr. D. Rodrigo de mi alma, ni he dicho nada, ni me he reído, ni haré más que cumplir fielmente sus órdenes. Vuelvo allá.

EL CONDE.- (Desconcertado, variando de pensamiento.) No, no vayas; aguarda...

Sí, sí, vete y dile...

EL CURA.- ¿En qué quedamos?

EL CONDE.- (Decidiéndose.) En qué vas. Pero te limitas a anunciarle que yo la visitaré hoy mismo para tratar con ella de un asunto de familia. Cosas tan delicadas no puedo fiarlas a nadie. Tete à tete la pantera y el león, yo propondré...

EL CURA.- Y puede que la convenza, sí, señor... Hay panteras razonables. (Se aparta y habla con DOLLY.)

EL MÉDICO.- (Despidiéndose.) Luego volveré. Supongo que seguirá usted en la Pardina.

EL CONDE.- De ningún modo. No me faltará hospitalidad en cualquiera de las casas de labor, o de las cabañas que fueron mías. En Forbes, en Polán y Rocamor, todos mis antiguos colonos están deseando que el viejo Albrit llegue a su puerta, [349] pidiéndoles un pedazo de pan y un albergue humilde. Verdad que en ninguna de estas casas hallaré las comodidades de la Pardina. Pero no me importa; prefiero guarecerme en la última choza de pastores a soportar aquí la estolidez egoísta de estos ingratos. A otra parte con mis huesos. Iré de puerta en puerta, con la esperanza de encontrar un corazón noble, un alma cristiana...

EL CURA.- Bueno; pues... ya vendré con la respuesta.

EL CONDE.- Aquí te aguardo.

EL MÉDICO.- Hasta luego.

EL CURA.- (Aparte al MÉDICO, retirándose ambos.) Al fin, nuestra pobre fiera apencará con Zaratán.

EL MÉDICO.- ¡Sí es lo mejor!

EL CURA.- ¡Lo único, señor, lo único! (Salen hablando.)

DOLLY.- Abuelito, tengo que decirte una cosa. Que te quiero mucho, mucho.

EL CONDE.- (Con viva ternura, abrazándola.) ¡Corazón grande! [350]

DOLLY.- Y vas a saber otra cosa.

EL CONDE.- (Poniendo el oído.) ¿Es también secreta?

DOLLY.- (Amorosa.) Sí, muy reservada... Que no se entere nadie. Quiero seguir tu suerte. Si pasas trabajos, yo también... Si vas de puerta en puerta, como dices, también yo... Yo contigo, siempre contigo.

EL CONDE.- (Con intensa emoción.) ¡Señor, qué alegría!... ¡Compensación hermosa de mis infortunios! Todo lo que padecí, quebrantos de fortuna, humillaciones, pérdida de seres queridos, se contrapesa con este inmenso galardón de tu cariño, que Dios me da sin yo merecerlo... (Abrazándola y besándola con efusión.) ¿Pues qué merezco yo, que nada soy, que nada valgo ya?... Dios da la bienaventuranza en esta vida, ya lo veo... a mí me la da. No necesita uno morirse, no, para entrar en el Cielo... (Pausa.)

DOLLY.- En la prosperidad o en la desgracia, abuelito, tu Dolly no te abandonará.

EL CONDE.- (Con majestuosa solemnidad, levantándose.) Y yo, por el nombre de Albrit, por los gloriosos emblemas de mi casa, por todos y cada uno de los varones insignes y de las santas [351] mujeres que de ella salieron, asombro y orgullo de las generaciones; por la conciencia del honor y de la verdad que Dios puso en mi alma, por Dios mismo, juro que antes me harán pedazos que arrancar de mi lado a la que es luz, consuelo y gloria de mi vida.

Escena III

Jardín del ALCALDE

El ALCALDE, en zapatillas, con batín de vistosos cordones, como un húsar; la

ALCALDESA, el CURA, SENÉN.

EL CURA.- (Que acaba de entrar.) Aquí otra vez; más ahora no vengo por mi cuenta. Mensajero soy, amigo...

EL ALCALDE.- Ya, ya... alguna nueva leonada.

LA ALCALDESA.- ¿Pero qué quiere ese hombre?

EL ALCALDE.- (En jarras.) Ya me va cargando a mí ese fantasmón, que, después de todo, no es más que un desagradecido, pues bien podía mirar que, enchiquerándole en Zaratán, le dábamos más de lo que merece la polilla de sus pergaminos... Agradezca que da con un hombre de mi pasta... (No se refiere a la de sopa.) [352]

EL CURA.- Amigo mío, hay que respetar las grandezas caídas.

EL ALCALDE.- Pues digo... ¡los moños que se puso anoche, María Santísima!...

LA ALCALDESA.- Hijo, como no somos aristócratas...

EL ALCALDE.- Y hay más. Bien sabía el vejete que ayer celebrábamos tu fiesta monástica...

LA ALCALDESA.- Onomástica.

EL ALCALDE.- Y ni un recado de atención, ni una fineza... Pues digo, la niña segunda, esa Dolly, ha heredado el tupé y la caballería andante o cargante de todos los Albrites y Laínes del obscurantismo. ¿Pues no se me subió a las barbas la muy mocosa?

¡Si la hubieras oído, Vicenta!... Y todo ello cuando acabábamos de atracarla de dulces y de atenciones, aquí, en tu fiesta numismática.

LA ALCALDESA.- Ono... mástica. [353]

EL ALCALDE.- (Bufando.) Lo mismo da... Sacan ahora unas palabras que le vuelven a uno loco... Acabaremos por tener que hablar por señas.

EL CURA.- Lo de anoche, mi querido Monedero, ha perdido su interés con la vuelta repentina de la Condesa en ese estado de tribulación que ustedes me pintaron esta mañana.

EL ALCALDE.- Lo que yo digo a ésta: menudo jollín habrán armado en Verola los duques y marqueses...

EL CURA.- (A la ALCALDESA.) ¿Y no se espontanea con usted, no le cuenta...? LA ALCALDESA.- Ni una palabra.

EL ALCALDE.- Este tunante de Senén debe de saber algo. Pero ahora, desde que ha dado en tener bouquet, como el vino de Burdeos, se nos ha vuelto tan reservadillo, que ni con sacacorchos se le destapa la boca. (Los tres miran hacia un cenador, cubierto de madreselvas, en cuyo interior está SENÉN, sentado, tristón, mirando al suelo.) Tú, funcionario, ven acá... o te voy a poner en mi jardín de estatua de la Hacienda pública esperando un ministro. [354]

LA ALCALDESA.- Desde las ocho de la mañana le tiene usted ahí, esperando audiencia de la que fue su ama.

SENÉN.- (Destemplado, acercándose.) Ya he dicho que no sé nada.

EL ALCALDE.- No negarás que estuviste en Verola.

EL CURA.- ¿Qué personas de viso había en el castillo de Donesteve? SENÉN.- Anda, anda... ¿quién las puede contar?

EL ALCALDE.- ¿A qué no faltaba el Marqués de Pescara?

SENÉN.- Llegó el lunes, y con él los duques de Utrech y sus hijos, y el martes otros, y otros...

EL CURA.- ¿Viste a la Condesa?

SENÉN.- Sí, señor... Cuatro minutos nada más.

EL CURA.- ¿Qué cara tenía? [355]

SENÉN.- La de siempre: la bonita.

EL CURA.- (Riendo.) Pues si no nos das más noticias debemos decirte que nos devuelvas el dinero.

EL ALCALDE.- Este es muy cuco y no se compromete.

LA ALCALDESA.- (Viendo entrar en el jardín a CONSUELITO con medio palmo de lengua fuera.) Aquí viene Consuelito, y en la cara le conozco que no ha perdido el tiempo. Trae comidilla.

EL ALCALDE.- Con tal que no sea fiambre...

Escena IV

Los mismos; CONSUELITO

CONSUELITO. (Gozosa.) Ya estoy de vuelta, y con las alforjas bien repletas.

EL CURA.- ¿La de la espalda?

CONSUELITO.- Las dos... Sois unos mandrias, que aguantáis, sin rascaros la comezón de la curiosidad. Yo no puedo: o averiguo lo que no sé, o reviento. [356]

EL ALCALDE.- ¿Sabes algo, maestra?

CONSUELITO.- ¿Cómo algo?

EL CURA.- Y algos.

CONSUELITO.- No me ofendáis suponiendo que sé las cosas a medias. No: Consuelo Briján, o las ignora por entero, o las sabe de cabo a rabo; y todo, todito lo que pasó ayer en Verola lo conoce ya... y vosotros... ni palabra... y estáis rabiando porque yo os lo cuente: de donde resulta que sois tan curiosones como yo; pero hipócritas al propio tiempo, porque os regaláis con la fruta que buscan los que llamáis chismosos... ¡Ay, dejadme que me siente!... estoy cansadísima... he venido volando para contaros... No, no: punto en boca. Ahora me vengo de los hipocritones, negándome a darles la golosina... (Gozándose en la ansiedad de los que la rodean.) No, no: no digo nada.

Sois más fisgones que yo, y más ávidos del escándalo ajeno que yo... Mira, mira los ojos chispos del Alcaldillo... Y el curita... cómo se relame esperando el dulce... Pues me callo... Soy muy discreta... No me gusta meterme en vidas ajenas. (Con énfasis cómico.) Es pecado; es falta de caridad, de delicadeza... Cada cual se las arregle para buscar la comidilla, que a mí mi trabajito me ha costado sacarla de las entrañas de la tierra. ¡Ahora se fastidian, se fastidian! [357]

EL ALCALDE.- Vaya, no marees, y dinos lo que sepas.

EL CURA.- ¿Pero cómo puede usted saber...? ¿Acaso tiene espías en Verola?

EL ALCALDE.- Los tiene en todas partes. Son corresponsales que le escriben, y hasta le ponen telegramas.

CONSUELITO.- Espías, no; pero tengo mi representación en Verola. ¿Cómo no, habiendo allí tanta gente gorda de la que da que hablar, y estando además Lucrecia, que por sí se basta y se sobra para dar materia a setenta corresponsales?

LA ALCALDESA.- Pues suelta la sin hueso. Abre la espita. ¿Qué ha ocurrido?

CONSUELITO.- (Sin poder contenerse.) Una bronca fenomenal. Lucrecia ha reñido con el Marqués de Pescara, el cual, en una entrevista que tuvieron en la estufa, debió de insultarla... ¡Cosas tremendas, señores, que ponen los pelos de punta! ¡Qué tal habrá sido la gresca, que de ella resultó desafío...!

EL CURA.- Dios nos asista. [358]

CONSUELITO.- La conducta del de Pescara no le pareció bien al Duquesito de Malinas... Que si esto, que si lo otro, que patatín y que patatán. Salieron desafiados para la frontera, donde a estas horas se habrán disparado el uno al otro la mar de tiros.

LA ALCALDESA.- Pero la causa, el porqué de toda esa zaragata...

EL ALCALDE.- Vete a saber. Probablemente celos...

CONSUELITO.- Algún motivo daría Lucrecia para que el Marqués echara los pies por alto.

SENÉN.- (Vivamente.) No habrá sido la Condesa quien ha dado el motivo, sino el Marqués, que hace tiempo venía faltando...

EL CURA.- ¡Ah!, tunante; luego tú sabes... Permítame la señora Doña Consuelo Briján que ponga en cuarentena todo ese folletín de La Correspondencia que acá nos trae...

CONSUELITO.- Mis informaciones, Sr. D. Carmelo, son siempre competentemente autorizadas, y proceden...

EL CURA.- De chismes de lacayos o marmitones.

EL ALCALDE.- Eso no: el corresponsal de mi prima en Verola es un punto que sabe su obligación.

LA ALCALDESA.- (Riendo.) Tadea, la planchadora de los Donesteve.

EL ALCALDE.- Y que no se descuida. Larga unas cartas de seis pliegos, llenos de garabatos, que parecen una alambrera. Ésta sola los entiende.

CONSUELITO.- Y que no se le escapa nada. Antes de la gresca, los Donesteve y Lucrecia habían concertado casar a Nell con el marquesito de Breda, primogénito de Utrech.

EL CURA.- Buena boda. ¿Y a Dolly?

CONSUELITO.- Seguían los tratos para apalabrarla con el hijo segundo.

EL ALCALDE.- Eso se llama barrer para adentro.

LA ALCALDESA.- ¿Y qué más? [360]

CONSUELITO.- La noticia gorda, la bomba final... ¡Ah!, esa no te la digo si no me la pagas en lo mucho que vale.

LA ALCALDESA.- (Riendo.) ¿Qué quieres por ella?

CONSUELITO.- Me has de dar el tarro de dulce de coco con batata que recibiste ayer de la confitería. Ya sabes que me muero por el coco.

EL CURA.- (A carcajadas.) Golosa había de ser.

EL ALCALDE.- Está bueno. ¡Qué le den el dulce por las mentiras!

CONSUELITO.- (Poniendo morros.) Pues si no me lo dan, no hay caso. No suelto una palabra.

LA ALCALDESA.- Hija, no: lo que es el coco, no lo catas...

CONSUELITO.- Pues no cataréis vosotros la miel que tanto os gusta... ¿Ves, ves al curita cómo se relame?... [361]

EL CURA.- (Riendo.) Vicenta, dele usted el tarro, ¡por San Blas!, porque si no se lo dan, no habla; y si no habla, revienta.

LA ALCALDESA.- Bueno; le cederé la mitad.

CONSUELITO.- Anda, cicatera... Pues la noticia es que a Lucrecia le dieron como unos siete ataques espasmódicos seguiditos.

EL ALCALDE.- Bah, bah...

CONSUELITO.- Espérate... Y se tiró de los pelos, y se abofeteó a sí misma, diciéndose por su propia boca muchas más abominaciones que han dicho de ella las bocas de los demás.

EL CURA.- Principio de arrepentimiento.

CONSUELITO.- Como que reconocía que por haber sido ella tan alegre de cascos pasan estas trifulcas. Y consternada, medrosa del Infierno, volvió los ojos a la verdad, y... vamos, que se le ocurrió confesarse. (Estupor general.)

EL CURA.- (Oficiosamente, a la ALCALDESA.) Pásele usted recado, Vicenta.

Dígale que estoy a sus órdenes. [362]

CONSUELITO.- Tarde piache. Desde Verola mandó un propio a Zaratán.

EL ALCALDE.- Sí, hombre... Hace dos años, se confesó también con Maroto. Por cierto que dijimos: «Ya no volverá a las andadas». Pero al poco tiempo... ¡trómpolis! Lo que hacen estas: vaciar de pecados viejos la conciencia, para hacer hueco, y poder ir estibando los pecados nuevos.

EL CURA.- (Desconcertado.) Pero entendámonos: ¿mandó aviso a Maroto anunciándole que ella iría a Zaratán, o le suplicaba que fuese él a Verola?

CONSUELITO.- La carta no lo puntualiza. Está escrito en una postdata, momentos antes de salir el peatón.

EL ALCALDE.- Bueno; y después de todo, ¿qué nos importa? La especie de la confesión apenas vale un cuarto kilo de dulce.

EL CURA.- (Cejijunto.) Sí vale, sí... En fin, Vicenta, hágame el favor de decir a la Condesa...

LA ALCALDESA.- Al momento voy. (Entra en la casa.) [364]

EL ALCALDE.- (Oyendo la campana que anuncia entrada de visitante por la puerta principal del jardín, al lado opuesto de la casa.) ¿Quién entra?

SENÉN.- (Que ha corrido a enterarse.) ¡D. José, D. José!...

EL ALCALDE.- ¿Quién es?

SENÉN.- El Prior de Zaratán.

EL ALCALDE.- Que pase a la sala... ¡Y me coge en zapatillas!...

EL CURA.- (De mal talante.) Yo le recibiré.

Momentos de confusión. El PADRE MAROTO y la cogulla que te acompaña son recibidos por D. CARMELO. Presentase luego el ALCALDE; baja la ALCALDESA; median las cortesías usuales. Sube el PRIOR a la estancia de la CONDESA. Salen nuevamente al jardín los demás personajes, entre ellos el MONJE, a quien anuncia MONEDERO que el señor PRIOR y la compañía comerán en su casa. Alega D. CARMELO mejor derecho y significación, que los Monederos reconocen. Después, CONSUELITO entretiene con ameno coloquio al MONJE.

LA ALCALDESA.- Yo espero que después de la confesión recibirá a los amigos. [364]

EL CURA.- (Displicente.) ¡Y si no los recibe, qué le hemos de hacer...! Yo predico esta noche. Comenzamos la novena de la Esperanza, y entre repasar el sermón y vestir un poquito la iglesia, se me va el día... Me parece que no podré volver.

EL ALCALDE.- ¿Y las niñas?

LA ALCALDESA.- Nell estaba con su mamá... ¿Pero no sabes?... Dolly se ha vuelto a la

362

Pardina, sin decirnos nada. La Condesa me encarga que la mande venir inmediatamente. Quiere que las dos estén a su lado.

EL ALCALDE.- Lo que digo: es loca esa chicuela. Anda, Senén; vete a la Pardina y te la traes. Dile que lo manda su mamá, y que tambιén lo mando yo, el Presidente del Ayuntamiento. Ya le bajaremos los humos a esa leoncita...

La confesión dura cinco cuartos de hora, determinados reloj en mano por CONSUELITO y D. CARMELO. Este se lleva a su casa a los dos frailes, que resuelven quedarse en Jerusa hasta el día siguiente, porque el PRIOR tiene que solventar asuntos varios en el Ayuntamiento. Alegrase de esta detención el CURA, para que puedan oír y apreciar su sermón de aquella noche dos teólogos insignes.

Vuelve SENÉN de la Pardina con la incumbencia de que DOLLY no quiere salir de allí, y que ha hecho burla del ALCALDE y de su vara, lo que saca de quicio a MONEDERO. Le calma su esposa con el razonamiento de que es muy natural que la chiquilla desee comer con su abuelo por última vez. Transige D. JOSÉ MARÍA, asegurando que a la tarde, o viene la fierecilla, o va él a buscarla con la Guardia Civil. SENÉN, que no se da por vencido con los repetidos desaires de la CONDESA, se va a su casa, prometiendo volver al plantón a primera hora de la tarde. Es de los que se imponen por el terror.

A la una comen LOS MONEDEROS con NELL y CONSUELITO. A LUCRECIA se le sirve en su cuarto. Dan las dos, las tres...

Escena V

Sala en casa del ALCALDE

La ALCALDESA; el CONDE, que acaba de entrar; después NELL

LA ALCALDESA.- (Aturdida.) Ya me figuro, señor Conde de Albrit, a qué debo el honor de verle en mi casa.

EL CONDE.- Deseo hablar con Lucrecia. Y no sé con qué palabras solicitar de usted la benevolencia que necesito por esta libertad, por esta osadía de mal gusto con que llego a su casa.

LA ALCALDESA.- ¡Oh, señor Conde...!

EL CONDE.- Es que su esposo de usted y yo no hacemos buenas migas. Anoche hemos cruzado algunas palabras un tanto mordaces... Si el Sr. Monedero [366] me arroja de su casa lo llevaré con paciencia... (La ALCALDESA, sin saber qué decir, hace con ojos y boca diferentes muecas y monerías.) Ya no me importa. En el conflicto en que me veo, la dignidad, ¿qué digo dignidad?, la vergüenza, no significa nada para mí. Voy derecho a mi objeto con cara insensible, y mi objeto es...

LA ALCALDESA.- (Recobrando su aplomo.) Ver a Lucrecia, sí.

EL CONDE.- Y me atrevo a rogar a usted que haga comprender a su amiga que sólo me mueve a molestarla la necesidad imprescindible de tratar con ella, sin recriminaciones, un grave asunto de familia.

LA ALCALDESA.- Yo se lo diré. No dude usted que hablaré a mi amiga con vivo interés.

EL CONDE.- Gracias, millones de gracias, señora mía. Carmelo quedó en proporcionarme la entrevista; más sin duda sus ocupaciones se lo han impedido. Cansado de esperarle, deshecho, ardiendo en impaciencia, no he podido refrenar mi temperamento ejecutivo, y arrostrando el disgusto del señor Alcalde, aquí me tiene usted...

LA ALCALDESA.- (Decidida a emplear un lenguaje extremadamente fino.) Abrigo la esperanza de ser afortunada en la misión que usted me confía. Pero no puedo evitar [367] al señor Conde la molestia de esperar un ratito, porque Lucrecia, que ha venido malísima, en un estado nervioso imposible, ¡ay qué pena!, ha podido al fin conciliar el sueño. La verdad, no me atrevo a despertarla.

EL CONDE.- (Alardeando de paciencia.) Aguardaré todo lo que usted quiera: tres días con sus noches, si fuese preciso. Para mí no es molestia esperar. Si para usted no lo es tener a este pobre viejo en su casa, aquí me estoy, sentadito, hasta que mi ilustre nuera se digne mejorar de sus nervios, y acuerde recibirme.

NELL.- (Entrando con timidez.) Abuelito, hasta ahora no me habían dicho que estabas aquí.

EL CONDE.- (Besándola.) Hija mía, vengo a ver a tu mamá.

NELL.- ¡Oh, cuánto sufre la pobre! Yo te ruego que no hables con ella más que un ratito. Y si pudieras dejar la conversación para mañana, mejor.

EL CONDE.- Mañana... ¡ah!, estoy muy viejo. Los viejos no pueden esperar tanto.

NELL.- Lo he dicho pensando que sería lo mismo para ti. (El abuelo le da suavemente en la mejilla.) Porque [368] mañana no estará mamá en disposición de que nos marchemos.

EL CONDE.- ¿Tienes prisa?

NELL.- Ninguna. Lo que tengo es una penita de dejarte... ¡qué pena! Pero yo te aseguro, te doy mi palabra, ¿me crees?... de que siempre que podamos vendremos a verte.

EL CONDE.- (Con profunda tristeza.) ¡Ojos que te vieron ir...!

LA ALCALDESA.- En buena lógica, debemos suponer, y aun afirmar, que vendrán.

EL CONDE.- ¡Ah! Cuando os encontréis en ese mundo que ha de aprisionaros con sus mil atractivos y seducciones, no os acordaréis del viejo Albrit, a quien dejáis en Jerusa aposentado de limosna.

NELL.- (Abrazándole.) Papaíto de mi alma, no digas que te olvidamos, porque me enfadaré contigo. Ni yo ni Dolly podemos olvidarte. Las dos te queremos lo mismo. Te escribiremos cartitas, y tú a nosotras también, pidiéndonos lo que te haga falta. ¿Qué quieres, qué deseas?

EL CONDE.- Por el momento, que despierte tu mamá. [369]

NELL.- ¡Si está despierta! Apenas ha dormido veinte minutos.

LA ALCALDESA.- Pues voy allá, oficiando de introductora de embajadores.

EL CONDE.- Sí, señora, vaya usted... Se lo agradeceré toda mi vida. (Vase la

ALCALDESA.)

NELL.- (Mirando al jardín.) Desde esta mañana, tenemos aquí a ese cataplasma de Senén con la pretensión de que mamá le reciba.

EL CONDE.- Por lo visto, hay cola. Senén y yo nos encontramos en igual situación de solicitantes de audiencia; pero como yo estoy en desgracia, pobre viejo que soy, y regañón insoportable, verás cómo tu madre atiende a ese lacayo antes que a mí. Tu abuelo será el último, lo verás... No me importa, no. Ya dijo nuestro Señor: «Los últimos serán los primeros». Seamos humildes, aunque, la verdad, se necesita gran violencia y abnegación grande para ponerse en fila detrás de Senén. (Vuelve la ALCALDESA y suplica al CONDE que aguarde un ratito, pues antes recibirá LUCRECIA a un postulante importuno.) ¿No te lo dije?

LA ALCALDESA.- No: si es porque se vaya de una vez, y quitarnos de encima esa mosca. [370]

EL CONDE.- Bueno. Vaya delante la mosca. Luego pasará el moscardón... (Siente subir a SENÉN.) Ya sube ese hombre. Dios le dé lo que no tiene: la santa concisión. (Asomase a la puerta el ALCALDE, que, como ha vuelto a ponerse las zapatillas, puede aproximarse sin hacer ruido. Contempla con burlona sonrisa al CONDE.)

Escena VI

Gabinete alto en la misma casa.

LUCRECIA, recostada en un sofá con gatuna indolencia, sin corsé, suelto y en desorden el cabello. Su rostro desmejorado, y el centelleo insano de sus bellos ojos, son el rastro de la furiosa tempestad; SENÉN, que, respetuoso, permanece en la puerta.

LUCRECIA.- (Impaciente y altanera.) Pasa y cierra... Pero no te acerques. Quédate ahí. Traerás, como siempre, tus endiablados perfumes.

SENÉN.- Dispense la señora... He puesto mi ropa al aire...

LUCRECIA.- (Desdeñosa.) No te aproximes... ¿Qué quieres? Dímelo pronto. Ya ves qué mala estoy.

SENÉN.- (Con falsa humildad.) Ya debe suponer la señora que vengo a... [371]

LUCRECIA.- Aquello no ha podido ser.

SENÉN.- Ya lo sé. Han nombrado a otro. Por eso digo que vengo a quejarme.

LUCRECIA.- (Con acritud.) ¡A quejarte! ¿De qué? Pues eso me faltaba. ¿Crees que tengo yo en mi mano los destinos, las fianzas, y todo eso que ambicionas?

SENÉN.- (Sacando las uñas.) La señora no ha conseguido la fianza, que era lo principal, porque no ha querido. Teniendo la fianza, la plaza es lo de menos. Ya tenemos otra vacante de agente ejecutivo.

LUCRECIA.- ¿Y cómo había de conseguir yo la fianza?

SENÉN.- (Tragando saliva.) Ya, ya sé que al señorito Ricardo no podía pedírsela...

No se enfade la señora: yo me pongo en lo razonable... A D. Ricardo no era posible... Pero con que la señora hubiera dicho al Duque de Utrech: «Señor Duque, quiero...»

LUCRECIA.- (Interrumpiéndole.) ¿Pero de dónde sales tú? En ese mundo de tu ambición ridícula se pierde, por lo visto, toda noción de la realidad. Está bien: yo no tengo [372] más que hacer que importunar a todos mis amigos, pidiendo fianzas para este gaznápiro.

SENÉN.- (Escondiendo las uñas.) Sí, ya sé... la señora no puede... ¡Qué le hemos de hacer! Es difícil... y además, ¿quién soy yo para que la señora se moleste por mí? No, no lo pretendo.

371

Los servicios que he prestado a la Condesa de Laín, mi lealtad a toda prueba, ¿qué valen?

LUCRECIA.- (Con arrogancia.) Tus servicios bien pagados están. Ea, me canso ya de contemplaciones. Senén, no te debo nada.

SENÉN.- (Erizándose el pelo.) Bueno... sea como la señora dice. Yo me callo. Eso he hecho yo toda mi vida, callarme; y de tanto callar, me veo tan atrasado en mi carrera... de tanto callar, sí, señora; y si quieren que lo pruebe, lo pruebo.

LUCRECIA.- Tu silencio me importa ya tan poco, que no doy nada por él... No me tiene cuenta.

SENÉN.- (Agachándose para dar el salto, los verdes ojuelos centelleando.) Eso quiere decir que la señora en nada estima mi fidelidad, esta fidelidad de perro, que no tiene igual... y lo pruebo.

LUCRECIA.- Lo que estás probando tú es mi paciencia. [373]

SENÉN.- (Acobardado nuevamente, sin atreverse más que a desenvainar las uñas de sus patas delanteras.) No molesto más. Aunque la señora me da este pago, yo no le haré ningún perjuicio. Pero, en justicia, bien podría desquitarme. Como soy tan caballero, me he perjudicado por guardarle la consecuencia, por poner arrimos a su decoro, por custodiarle los secretos, por tapar la boca de todos los que hablaban de ella... lo que la señora no debiera oír... (En su cobardía, no hace más que enseñar los colmillos, y tirar levemente la zarpa.) Vamos, que ni por su madre haría ningún hombre lo que yo he hecho. De suerte que si la señora dice que no le importa...

LUCRECIA.- No me importa. Vete pronto.

SENÉN.- Pues bien puedo jurar que a mí me importa menos.

LUCRECIA.- Bastante tiempo he sufrido a este animalucho siniestro, con sus garras clavadas en mí. Ya no más. Si no sales pronto, llamaré para que te arrojen a escobazos.

SENÉN.- No alborote, no alborote, que es peor.

LUCRECIA.- (Furiosa, tirando de la campanilla.) ¿Cómo que es peor? ¡Trasto, si no te vas...! (Entran precipitadamente una CRIADA, la ALCALDESA, después el ALCALDE.) [374]

SENÉN.- (Turbado por la rabia.) Si no digo nada; si yo... si es que...

LUCRECIA.- Por favor, arrójenme de aquí a este hombre, y a su paso vayan echando ácido fénico.

EL ALCALDE.- (Con un castañeteo de lengua, como el que se emplea para despedir a un perro.) ¡Eh... tú...!

SENÉN.- (Al salir, todo uñas, bufando.) Ácido fénico... Por donde ella vaya... hace más falta... y lo pruebo.

Escena VII

LUCRECIA, el ALCALDE, la ALCALDESA, después NELL.

LA ALCALDESA.- Hija, si llego yo a sospechar esto, cualquier día le dejo pasar.

LUCRECIA.- (Tranquilizándoles.) No; si es mejor así. Se me ha resuelto un absceso; me he sacado una muela, que me dolía horriblemente.

EL ALCALDE.- Pues digo, lo que le espera a usted ahora, mi querida Lucrecia. [375]

LA ALCALDESA.- ¡Ah!, el león... Hija mía, no he podido evitarlo... ¿Qué había de decirle?

EL ALCALDE.- Pues muy claro: que llamara a otra puerta. ¡Ah!, si soy yo quien le recibe...

LUCRECIA.- (Sorprendiendo a todos con su inesperada serenidad y alegría.)

¿Queréis que os diga la verdad? Pues mi ilustre suegro, que me inspiraba un pavor horrible, ya no... Es raro... Vamos, que ya no le temo.

NELL.- (Entrando a la carrera.) Mamita, por más que le digo al abuelo que mañana, insiste en que ha de verte hoy.

LUCRECIA.- Hoy, sí...

LA ALCALDESA.- ¿Le digo que...?

LUCRECIA.- (A NELL.) Ve tú, hija, y suéltame al león. (Sale NELL gozosa, y se precipita por la escalera.)

EL ALCALDE.- Nos pondremos todos en guardia detrás de esa puerta, ¡trómpolis!, y en cuanto oigamos el menor rugido... [376]

LUCRECIA.- (Con locuacidad nerviosa.) No es necesario... ¿No me ven tan tranquila? Me siento ahora muy bien, despejada, casi alegre, y con ganas de ver a mi papá político, y de pasarle la mano por la melena... Es que mi espíritu se ha refrescado, soy otra... aire nuevo en mí. (Óyese el tardo paso de ALBRIT en la escalera, y la vibrante voz de NELL.) El león sube. ¡Pobre viejo!... Ya, ya está aquí... Ya llega...

Déjenme sola con él.

EL ALCALDE.- Por aquí. (Vanse por la puerta de la alcoba.)

Escena VIII

LUCRECIA, el CONDE

EL CONDE.- Siento infinito molestar a una persona que, según me dicen, no está bien de salud.

LUCRECIA.- (Que permanece en pie.) Me siento mejor. Tome usted asiento.

EL CONDE.- ¿Y usted en pie?

LUCRECIA.- (Un tanto cohibida.) Como por encanto se me ha quitado la pereza.

Ya sabe usted que estos arrechuchos nerviosos... la epidemia de las señoras... de improviso nos acometen y de improviso también se nos pasan. [377]

EL CONDE.- (Suspicaz.) Lo celebro mucho.

LUCRECIA.- Enfermamos como heridas del rayo, y basta una vibración del aire para ponernos buenas. De la espantosa crisis sólo me queda cierta alegría interna, y un deseo ardientísimo, irresistible...

EL CONDE.- (Suspenso.) ¿Qué...?

LUCRECIA.- El deseo de besarle a usted la mano... (Se arrodilla y le besa la mano una y otra vez.) Y de pedirle perdón por las injurias que aquel día triste le dirigí.

EL CONDE.- (Queriendo levantarla.) Lucrecia... ¿qué es esto?... (Por un momento cree que es burla; pero no tarda en advertir la sincera emoción de la dama.)

LUCRECIA.- Mi única pena es que usted sospechará quizá... que le engaño.

EL CONDE.- No, no; creo que es verdad...

LUCRECIA.- (Que se levanta, enjugando sus lágrimas.) Necesito explicar a usted cómo ha venido esta crisis... sacudimiento moral, revolución [378] de todo mi ser... (Se sienta. Su lenguaje es cortado, febril.) Los temblores de tierra trastornan el suelo...

Una catástrofe horrible en mis sentimientos me ha trastornado a mí, me ha hecho morir y revivir en menos de dos días... ¿Es esto nuevo? Yo creo que no. Ha ocurrido mil veces... Fácilmente lo comprenderá usted... Un desengaño de los que anonadan... la perfidia de un hombre... tempestades del alma que todo lo destruyen y todo lo iluminan. Mi dolor ha sido como un incendio entre las ruinas... He visto mi conciencia... la he visto. Ya sé que no debo ser la que he sido, y estoy decidida a ser otra.

EL CONDE.- ¡Bendito desengaño, bendita convulsión del alma, que trae el arrepentimiento!

LUCRECIA.- Pero el arrepentimiento, lo reconozco, necesita probarse. Por eso digo:

«Espere usted y verá...»

EL CONDE.- (Gozoso.) Pues lo veremos... y pronto... Si el arrepentimiento es verdad, nos lo dirán los hechos.

LUCRECIA.- Y aguardando confiada los hechos, he querido dar a mi enmienda una sanción soberana, una garantía que asegure mi convicción y la de los demás. (Pausa.) Hoy he confesado con el Padre Maroto. [379]

EL CONDE.- (Gratamente sorprendido.) ¡Ah!... ya me dijo la niña que estuvo aquí el Prior... Más no sospeché...

LUCRECIA.- No tenía sosiego, no podía vivir mientras no descargara mi alma de la horrible balumba... ¡Qué alivio, qué consuelo!

EL CONDE.- Me da usted una grande alegría... Por de pronto, ¡qué situación tan distinta de aquélla... la última vez que hablamos en la Pardina!

LUCRECIA.- En efecto, yo he variado radicalmente.

EL CONDE.- Yo también.

LUCRECIA.- ¿Usted? ¡Ah!, sí, se ha despejado su razón, y ya no piensa en hacerme las terribles preguntas que en aquella conferencia me hizo.

EL CONDE.- Mi razón no ha estado nunca turbada. ¿Y por qué no había de repetir yo en esta ocasión la pregunta que usted llama terrible? Ya no lo es. Su estado de conciencia facilita la respuesta, que sería la confirmación de lo que sospecho, de lo que sé... porque al fin, Lucrecia, he podido descubrir... [380]

LUCRECIA.- (Con serena frialdad.) Hoy no puedo incomodarme, señor Conde. No abuse usted de que estoy desarmada...

EL CONDE.- Incomodarse..., ¿por qué?

LUCRECIA.- Porque viene usted a remover en mi corazón heces muy amargas, a trastornar de nuevo mi espíritu, queriendo penetrar los misterios más profundos del alma y de la Naturaleza... Eso, señor mío, eso que aun de nosotras mismas quisiéramos recatar, porque el pensarlo sólo nos avergüenza, eso, a que no doy nombre, porque si lo tiene yo lo ignoro... (Con solemnidad) ya lo he dicho a Dios, único a quien debo decirlo... Y crea usted que, para expresarlo, he tenido que violentar mi voluntad de un modo espantoso. Todo el que no sea Dios es un extraño, es un profano, sin derecho ninguno a recibir declaración tan grave. Ni una palabra más. (Pausa.)

EL CONDE.- (Gravemente.) Sea. Ni una palabra más. Reconozco la extremada delicadeza del asunto, y no puedo menos de respetar el sosiego reparador en que hoy se halla su espíritu. No insisto. Ni es justo que la martirice exigiéndole una manifestación dolorosa, toda vez que lo que usted había de decirme... ya lo sé.

LUCRECIA.- (Desconcertada.) ¡Que lo sabe! [381]

EL CONDE.- Sí. (Pausa. Ambos se miran.)

LUCRECIA.- Pues si lo sabe, es más generoso no preguntármelo.

EL CONDE.- (Muy tranquilo.) Es verdad. A generoso no me gana nadie. Ahora conviene que haga usted alarde de hidalguía, Lucrecia. Si le satisface que crea yo en su arrepentimiento, empiece usted por ser magnánima, aceptando la proposición que voy a hacerle.

LUCRECIA.- ¡Proposición!

EL CONDE.- No he venido a otra cosa. Su conformidad con mi deseo establecerá la concordia inalterable de nuestras almas... En suma, quiero que partamos el bien que Dios nos ha dado: las niñas. Una para usted, la otra para mí.

LUCRECIA.- (Con profunda intención, que disimula.) ¡Para usted!... (Pausa.)

¿Cuál?

EL CONDE.- Acceda usted a la partición, y después escogeré. ¿A las dos quiere usted lo mismo?

LUCRECIA.- Lo mismo: son mis hijas. [382]

EL CONDE.- Yo no puedo decir lo propio: las dos no son mis nietas.

LUCRECIA.- (Con temor.) Otra vez la tremenda interrogación.

EL CONDE.- Otra vez, y siempre... Llévese usted a una de las dos, y déjeme a mí la otra, la que yo quiera.

LUCRECIA.- ¡Dejarla aquí, en poder de usted, y sola con usted! Señor Conde de Albrit, eso es imposible. Además, me hace falta el amor de mis hijas.

EL CONDE.- (Fríamente.) Y a mí el de mi nieta. Tengo derecho a ese consuelo.

LUCRECIA.- Hoy es indispensable que las dos estén a mi lado, por muchas razones. No sólo debo atender a su porvenir, sino a la salud de mi alma, a mi corrección, en una palabra. Como las plantas necesitan aire y luz, yo necesito el cariño de esas dos criaturas, que fundiré en un solo cariño.

EL CONDE.- (Vivamente.) No son iguales para usted. [383]

LUCRECIA.- (Con firmeza.) Lo son... Otra vez clava usted los ojos de su alma en lo que para usted será siempre tremendo enigma... Son iguales, y si no lo fuesen, yo haré que lo sean. Por nada de este mundo me separo de ellas.

EL CONDE.- (Con desconsuelo.) ¿Y yo...?

LUCRECIA.- En ninguna situación será el Conde de Albrit un extraño para mí. Nell y Dolly vendrán conmigo a verle... en la temporadita de verano... y usted, como ahora, a las dos las querrá por igual... por igual. Esa es condición indispensable para la concordia de nuestras almas, de que usted me hablaba. Dejemos el misterio allá, ante Dios que lo ve, y atengámonos a la realidad... convencional, a la realidad de la ley.

EL CONDE.- (Con arranque.) No... ¡Maldita sea la ley...! La Naturaleza...

LUCRECIA.- ¡La Naturaleza, no... La ley!

EL CONDE.- (Encrespándose.) No, no. Abomino de una ley infame. Quiero a mi nieta; me pertenece, la reclamo, y usted me la dará. [384]

LUCRECIA.- A mí me pertenecen las dos: las he llevado en mi seno.

EL CONDE.- (Con desesperación, clavándose en el cráneo los dedos de ambas manos.) ¡Triste de mí! Lucho con la ley, lucho con la madre... contienda imposible...

LUCRECIA.- (Con tesón, levantándose.) Y ni como madre, ni como tutora puedo acceder a lo que mi padre político pretende.

EL CONDE.- ¿Será usted capaz de rechazar mi proposición, de desairarme, de negar lo que pide el infortunado Albrit?

LUCRECIA.- Con grandísima pena me veo precisada a negarlo. Mis hijas son mis hijas. A ellas les conviene el calor maternal, y a mí el cariño y la presencia continua de entrambas para vivir en paz con Dios, y asegurarme la rectitud de mi alma. La una es mi deber, la otra mi error. Mi conciencia necesita los dos testigos, las dos presencias, para que yo pueda tener siempre entre mis brazos, sobre mi corazón, mis buenas y mis malas acciones.

EL CONDE.- (Atribulado.) Y entre mis brazos y en mi corazón, la soledad, el horrible vacío. (Levantándose, altanero.) No, no, Lucrecia, no me conformo... Por Dios, no me lance usted a la desesperación.

LUCRECIA.- Sea usted razonable.

EL CONDE.- (Suplicante.) Sea usted generosa.

LUCRECIA.- Soy madre...

EL CONDE.- (Exaltándose.) Soy abuelo, soy viejo... Necesito familia, amor.

LUCRECIA.- En mí y en mis hijas lo tendrá. (Con una idea feliz.) Última palabra: véngase usted con nosotras.

EL CONDE.- ¡Con usted... con las dos! ¡Nunca!

LUCRECIA.- ¡Loca obstinación!

EL CONDE.- (Brioso.) Entereza, sentimiento del honor.

LUCRECIA.- Demencia.

EL CONDE.- Si es demencia, maldita sea la razón. [386]

LUCRECIA.- Yo arreglaré la vida de usted... yo...

EL CONDE.- (Inflexible.) Sin lo que pido, sin mi nieta, no quiero nada.

LUCRECIA.- No tardará el viejo Albrit en renegar de esa independencia, impropia de su edad y de su situación. Acójase a mí, o su vejez será muy triste.

EL CONDE.- Nada me arredra... nada temo. Lo mismo me importa la vida que la muerte. (Implorando.) Lucrecia, por última vez...

LUCRECIA.- No insista usted... Se cansa en vano...

EL CONDE.- Bien: no diré nada más. Ni está en mi carácter extremar la súplica...

Lucrecia, adiós para siempre.

LUCRECIA.- Eso es locura.

EL CONDE.- (Trémulo, balbuciente.) Sí, sí... y los locos pacíficos... cuando no se les da lo que piden, hacen lo que yo... se van. Más no saldré sin decir a usted que no veo, que no toco el cambio moral que debía ser resultado de su arrepentimiento. No.

Lucrecia Richmond [387] es siempre la misma... Confesada y sin confesar, la misma siempre... No creo que la haya perdonado Dios... ¡No la ha perdonado, no la ha perdonado, no, no!... (Sale con vivísima agitación. Se siente su paso inseguro por la escalera. Baja agarrándose al pasamanos. LUCRECIA, muy agitada, cae en el sofá llorosa. Acuden presurosos a ella MONEDERO y su esposa.)

Escena IX

LUCRECIA, el ALCALDE, la ALCALDESA; después NELL

EL ALCALDE.- ¿No lo decía yo? ¿Ha sacado la zarpa?... Si estoy por bajar, y aplacarle un poquito los humos.

LUCRECIA.- No, no... ¡Pobre viejo!... Es muy sensible que no pueda yo acceder a lo que pretende. Dejarle. (Atendiendo al ruido de los pasos.) ¿Se caerá en la escalera?

Vicenta, mande usted que le acompañe alguien. (Sale la ALCALDESA a dar órdenes.)

EL ALCALDE.- De veras, ¿no se ha desmandado?

LUCRECIA.- No... Debemos compadecerle, cuidar de él con todo el cariño del mundo.

LA ALCALDESA.- (Que ha visto alejarse al CONDE.) El pobrecito llora... Parece que no puede tenerse en pie. Pero se resiste a que le acompañe un criado. Quiere andar solo. [388]

LUCRECIA.- Solo... ¡Qué dolor! ¡Triste ancianidad!... (Sintiendo perturbado su espíritu.) ¡Oh, Dios mío!, ¿dónde está la paz que diste a mi alma? Ese hombre me la quitó... Es el agitador de mi conciencia... ¡Otra vez el tumulto en mi mente... otra vez la ansiedad, el temor, la duda!... (Consternada, alza los brazos, echa la cabeza hacia atrás, cierra los ojos.)

LA ALCALDESA.- ¿Otra vez mal, amiga mía?

EL ALCALDE.-.- Que venga el médico.

LA ALCALDESA.- Al instante.

LUCRECIA.- Los dos... Que vengan los dos médicos. Quiero ver al Prior... Que vuelva.

EL ALCALDE.-.- (Oficiosamente.) Mandad recado a la Rectoral: allí estará.

LUCRECIA.- (Agitadísima.) Sí... yo no quiero ser mala; no quiero padecer... quiero curarme. Se renueva la herida. Meteré la mano en ella, y si duele, que duela; y si con el dolor se me acaba la vida, que se acabe. ¿Dónde está mi hija? Nell, alma mía. (Entra

NELL y se arroja en sus brazos llorando.) Ven, abrázame. ¿Verdad que no te separarás de mí, que no quieres separarte de mí?

NELL.- (Con emoción infantil.) Nunca, nunca.

Escena X

Calle de Potestad, callejón del Cristo. Anochece.

El CONDE, que avanza con lentitud, vacilante, tentando las paredes; después, D. PÍO.

EL CONDE.- Ya lo veo, ya lo veo; es lo único que veis, ojos míos... que estoy de más en el mundo. ¡Pobre Albrit, tu vida termina...! «Imposible, ha dicho esa mujer, imposible...» Y ese imposible cierra todo espacio a la esperanza... Ya no hay esperanza... Vida, te acabaste; alma, vete de aquí... El monstruo me ha negado mi consuelo, me roba el único bien de mi triste vejez... Señor, Dios mío, ¿qué delito he cometido para caerme en este abismo de desolación?... ¡No poder estrechar entre mis brazos a mi hija, a mi Dolly, retoño preciosísimo de mi raza, flor nueva de una familia que no debe extinguirse!... ¡Y se la lleva... se las lleva a las dos, quizás para envilecerlas!... Porque no creo en su arrepentimiento, no. Se siente abrumada por las terribles consecuencias de sus pecados... le duele el mal... y cuando el pecado duele, [390] el pecador llora... Sus clamores quieren decir dolor, opresión, empacho del vicio; mas no quieren decir arrepentimiento. Cuando el glotón se indigesta, maldice la comida; pero pasa el mal y vuelve a comer... No creo en tu enmienda, diablo harto de carne, ni creo que te haya perdonado Dios... No, a Dios no le engañas... ni tampoco al viejo Albrit... ¿Verdad, Señor, que no la has perdonado? (Detiénese bajo un farol y vuelve los ojos al cielo.)

D. PÍO.- (Parado en la acera de enfrente, contemplándole.) ¡Albrit!

EL CONDE.- ¿Quién me llama? Conozco esa voz; es voz familiar.

D. PÍO.- (Acercándose.) Soy Coronado, tu amigo... quiero decir el amigo de usía.

(Le abraza.)

EL CONDE.- ¡Ah!, mi único amigo quizás... Ven, acompáñame. ¿En dónde estamos? Mi Jerusa también se vuelve contra mí, y me trastorna con el cariz nuevo de sus calles reformadas.

D. PÍO.- (Guiándole.) Por aquí. Si va usía a la Pardina, entremos por el callejón del Cristo.

EL CONDE.- No sé a dónde voy... ¿Es de noche ya? [391]

D. PÍO.- Sí, señor. Júpiter está encendiendo los faroles.

EL CONDE.- ¿Quién es Júpiter?

D. PÍO.- El farolero, señor. Se llama Jove, Pepe Jove, y yo por broma le llamo Júpiter, aunque más le cuadraría Baco, porque es el primer borracho de Jerusa.

EL CONDE.- (Abismado en sus reflexiones.) ¡Noche triste, más triste que aquella en que nos reunimos en el Páramo! No hay humano juicio que pueda discernir esta noche cuál de los dos es más desgraciado.

D. PÍO.- ¡Ah, señor!, ahora y siempre, Coronado se lleva la palma. Y lo comprendería el señor Conde, si ver pudiera las magulladuras y cardenales de mi cara, donde esas condenadas han escrito esta tarde, con sus uñas, la maldad de sus corazones.

EL CONDE.- ¿Qué me dices?

D. PÍO.- Me han insultado, clavándome sus garras en el rostro; me han herido en la cabeza con una palmatoria... me han tenido todo el día sin comer. Gracias que en casa de un amigo me dieron estos pedazos de pan... [392]

EL CONDE.- ¿Y no las matas? Si malo es ser bueno, peor es no ser hombre.

D. PÍO.- (Con desprecio de sí mismo.) Albrit amigo, yo no soy hombre... yo no sé lo que soy.

EL CONDE.- Mátalas.

D. PÍO.- ¿Matar yo?... Ni un mosquito ha recibido la muerte de mi mano. Que las espachurre Dios si quiere... Y usía, señor D. Rodrigo, tenga la dignación de acabar conmigo esta noche, porque ya no puedo más, ya no aguanto más. Coronado no ha de ver salir el sol de mañana, porque ese sol significaría más vida; significaría luz, aire, sonido, y yo quiero... ver las tinieblas, oír el silencio. (Pateando con desesperación.)

EL CONDE.- Así me gusta. ¿De modo que estás decidido?

D. PÍO.- Tan decidido, que todo lo he dispuesto. Escribí la carta, en la que digo que a nadie se culpe de mi muerte, y no me he vestido de limpio, porque esas bribonas me han empeñado la ropa... ¿Pero qué me importa la ropa, si esta noche he de acabar? Ahora iba yo en busca de usía para que me cumpliera lo ofrecido. [393]

EL CONDE.- (Cogiéndole por un brazo y sacudiéndole con nerviosa fuerza.) Sí... lo haré, lo haré con toda el alma... Me siento esta noche... no sé... me siento criminal.

D. PÍO.- No será un crimen, sino favor.

EL CONDE.- (Con gran vehemencia.) Sí... morirás, Pío; caerás rodando por el cantil... antes de llegar al fondo del abismo, te harás pedazos. Morirás, sí. El hombre extremadamente bueno debe morir. Es una planta viciosa, estéril... Sí, bendito Coronado: verás con qué gracia y con qué denuedo te arrojo a la sombría inmensidad como si lanzara una pelota. Aún tengo vigor para eso y para mucho más...

D. PÍO.- (Tocando las castañuelas.) Ahora mismo, si usía quiere...

EL CONDE.- No, ahora no. Tengo que ver a mi Dolly, a mí adorada Dolly... quiero darla el último adiós, comérmela a besos... sí, lo que se llama comérmela... Abur, Coronado, no me sigas. Puedo andar solo.

D. PÍO.- Espero a Vuecencia...

EL CONDE.- En el Páramo. [394]

D. PÍO.- Más seguro será en las Tres Cruces, al extremo de la calleja que sube a Santorojo, a la entradita del bosque.

EL CONDE.- Bueno... Iré. Déjame ahora.

D. PÍO.- ¿No quiere usía que le acompañe?

EL CONDE.- No... Ya estoy cerca.

D. PÍO.- Todo seguido. Allí se ve una luz: es la Pardina... Adiós.

EL CONDE.- Hasta luego. (Renqueando, se pierde en la obscuridad. Después de verle entrar en la Pardina, D. PÍO se aleja.)

Escena XI

Habitación del CONDE en la Pardina.

El CONDE, VENANCIO, GREGORIA; después SENÉN.

VENANCIO.- (Que entra y ve al CONDE revolviendo en su maleta.) ¿Qué hace el señor Conde?

EL CONDE.- Ya lo ves: recojo algunos papeles que deseo llevar siempre conmigo. [395]

GREGORIA.- (Alarmada.) ¿A dónde va usía?

EL CONDE.- A donde a vosotros no os importa. ¿Por qué no viene Dolly? Dos veces la he mandado llamar.

VENANCIO.- Ahora vendrá.

EL CONDE.- Pues voy a donde quiero. A vosotros os bastará saber que os dejo en paz.

VENANCIO.- (Premioso, rascándose la cabeza.) Me alegro de que el señor Conde facilite la separación, porque yo vengo a decir a Vuecencia... que... que no puede seguir en mi casa.

GREGORIA.- Nada más que por el carácter soberbio del señor Conde... que por lo demás...

EL CONDE.- Sí: mi carácter altanero no se aviene con el vuestro, tan suave, tan pacífico.

VENANCIO.- Por lo cual he determinado que Su Excelencia se aloje en donde guste, fuera de mi casa... Por esta noche puede quedarse; pero mañana... [396]

EL CONDE.- (Con dulzura, resignado y calmoso.) Esta noche misma: no te apures. Tú te quedas en tu Pardina, y yo me voy... a donde me acomode. No hablemos más. Al fin y a la postre, tengo que agradeceros la hospitalidad que me habéis dado.

VENANCIO.- Nada tiene Vuecencia que agradecernos. Lo que me duele es que no hayamos podido hacer buenas migas.

EL CONDE.- Las migas hacedlas vosotros... y que os aprovechen... Os pido el último favor. Traedme a Dolly. Los minutos que paso sin verla me parecen siglos.

VENANCIO.- Vamos.

EL CONDE.- (Sintiendo ruido en la puerta.) ¡Ah!, ella es...

SENÉN.- (Entrando.) Soy yo, señor...

EL CONDE.- ¡Maldito seas! (Exaltado.) ¡Que venga Dolly, que venga al instante!

SENÉN.- (Aparte a VENANCIO y GREGORIA.) Dejadle conmigo. No hará nada, y en todo caso, yo sabré ponerle como un guante.

(Se van GREGORIA y VENANCIO.)

Escena XII

El CONDE, SENÉN; después GREGORIA

EL CONDE.- (Receloso, altanero.) ¡Ah!... te dejan aquí, como de guardia, por temor de que yo...

SENÉN.- No, señor: vengo... porque es de todo punto indispensable que hable dos palabras con usía.

EL CONDE.- ¿Conmigo?... ¿Palabritas tú? No: tú vienes a vigilarme. Creen que voy a pegar fuego a la casa... No, Senén; yo no hago mal a nadie. (Óyense gritos lejanos de DOLLY, llorando, pidiendo socorro.) ¡Oh!, ¿qué es eso?... ¡Dolly grita... llama! ¿Es su voz... o estoy yo loco y no sé lo que escucho?... Infames, ¿qué hacéis a mi hija, a mi Dolly? (Furioso, se precipita hacia la puerta. Cesan las voces.)

SENÉN.- (Cortándole el paso.) Deténgase usía. Ya no puede evitarlo.

EL CONDE.- ¿Qué?

SENÉN.- Que se la llevan. (Mira por la ventana.) Ya, ya salen con ella. (Corre

ALBRIT a la ventana.)

EL CONDE.- ¡Bandidos, ladrones! (Vuelve a la puerta.) [398]

SENÉN.- (Sujetándole.) Deténgase, y óigame un instante. (Cierra la puerta y quita la llave.)

EL CONDE.- (Amenazante.) ¿Qué haces?... ¡Me encierras!

SENÉN.- (Agitadísimo.) Una palabra, señor Conde, una sola, y usía comprenderá que quiero prestarle un gran servicio... Yo le explicaré...

EL CONDE.- Pronto.

SENÉN.- La niña... Su madre la mandó llamar; no quiso ir... Ha venido el Alcalde con toda su fatuidad, y con una pareja de la Guardia Civil, y se la ha llevado.

EL CONDE.- (Fuera de sí.) Ábreme esa puerta, o te mato ahora mismo. Ciego, aún tengo vigor para defenderme, para defender el ser amado. Ábreme te digo. (Coge una silla, decidido a estrellársela en la cabeza.)

SENÉN.- (Trémulo.) Abriré... pero antes... quiero deshacer el grave error de usía.

EL CONDE.- Habla... pronto. [399]

SENÉN.- Usía, movido del honor, ha pretendido descorrer el velo, señor; descorrer el velo...

EL CONDE.- Acaba.

SENÉN.- (Sudando la gota gorda.) El velo ¡ay!, para descubrir la verdad, el endiablado secreto de la familia.

EL CONDE.- Sí.

SENÉN.- Y usía no ha visto nada.

EL CONDE.- Sí he visto.

SENÉN.- Lucrecia no ha querido decir a su padre político la verdad... Ese secreto, señor Conde, no lo posee más que un hombre en el mundo, y ese hombre soy yo.

EL CONDE.- ¡Tú!

SENÉN.- Yo, que lo oculté, y ahora lo revelo. La hija falsa, la hija espúrea... es Dolly. [400]

EL CONDE.- (Aterrado.) ¡Oh!... No, no... ¡Tú mientes! (Poseído súbitamente de un furor trágico.) Lacayo vil, tú mientes, y yo... ahora mismo (Se arroja sobre él, clavándole ambas manos en el cuello), ¡te ahogo, rufián! (Forcejean. El CONDE, aunque anciano, es mucho más vigoroso que SENÉN; le arroja al suelo, y oprimiéndole con el peso de su cuerpo, le acogota.) ¡Villano, serpiente!... te mato, te ahogo, te aplasto. (Breve y formidable lucha.)

SENÉN.- (Que al fin, con gran trabajo, logra desasirse del CONDE.) ¡Qué furor!... ¡Así paga mi servicio! Tengo pruebas.

EL CONDE.- Tus pruebas son falsas.

SENÉN.- Ahora lo veremos.

EL CONDE.- ¡Falsario, traidor! Dolly es mi sangre.

SENÉN.- (Trémulo, descompuesto el rostro y el cabello, registrándose los bolsillos.) Aquí, aquí la verdad, señor... Tan verdad como que hay Dios. (Saca un paquetito de papeles.)

EL CONDE.- Venga. (Arrebata el paquete que muestra SENÉN, lo deshace, abre un pliego, intenta leer aproximándose a [401] la luz.) No veo... no veo... (Con desesperación.) ¡Dios mío, luz a mis ojos; quiero luz!... Este hombre me engaña.

(Llaman a la puerta. Óyese la voz de GREGORIA.)

SENÉN.- Aguarde un poco.

EL CONDE.- (Consternado, indeciso.) No veo... Toma, toma tus papeles... (Se los da, y luego los retira.) No... Léemelo tú... pero no me engañes.

GREGORIA.- (Golpeando la puerta.) Abrir... Abre, Senén.

EL CONDE.- ¡Qué importunidad!

SENÉN.- (Recogiendo sus papeles de manos del CONDE.) Luego los veremos.

EL CONDE.- (A GREGORIA, que sigue llamando.) ¿Qué demonios quieres? (GREGORIA dice dentro algo que ALBRIT no entiende. SENÉN aplica su oído a la cerradura.)

SENÉN.- Dice que han traído una carta de la Condesa.

EL CONDE.- ¿Para mí?... Venga pronto. (Abre SENÉN. Entra GREGORIA y da una carta al CONDE, que la abre con temblorosa mano.) No veo... (A SENÉN, dándosela.) Léemela tú. [402]

SENÉN.- (Leyendo, alumbrado por el farol que trae GREGORIA.) «Señor Conde, por consejo de mi confesor, he autorizado a este para revelar a usted la verdad que desea saber. -Lucrecia.»

EL CONDE.- ¿Dice eso?

GREGORIA.- (Examinando la carta.) Eso dice.

EL CONDE.- Basta.

SENÉN.- El Prior está en la parroquia.

EL CONDE.- (Disparado.) Corro allá.

Escena XIII

Iglesia parroquial de Jerusa, situada al Norte de la villa. Es irregular, conjunto inarmónico de nobles vestigios, y de restauracioncs y enmiendas de fementido gusto. En el costado de Poniente, conserva un bello pórtico románico rodeado de poyos de piedra, muy cómodo para los que van a esperar la misa, o ver salir la gente. La puerta, que por allí da ingreso a la nave lateral, es gótica, pintada de ocre, y sus gastadas esculturas, con las repetidas manos de cal, parecen obra de pastelería. En un ángulo del pórtico hay una puertecilla, de arco rebajado, que conduce a la sacristía. En diversas partes del edificio se ve el escudo de Laín: banda de cuarteles y un águila explayada con el lema en el pico: Decor vinxit. El interior ofrece escaso interés. [403]

Como primera noche de novena de Nuestra Señora de la Esperanza, hay sermón, que predica D. CARMELO, y Manifiesto. Asisten al piadoso acto los DOS MONJES de Zaratán, ocupando los sitiales del presbiterio, en que antaño se sentaban los Condes de Laín y señores de Jerusa, y hogaño son para las autoridades y personas de viso. Ha querido D. CARMELO deslumbrar al PRIOR, prodigando las luces con ayuda de las señoras piadosas de la villa. Cortinas de terciopelo baratito, ramos de dalias y guirnaldas de follaje, completan la vistosa decoración.

Prevalece en Jerusa una costumbre que el progreso no ha podido destruir, y consiste en que las mujeres usan, para ir a la iglesia, unas mantellinas o caperuzas de franela, blancas, en forma de saco abierto por un lado, y ribeteado de estambre de color, con una motita en el vértice. Este tocado, que ha resistido valientemente a las anuales acometidas de la moda, es extremadamente gracioso y pintoresco, y da a las multitudes un aspecto medieval. Úsanlo también las señoras principales, distinguiéndose por la finura de la franela y la mayor gala del adorno, comúnmente de seda.

Sube al púlpito D. CARMELO, y enjareta un sermón pesadito, recamado de retóricas de similor, y el indispensable latiguillo de latinajos al final de cada período. Óyenlo con gran recogimiento los feligreses, sin entender palabra, lo que les aumenta la devoción, que tira un poquito a somnolencia.

El CONDE, SENÉN, en la iglesia, fatigados del plantón y del kilométrico discurso.

EL CONDE.- (De mal talante.) Salgamos; esto es insoportable.

UN HOMBRE DE PUEBLO.- (Abriendo paso al PRÓCER.) ¿Por qué no sube usía a su sitial, en el presbiterio? [404] Por la sacristía puede pasar sin apreturas.

EL CONDE.- Gracias, amigo... me voy fuera. Se ahoga uno aquí con tanto calor y tanta retórica. (Salen y esperan. Ambos permanecen silenciosos. El CONDE da espacio a la ansiedad de su espíritu paseándose.)

SENÉN.- (En el camino de la Pardina a la iglesia, le ha contado algo de las ocurrencias y zaragata de Verola, sin que el CONDE demuestre interés alguno.) Pues, señor, D. Carmelo lo ha tomado con gana. ¡Vaya una correa de sermón que se ha traído!

EL CONDE.- Es pesadísimo. Todos estos que comen mucho hablan sin término. El chorro de palabras les facilita la digestión... ¡Y no es floja contrariedad para mí! ¿Pero esto, Dios mío, no se acaba nunca?... Sin duda Carmelo quiere lucirse con el Prior, y no cae en la cuenta de que el pobre fraile estará tan aburrido como nosotros.

(Pasa tiempo. Como todo tiene fin en este mundo, se acaba el sermón carmelino.

Óyense modulaciones de órgano, cantos... Media hora más, y empieza a salir la gente. Retírase ALBRIT al ángulo del pórtico, para dar paso a la multitud, y en esto sale por la puerta de la sacristía NELL, acompañada de CONSUELITO y de una criada del ALCALDE. Lleva la niña de Albrit caperuza de franela, que le da aspecto de figura gótica arrancada de las vitelas de un misal antiguo. Su rostro, de hermosas líneas, adquiere distinción severa. Caen sobre sus hombros los pliegues de la tela con suprema elegancia.

Antes que vea NELL a su abuelo, SENÉN llama la atención de este sobre la aparición de la niña. Se estremece ALBRIT de sorpresa y emoción; la busca con su mirada incierta. NELL le ve al fin, y corriendo hacia él, le coge las manos y en ellas da sonoros besos. Al aproximarse la señorita, SENÉN se escabulle.)

Escena XIV

El CONDE, NELL, CONSUELITO

NELL.- Abuelito mío, ¿tú también aquí? ¿Por qué no has pasado? Arriba, junto al altar, tienes tu silla.

EL CONDE.- ¡Nell, qué hermosa estás! Te veo; veo la caperuza blanca...

CONSUELITO.- (Oficiosamente.) Esta es una de las que usó su abuelita Adelaida,

Condesa de Albrit. La conservo yo como recuerdo histórico.

EL CONDE.- (Con arrobamiento.) Nell, veo tu rostro. Una aureola de nobleza y majestad lo rodea...

NELL.- (Sorprendida de la emoción del anciano.) Albrit... ¿por qué me miras así?

¿Por qué tiemblan tus manos?... ¿Lloras? [406]

EL CONDE.- (Siente hondamente removida su alma. En ella entra una ola impetuosa. Es el convencimiento de que tiene entre sus manos las de la legítima sucesora de Laín y Albrit.) Hija mía, tu presencia me causa tanto regocijo como orgullo. Te reconozco. Eres mi descendencia, la continuidad gloriosa de mi sangre.

¡Rama florida de Arista-Potestad, Dios te bendiga!

NELL.- (Apenada, atribuyendo las palabras del anciano a desconcierto de su razón.) Abuelo querido, ¿por qué has venido tan solo?

CONSUELITO.- (Radiante de oficiosidad.) ¿Pero no hay en la Pardina quien le acompañe?

EL CONDE.- Mejor estoy solo. Y tu hermana, ¿cómo no ha venido contigo? NELL.- Mamá me ha mandado a la iglesia, encargándome que rece por ella y por ti.

EL CONDE.- Y harás bien en rezar... por ella más que por mí.

NELL.- No ha querido que venga Dolly, porque está un poco mañosa. [407]

CONSUELITO.- (Que rabia por hablar.) Como que fue preciso traerla a la fuerza de la Pardina.

NELL.- La pobrecita quería estar más tiempo contigo. Mañana iremos las dos a verte.

EL CONDE.- (Muy agitado.) No vayáis, no vayáis, porque no me encontraréis.

NELL.- ¿Pues a dónde te vas?

EL CONDE.- (Velada la voz por la emoción.) Sucesora de Albrit, futura marquesa de Breda... ya sé... ya lo sé... sigue tu camino lleno de luz, y déjame en el mío tenebroso.

NELL.- (Confusa.) Papaíto, ¿qué razón hay para tanta tristeza? ¡Si te queremos lo mismo! Yo te aseguro que vendremos a verte, y que nos enfadaremos con mamá si no nos trae.

EL CONDE.- No os traerá... ¿Y para qué? ¿Qué soy yo? Un despojo miserable... El viejo tronco muere; pero quedas tú, gallardísimo árbol nuevo, que perpetuará mi nombre y mi raza.

NELL.- (Con mayor ternura.) Abuelo mío, si tanto me quieres, ¿por qué no haces lo que yo digo, lo que yo te mando? Eres [408] un niño, y los que te aman deben... no digo mandarte... eso no... Dirigirte. ¿Me permites que te dirija?

EL CONDE.- Marquesa de Breda, tú mandas.

NELL.- (Envaneciéndose.) Pues si alguna autoridad tengo sobre ti, oye lo que te digo, y hazlo, hazlo por Dios... Acepta el recogimiento de Zaratán.

EL CONDE.- (Lastimado en lo más vivo.) Adiós, Nell... Vete con tu madre.

NELL.- En Zaratán estarás muy bien.

CONSUELITO.- (Metiendo su cucharada.) Como un príncipe, como un emperador.

NELL.- Vendremos a verte.

EL CONDE.- Adiós, Nell... (Se retira tambaleándose.) ¿El Prior dónde está?

NELL.- (Gozosa, creyendo que su abuelo busca al Prior para tratar con él de su retiro en Zaratán.) En la sacristía... Por aquí. [409]

CONSUELITO.- (Cogiendo a NELL de la mano y llevándosela.) Niña, vámonos... Ya le has dicho lo que debías decirle. ¡Pobre anciano! Es, en verdad, un niño... demente.

NELL.- ¡Qué pena, Dios mío!... (Llamándole.) ¡Abuelo, abuelo!...

CONSUELITO.- Déjale ya... El león arrogante y fiero entra en la sacristía. No dudes que nuestro buen Prior le armará una bonita trampa... Verás, verás cómo cae... (Confundidas entre la multitud, se alejan de la parroquia.)

EL CONDE.- (Que, tentando la pared, logra coger la puerta y se precipita en las salas que conducen a la sacristía.) ¡Horrible, horrible! Ni siquiera ha manifestado el deseo de vivir en mi compañía... Ni siquiera me ha dicho, como su madre: «Vente con nosotras». Lo que quiere es encerrarme... Esto es dar con el pie al ser inútil, al ser caído, que estorba... La duda, oh Dios, me asalta otra vez; la duda sopla otra vez en mi alma como huracán, y de las pavesas que se iban apagando levanta llamaradas... No, no es ésta la legítima, no puede serlo. Todos me engañan... Nell no tiene corazón; su frialdad desdeñosa desmiente la noble sangre. No es, no es... (Gritando.) ¡Padre Maroto! ¡Prior de Zaratán! (Tropezando se abre camino. Un monaguillo le conduce. El PRIOR sale a su encuentro. Cambian algunas palabras. Para hablar a solas, se encierran en el camarín de la Virgen.) [410]

En la confusión del gentío que se retira, SENÉN busca al CONDE dentro y fuera de la iglesia. Sospechando que estará en la Rectoral, corre hacia ella por un atajo. En la obscuridad se desvía; encuéntrese con un seto que le corta el camino; creyendo abreviar saltándolo, sube a unas piedras, pega un brinco y cae en un montón de estiércol.

Escena XV

Calle del Buen Conde, que conduce de la iglesia a la subida del Calvario.

El CONDE, que anda como un ebrio, tropezando en el desigual piso; un HOMBRE DEL PUEBLO, la MARQUEZA.

EL CONDE.- (Viendo venir un bulto.) Buen hombre, ¿por dónde se va al Infierno?

EL HOMBRE DEL PUEBLO.- (Que no conoce al CONDE.) ¿Tabernas? Por aquí no las hay. (Sigue su camino.)

EL CONDE.- ¿No hay un rayo del cielo que me haga ceniza? Nell es la verdadera; la falsa es Dolly, Dolly, ¡la que me quiere más! ¡Vanidades del mundo, grandezas del honor, con qué mueca tan horrible me miráis! (Parándose ante un machón de pared que permanece vertical entre montones de ruinas.) ¿Quién va? ¿Eres tú, Senén? Lo que me dijiste es verdad. Tu revelación traidora resulta verdadera. Es verdad. Maroto no miente. ¿Ves qué burla?... Mis ideas me persiguen, no ya como águilas voraces, que quieren picotearme [411] el cerebro, sino como cotorras charlatanas, que con su graznido, semejante al habla de hombres afeminados, se mofan de mí... ¡Maldito rufián, déjame! Eres una babosa perfumada... hueles horriblemente... y tu contacto da frío... No me toques.

(Avanza; pasa junto último farol de Jerusa por aquella parte; sube por el sendero que conduce al Calvario. En dirección contraria viene una mujer del pueblo, corpulenta y descarnada, que no es otra que la anciana Sibila a quien llaman la MARQUEZA. Lleva una cesta al brazo.)

LA MARQUEZA.- (Parándose y reconociéndole.) ¡Señor, mi Conde, por aquí solito a estas horas!

EL CONDE.- ¿Quién eres? Soy Albrit, el último Albrit de la línea masculina. ¿Tú, quién eres? (La anciana se nombra.) ¡Ah!, la Marqueza... Sibila de Jerusa, aquí me tienes. Ya no dudo: luego no existo... Esto que ves en mí, no es la persona de Arista- Potestad: es su esqueleto. No te asustes: los esqueletos no hacen daño. Asustan por el chocar de los huesos, por el mirar burlón de sus ojos vacíos... pero nada más.

LA MARQUEZA.- Señor, ¿qué le pasa? ¿Qué disparates dice? Voy a la Pardina con esta cesta de caracoles que me ha encargado el Sr. Venancio. ¿Quiere algo para allá?

¿Por qué no se vicnc conmigo? [412]

EL CONDE.- ¿Yo a la Pardina?... ¿Has visto a las niñas de Albrit? ¡Qué feas son!... repugnantes como gusanos venenosos. La legítima no me quiere: me manda al manicomio. Dolly, que me ama, no es mi nieta. Es hija de un pintor vicioso y grosero... linaje de contrabandistas en el Alto Aragón. (Riendo sarcásticamente.) Dime, Sibila, ¿dónde está el hoyo más hondo de basura y lodo para meterme, y hacer en él mi cama eterna? Como escarabajo, allí labraré la nueva casa de Albrit, toda inmundicia.

LA MARQUEZA.- Buen señor, no piense cosas malas.

EL CONDE.- Vete, déjame. Si ves a Venancio, le dices que me arrodillo ante su radiante imbecilidad... Adiós, Sibila, adiós. (Se aleja dando tumbos. La anciana sigue su camino.)

Escena XVI

Calvario de Santorojo. Tres cruces en un altozano.

El CONDE, D. PÍO

D. PÍO.- (Viéndole subir.) Albrit, hijo mío, ¿qué horas son éstas de venir? Ya me cansaba de esperarte... digo, de esperar a usía. [413]

EL CONDE.- ¿Quién me llama? Eres tú, excelso Coronado, mi amigo del alma. Gran filósofo, dame la mano: no puedo ya con mis huesos, que pesan como barras de plomo.

D. PÍO.- (Dándole el brazo.) Subamos un poco más, y nos sentaremos en la grada de las Tres Cruces. ¿Qué tal? Yo vengo decidido... Como tenía mucha hambre, me he traído estos pedazos de pan.

EL CONDE.- Dame un poco. También yo estoy desfallecido, hijo. Es cosa poco higiénica matarse con hambre.

D. PÍO.- Claro, tomando algún alimento podemos aguardar hasta la madrugada, hora la más propicia...

EL CONDE.- Te arrojo a ti, y después yo.

D. PÍO.- No, usía no; no lo consiento. Me sublevo; no hay trato.

EL CONDE.- (Comiendo pan.) Bueno; pues juntos, en amor y compaña.

D. PÍO.- (Muy apurado.) Usía no. Mire que aviso, y vienen los celadores. Arrójeme a mí, según lo tratado, y váyase usía tranquilo a su casa. [414]

EL CONDE.- ¿Sabes que es amargo tu pan?

D. PÍO.- (Suspirando.) Lo que amarga es la boca.

EL CONDE.- Soy todo amargura, y más desgraciado que tú. ¿Sabes una cosa? Mis nietas, que yo adoraba, se diferencian poco de tus hijas. Con buenas palabras, Nell me ha arañado el rostro. Espinas de rosas rasguñan lo mismo que espinas de zarza... Y con todo, Nell es mi legítima descendencia: lo sé por testimonio irrecusable. Dolly, que me ama, no es mi descendencia; es una intrusa, la cría infame de la traición, que con fraude se introdujo en mi casa, y se escondió entre los brocados de Albrit.

D. PÍO.- (Asustado.) Señor, mire lo que habla.

EL CONDE.- Y yo quiero que me digas... antes de caer al abismo, lanzado por mí... quiero que me digas, gran filósofo: ¿qué piensas tú del honor?

D. PÍO.- (Lleno de confusiones.) El honor... pues el honor... Yo entendía que el honor era... algo así como las condecoraciones... Se dice también honores fúnebres, el honor nacional, el campo del honor... En fin, no sé lo que es. [415]

EL CONDE.- Hablo del honor de las familias, la pureza de las razas, el lustre de los nombres... Yo he llegado a creer esta noche... y te lo digo con toda franqueza... que si del honor pudiéramos hacer cosa material, sería muy bueno para abonar las tierras.

D. PÍO.- Y criar la hermosa lechuga y el rico tomate. Para semilleros, he oído que no hay nada como la gallinaza y palomina.

EL CONDE.- Y para la hortaliza social, para este mundo de ahora, nacido sobre acarreos, la mejor sustancia es la ignominia, la impureza y mezcolanza de sangres nobles y sangres viles... Quedamos en que tú no aciertas a decirme lo que es el honor, ni te has encontrado nunca esa alimaña en tus excursiones filosóficas. (Se sientan al pie de las cruces. La noche está plácida, y la luna, en creciente avanzado, platea el cielo y la mar, y baña en dulce claridad la tierra.)

D. PÍO.- (Aguzando el entendimiento.) Pues el honor... Si no es la virtud, el amor al prójimo, y el no querer mal a nadie, ni a nuestros enemigos, juro por las barbas de Júpiter que no sé lo que es.

EL CONDE.- (Con triste sonrisa.) Ya sales con tu Mitología... Por cierto que en la fábula mitológica no figura para nada el [416] honor: los dioses hacían el amor a las hijas del pueblo, así como las diosas se enamoriscaban de cualquier pastor de cabras.

D. PÍO.- Como que no había más aristocracia que la hermosura.

EL CONDE.- Pues mira, sería bueno que ahora, después de bien estrellados y deshechos contra las rocas, nos convirtiéramos tú y yo en dioses o semidioses mitológicos.

D. PÍO.- Aunque fuera cuartos de dioses. Nos pondrían en el séquito de Neptuno. (Un escalofrío mortal atraviesa todo su cuerpo, y lo estremece desde la nuca al tobillo.) ¡Abuelo, qué fría estará la mar!...

EL CONDE.- Mejor. Así, fresquitos y bien desmenuzados, seremos más del gusto de los peces.

D. PÍO.- (Sintiendo un intenso pavor.) Es horrible... ¿Y qué hace uno en el estómago del pez?

EL CONDE.- (Con lúgubre humorismo.) Lo que haría probablemente Jonás en el vientre de la ballena: aburrirse... Porque no se dice que llevara periódicos que leer, ni baraja para hacer solitarios. [417]

D. PÍO.- (Dando diente con diente.) Yo me figuro que cuando llegue a lo hondo del cantil, ya no estaré vivo... Y así es mejor, Albrit. No le gusta a uno padecer, ni aun en el momento crítico de poner fin a sus padecimientos... Esperemos a la madrugada, hora en que no pasa por aquí alma viviente. Hasta media noche, hay el peligro de que algún pescador rezagado pase, nos vea, y nos denuncie... (Descubriendo un bulto lejano.)

¡Ah!, por allí viene alguien.

EL CONDE.- Será un vagabundo... quizá un animal; que en las noches claras, como en días de brillante sol, suelen confundirse los cuadrúpedos con las personas.

D. PÍO.- (Observando atentamente.) Es una mujer. (Pausa. En el silencio grave de la noche, suena como vibración intensa de la atmósfera la voz de Dolly gritando:

¡Abuelo!)

Escena XVII

El CONDE, D. PÍO, DOLLY

EL CONDE.- (Despavorido, agarrándose a D. PÍO.) ¡La voz de Dolly!... ¡Será una racha de viento!... Dios mío, ¡qué extraña sensación!

D. PÍO.- Pues, sí, me parece que es Dolly. (Poniéndose en pie y llamando.) Niña, estamos aquí. [418]

EL CONDE.- ¡Dolly! ¿Pero qué...?, ¿se abre la tierra y me traga?

DOLLY.- (Andando hacia las cruces, sin correr, porque cojea un poco, como si le doliera un pie.) ¡Abuelito querido... lo que me ha costado encontrarte! ¿Sabes? Me escapé de casa. Corrí a la Pardina, y en la puerta me encontré a la Marqueza con una cesta de caracoles, y me dijo que te había visto subir hacia el Calvario. (Acercándose.)

¿Pero qué haces? ¿Vuelves la cara? (El CONDE se agarra tan fuertemente a D. PÍO, que parece querer estrujarle.)

D. PÍO.- Cuenta, niña... Hemos oído mal. ¿Dices que te escapaste?

DOLLY.- Tuve que saltar por la verja... Me lastimé un pie... A Monedero se le antojó ponerme presa en su despacho, porque dije a mamá que a todo trance quiero quedarme en Jerusa con el abuelo, y vivir siempre con él... ¡Ay, lo que he corrido!

EL CONDE.- (Con estupor terrorífico.) Veo la ignominia, veo la sublimidad, no sé lo que veo... ¿Se hunde el cielo, se acaba el mundo, o qué pasa aquí?

DOLLY.- (Acongojada.) Papaíto, ¿por qué no miras a tu Dolly?... ¿Qué dices?...

¿Ya no quieres a tu Dolly? [419]

EL CONDE.- (Desconcertado.) Eres mi oprobio... Dolly... ¿por qué me amas?

DOLLY.- ¡Vaya una pregunta! (Acariciándole.) Ya te dije esta mañana en la Pardina que tu Dolly no se separará nunca de ti... A donde tú vayas, voy yo... Váyase Nell con mamá; yo quiero compartir tu pobreza, cuidarte, ser la hijita de tu alma.

EL CONDE.- (Con grandísima agitación.) ¡Oh, Dolly, Dolly!...

DOLLY.- ¿Qué tienes?...

EL CONDE.- Parece que me ahogo... Es que Dios me abre el pecho de un puñetazo, y se mete dentro de mí... Es tan grande, tan grande... ¡ay!, que no cabe...

DOLLY.- Si Dios entra en tu corazón, allí encontrará a Dolly con su patita coja...

Abuelo, abuelo mío, cuando todos te abandonan, yo soy contigo. (Le abraza y le besa.)

EL CONDE.- (Alelado.) Cuando todos me desprecian, tú eres conmigo... El mundo entero pisotea el tronco de Albrit, y Dolly hace en él su nido. [420]

DOLLY.- Sí que lo haré... De veras digo que si no me llevas en tu compañía a donde quiera que vayas...

EL CONDE.- (Vivamente.) Si no te llevo, ¿qué?

DOLLY.- Me moriré de pena.

EL CONDE.- (Elevando hacia el cielo las palmas de sus manos.) Señor, ¿qué es esto? ¿Tal monstruosidad es obra tuya? ¿Qué nombre debo dar a esta cosa espantable y enorme que llena mi alma de gozo?... Del seno del cataclismo salen para mí tus bendiciones... Ya veo que de nada valen los pensamientos, los cálculos y resoluciones del ser humano. Todo ello es herrumbre que se desmorona y cae. Lo de dentro es lo que permanece... El ánima no se oxida.

D. PÍO.- (Con hermosa ingenuidad.) Señor, ¿hacia qué parte de los cielos o de los abismos cae el honor? ¿En dónde está la verdad?

EL CONDE.- (Abrazando a DOLLY.) Aquí... (Como quien vuelve de un desvanecimiento.) Dime, amigo Coronado, ¿he dicho muchos disparates? Porque siento que vuelve a mí la razón. [421] Esta chiquilla, trastornándome, me ha vuelto a mi ser, y yo, trepidando, recobro mi equilibrio. Ya ves... Todos me desprecian; ella sola me ama y consagra a este pobre viejo su florida juventud.

DOLLY.- (Besándole.) Albrit, ¿quién te quiere?

EL CONDE.- Tú sola.

DOLLY.- No te llamaré Albrit, sino Abuelo.

EL CONDE.- Sí, sí: me gusta ese nombre... ¡Es tan dulce! Puedes darle el sentido que quieras.

D. PÍO.- (Con unción.) Dios es el abuelo de todas las criaturas.

EL CONDE.- Por eso es tan grande. La eternidad, ¿qué es más que el continuo barajar de las generaciones? Y ahora, Pío, gran filósofo, si te dan a escoger entre el honor y el amor, ¿qué harás?

D. PÍO.- (Sollozando.) Escojo el amor... el amor mío, porque el ajeno lo desconozco. Nadie me ha querido. Lo juro por la laguna Estigia. [422]

EL CONDE.- ¡Eres tan infeliz como yo dichoso, pobre Pío!... (Con resolución, incorporándose.) Vámonos.

D. PÍO.- ¿A dónde?

EL CONDE.- A pedir hospitalidad a cualquiera de mis antiguos colonos. Son pobres; pero a Dolly no le importa la pobreza.

DOLLY.- Con mi cariño te haré yo rico.

EL CONDE.- (Con ardiente júbilo.) Coronado, ¿has oído esto?

D. PÍO.- Oigo a Dolly... Ángeles he visto yo en sueños; pero siempre mudos. Ahora hablan.

EL CONDE.- Vámonos... Pío, te nombro mi amigo, te hago la síntesis de la amistad.

Ven, síguenos.

D. PÍO.- (Señalando el cantil.) Pero...

EL CONDE.- Estás lucido. ¡Matarme yo, que tengo a Dolly! ¡Matarte a ti... que me tienes a mí! Ven, y esperaremos a morirnos de viejos.

D. PÍO.- Escondámonos en cualquier aldea. [423]

EL CONDE.- Dios nos protege. (A DOLLY.) ¿Está cojito mi ángel? Ven a mis brazos. Pesas poco, y yo aún tengo vigor para cargarte. (La toma en brazos.) Vámonos primero hacia Rocamor. Allí espero encontrar almas compasivas.

Huyen hacia Occidente. D. Pío, conocedor de los senderos y atajos, va delante guiando. A ratitos, Dolly, por no cansar al abuelo, se desprende de los brazos de él y anda. Desaparecen en las lomas que separan el término de Jerusa del de Rocamor. En la aldea de este nombre, y en una pobre casa de labor, les da generosa y cordial hospitalidad un matrimonio dedicado a la cría de carneros y vacas; gente sencilla; un par de viejos honradísimos y joviales, que allí habían nacido, y allí moraban desde tiempo inmemorial; restos nobilísimos, olvidados ya, del poderoso Estado de Laín. Amanece.

Al filo del mediodía, llega la pareja de la Guardia civil con una carta de la Condesa. Dolly la lee. Dice así: «Señor Conde, puesto que usted quiere a Dolly, y Dolly le quiere, doy mi consentimiento para que viva en su compañía, por sus días. Y que éstos sean muchos desea ardientemente su hija -Lucrecia».)

D. PÍO.- (Entre los helechos, filosofando.) ¿El mal... es el bien?

FIN DE LA NOVELA

Made in the USA
Lexington, KY
31 August 2019